한국인이 꼭 읽어야 할
오정윤 한국통사

선사시대부터 삼국시대까지 1

한국인이 꼭 읽어야 할

오정윤
한국통사

선사시대부터 삼국시대까지 1

오정윤 지음

창해

한국인이 꼭 읽어야 할 한국통사!

역사는 미래를 안내하는 길잡이이다!

역사가는 통사(通史)를 세상에 내놓는 게 가장 보람 있고 행복한 일이라 말할 수 있습니다. 게다가 세상에 선을 보이는 많은 역사책 가운데 좋은 인연을 만나 독자들의 관심을 듬뿍 받으면 이보다 더한 즐거움도 없을 것 입니다. 《오정윤 한국통사》는 대한민국을 사랑하는 한국인에게 자긍심이 가득한 한국사, 자부심이 넘치는 한국사를 드리고 싶은 소망을 담았습니다.

이 책을 쓰면서 지난 기억을 떠올려 봅니다. '세계는 넓고 할 일은 많다'로 널리 알려진 대우에 입사하여 기획실에서 주로 해외전시, 연설문(PI), 광고, 언론홍보 등의 일을 하면서 어느 때보다 역사 공부의 중요성을 느꼈습니다. 한국인의 정체성을 가지면서 세계시민으로 당당하게 살아가기 위해서는 역사가 주는 동력과 통찰의 힘이 무엇보다 필요하고, 이것이 현재와 미래의 삶을 더욱 당당하게 만든다고 믿습니다.

역사는 내향성과 외연성을 지닙니다. 한 국가, 한 민족이 살아온 과정, 그들이 쌓은 문화적 성과를 배우는 일은 나를 자성하고, 자기의 정체성을 강화하는 내향성에 속한다면, 주변의 세계를 이해하는 것은 인식의 지평을 넓히는 외연성에 속합니다. 이 두 개의 가치를 균형 있게 가지려면 과학적 태도와 철학적 관점이 필요합니다. 구체적이고 사실적인 근거에 의해 역사를 보는 과학적인 사고와 더불어 그 역사의 사실이 얼마나 진실에 가까운지, 그 역사의 사건이 오늘의 우리에게 어떤 의미를 주는지 질문하고 해석하는 철학적 시각이 중요합니다. 그래야 실증적인 역사와 비판적인 역사가 통합적인 인문으로 수렴된다고 봅니다. 이는 거시적인 역사가 미시적인 개인에게 선물하는 미덕이라고 생각합니다.

한국사는 우리가 만든 역사 경험의 축적이고, 주변의 세계와 함께 이룬 공동의 지적 소유물입니다. 따라서 한국사에 관심을 기울이고 한국사를 배우는 것은 오늘의 나를 알아가는 지름길이며, 주변의 세계를 확대하여 배우고 인식하는 소중한 기회입니다. 역사의 효용성은 과거의 역사를 배우고, 현재의 역사를 살고, 내일의 역사를 만드는 것에 있습니다. 역사는 이렇게 과거와 현재와 미래를 중첩적으로 연결하여 주는 인문의 보고이며, 미래학입니다. 그래서 역사를 배우고 알고 활용하는 지성이 필요합니다.

지금 이 시대의 한국은 정치적 민주화와 경제적 국부가 가장 높은 시대를 지향하고 있습니다. 한국의 문화, 예술, 음식, 노래 등은 한류라는 이름으로 세계인의 열정적인 관심과 선망의 대상으로 떠올랐습니다. 이것은 하루아침에 이루어진 성과가 아닐 것입니다. 역사는 과거의 경험체이고 내일을 준비하는 길잡이입니다. 우리가 이룩한 역사의 축적은 이 시대에 한류라는 이름의 격랑이 화려하게 꽃을 피우도록 한 자양분이 된 것입니다. 당대를 사는 우리들은 가장 자긍심과 열정이 넘치는 한국사의 현장에서 숨을 쉬고 있다는 사실을 피부적으로 느끼고 있습니다.

《오정윤 한국통사》는 자랑스런 한국사를 지면에 담고자 노력했습니다. 한국사를 통시적이고 입체적으로 이해할 수 있도록 많은 장치들과 요소들을 준비했습니다. 《오정윤 한국통사》는 시대 구분에 따라 총 12장으로 나누고, 각 장마다 한 시대를 통찰하는 '역사를 보는 눈'과 '시대의 특징'을 서술하였고, 세계사와 연계하여 생각하는 '세계 속의 우리 역사'와 '주요 연표'를 제시하였습니다. 또한 각 장은 4절로 나누어 모두 48개의 항목에 따라, 각 절마다 '한 줄로 읽는 역사'와 본문의 역사를 심화시킨 '역사 지식 플러스'와 생각하는 힘을 키우는 '논술 생각나무 키우기', 그리고 공부를 더하고 싶은 독자들을 위해 '주요 참고서적'을 더하였습니다.

그리고 《오정윤 한국통사》가 준비한 가장 큰 덕목은 본문의 좌우에 배치한 '작은 설명(팁)'과 주요한 '한국사시험 기출문제'의 예시입니다. 1천여 개가 훨씬 넘는 역사 '팁'은 본문의 내용을 보충 설명하는 자료이자 역사 이해의 비타민이라면, '기출문제 예시'는 역대에 출제된 한국사능력검정시험과 수능한국사의 출제방향과 중요도 등을 한눈에 체득할 수 있도록 만든 역사공부의 열쇠입니다. 본문의 한국사 흐름을 이해하면서 좌우에 있는 역사 팁과 기출문제 예시를 친구처럼 여기면 어떤 시험에도 자신감이 샘솟고 도전의식도 높아질 것입니다.

《오정윤 한국통사》는 저의 4번째 통사입니다. 이 책은 제가 세상에 내놓은 《청소년 한국사》, 《단숨에 읽는 한국사》, 《기업이 원하는 취업한국사》 등에서 보여드린 역사적 관점을 그대로 지키면서, 여러 책들에게서 독자들의 관심을 받은 역사 사실, 지면에 다 담지 못한 역사 사건, 부족하고 아쉬웠던 일부 내용 등을 보완하고 정리하여 추가한 것이기에 더욱 보람 있고 뿌듯한 한국사 통사라고 자부합니다. 이 책은 독자 여러분들이 들고 다니기 편하면서 시대별 특징을 고려하여 〈선사시대부터 삼국시대〉를 제1권, 〈고려시대부터 조선시대〉를 제2권, 〈근대시기부터 당대까지〉를 제3권으로 분권하여 세 권으로 나누어 발행하는 〈분권형 한국통사〉와 함께 애장서로 곁에 두고 싶은 분, 서가에 늘 소장하고 싶은 분을 위해 선사시대부터 당대까지를 한 권에 담은 〈통권형 한국통사〉 등 2종 4권으로 세상에 선을 보입니다.

시중에는 많은 한국사 책들이 있습니다. 모두 제각기 장점과 미덕이 있습니다. 그래도 욕심이라면 이 책은 교양인문의 눈으로 역사책을 읽고 한국사를 배우고 싶은 독자를 지향하면서, 한국사능력검정시험, 수능한국사 등을 준비하는 청소년, 초중고 학생, 입사를 준비하는 취업준비생, 공무원시험을 준비하는 공시생 등의 필요성도 고려하였습니다. 아울러 세계시민으로 살아가는 자랑스런 한국인의 역사지식과 역사의식에 보탬이 되는 한국사를 담고자 하였습니다. 그리고 《오정윤 한국통사》의 지면에 다 담지 못한 역사는 영상공유 포털인 유튜브, 카카오TV, 네이버TV 등에서 제가 개설하여 운영 중인 한국사TV, 미래학교TV를 통해 지속적으로 소개하고 안내해 드리고자 약속합니다.

이 책이 나오는 과정에서 많은 분들이 용기를 북돋아 주시고 격려하고 애를 써 주셨습니다. 제게 역사의 의미를 깨우치고 역사가의 길을 가도록 이끌어 주신 한암당 스승님, 대학에서 치열한 역사정신과 현실감각을 일러주신 박창희 교수님은 늘 제 삶의 사표입니다. 도서출판 창해의 전형배 전(前) 대표님은 한암당 문하의 사형으로 한결 같이 필자를 응원하고 보듬어준 보배로운 인연이며, 황인원 현(現) 대표님은 역사인문에 관한 깊은 관심과 더불어 물심양면으로 저술지원을 해주시었고, 심정희 편집실장님은 세상에서 가장 멋진 책을 만들어 주셨습니다. 정말 감사한 일입니다 또한 학문의 동반자이며 인생의 반려자인 홍수례 님은 늘 뒤에서 밀어주고 앞에서 끌어주는 삶의 지표 노릇을 해주고 있습니다. 지면을 빌어 이분들께 고마움의 인사를 드립니다.

이 책《오정윤 한국통사》는 대한민국을 사랑하는 청소년, 학생, 학부모, 기업인, 정치가, 문화예술인, 일반시민 여러분들께서 많이 애독하시고 주변에 선물하며 꼭 읽기를 권하는 국민필독서가 되기를 기대하고 있습니다. 서가에 꽂힌 채 오랫동안 책등만을 보여주는 역사책, 책머리에 먼지만 쌓이는 역사책이 아니라, 여러 사람들의 손에 손을 거치면서 책표지가 낡아 떨어지는 그런 역사책이기를 소망합니다.

끝으로 이 땅에 태어나 한국사의 일원으로 살아가는 것을 한없이 기뻐하며, 같은 세상을 살아가는 선한 인연의 모든 분들께 고마움의 인사를 전합니다.

2021년 7월 15일
환궁재에서 오정윤 드림

·········· **2권 고려시대부터 조선시대** ··········

1장
한국사의 첫걸음

선사시대와 고조선은 아득한 과거처럼 느껴진다. 그러나 한국사의 시작이 언제인지, 우리 민족의 활동 영역이 어디였는지, 우리 민족이 어떻게 이루어졌는지 알기 위해서는 반드시 살펴야만 한다. 70만 년 전 구석기 인류가 최초로 이 땅에 발자국을 남겼고, 기원전 8000년경 신석기시대에 이르러 비로소 빗살무늬 토기와 돌무지무덤을 특징으로 하는 우리 민족의 고유한 문화적 특성이 나타났다. 청동기시대에 등장한 고조선은 한국사 최초의 국가인 동시에, 만주와 한반도를 삶의 터전으로 삼은 우리 민족이 정치적·혈연적으로 동질성을 갖게 되는 출발점이다. 또한 주변 지역과 뚜렷하게 구별되는 고인돌, 비파형동검, 미송리식토기 같은 고유 문화가 창조된 시기였다.

역사를 보는 눈

선사시대와 고조선, 한반도의 시각을 벗어나라!

한반도에 갇혀 있는 한국사의 범위를 벗어나야 선사시대부터
고조선, 부여, 고구려로 이어지는 대륙사의 진면목을 볼 수 있다.
선사인들에게 국경은 없었다. 만주, 연해주, 시베리아, 한반도가 그들의
자유로운 생활 무대였다. 고인돌과 천손 사상은 고조선과 뒤를 이은
부여가 이들 선사시대를 계승한 주민이며
활동의 중심지가 대륙임을 말해준다.

| 기원전 7~5세기경 전후의 세계 |

　인류는 1만 년 전 신석기 혁명을 통해 농경을 시작하여 이동과 수렵생활을 마치고 처음으로 정착생활을 하게 되었다. 그리고 4천 년 전 청동기시대에는 도시국가를 중심으로 종교가 지배하는 국가권력을 이루었다.

　기원전 7세기에는 철기의 사용으로 농업 생산력과 과학 기술이 크게 발전하면서, 정치 권력이 세상을 지배하는 중앙집권 통일국가시대가 열렸다. 종교 중심에서 벗어나 인간을 재발견하고, 철학과 예술을 꽃피우기 시작한 것이다.

　고조선 사회도 이 시기에 이르러 단군이 통치하는 중앙 권력이 약화되었다. 철기 문화를 바탕으로 여러 지방 권력이 성장하여 고조선이 해체되고, 부여·조선후·위만조선·삼한·예·옥저·숙신 등 여러 나라가 공존하며 경쟁하는 열국시대가 열렸다.

우리나라 ▼	주요 연표	▼ 세계
	500만 년 전	오스트랄로피테쿠스 등장
평남 상원 검은모루 동굴 유적 (가장 오래된 구석기 유적)	70만 년 전	
경기 연천 전곡리 유적 (동아시아에서 처음으로 주먹도끼 출토)	30만 년 전	
슬기슬기사람(호모사피엔스사피엔스) 흥수아이	4만 년 전	
	1만 5천 년 전	크로마뇽인의 에스파냐 알타미라 동굴 들소 그림
	B.C. 8000년	서아시아에서 보리 농경 시작
요서 훙룽와 지역에서 조, 수수 농사	B.C. 6000년	
	B.C. 5000년	멕시코 테오티우아칸에서 옥수수 재배
	B.C. 3500년	이집트 나일강에서 관개수로 농경 시작
단군이 고조선 건국	B.C. 2333년	
	B.C. 1750년	바빌로니아왕국 함무라비법전 공포
	B.C. 1580년	이집트 신왕조 시작
고조선의 청동 방울(팔주령)	B.C. 1450년	모세 10계명 발표
조선후가 기자조선의 왕을 칭하고 고조선 계승 국가 자처	B.C. 4세기 초	
	B.C. 492년	그리스와 페르시아 전쟁 (~B.C. 479년)
	B.C. 431년	아테네와 스파르타의 펠로폰네소스 전쟁(~B.C. 404년)
	B.C. 317년	인도 마우리아왕조 건립
	B.C. 221년	진(秦)나라가 중국 통일
위만조선과 한나라의 왕검성전투 (~ B.C. 108년)	B.C. 109년	

함무라비 법전 부조

페르시아 전사 부조

선사시대,
우리나라 역사가 시작되다

구석기시대에는 깬석기·뗀석기를 제작하여 수렵이나 채집에 사용했으며, 동굴이나 막집에서 살다가 먹잇감을 찾아 이동하는 생활을 했다.

선사시대는 역사 기록이 없는 시대를 말한다. 한국사에서는 구석기시대와 신석기시대를 선사시대로 보며, 그 시기는 대략 70만 년 전부터 기원전 2000년경까지이다. 우리 민족 최초의 국가인 고조선이 들어선 청동기시대부터는 역사 기록이 있어서 역사시대라고 부른다.

고조선시대의 고인돌(해성 석목성)
석목성 고인돌은 탁자식 고인돌로, 고조선 중기인 기원전 15세기경에 축조되었다. 고조선의 중심지가 만주에 있었음을 보여주는 지표 유물이다.

노동하는 인간, 최초의 도구 석기를 만들다

구석기시대●와 신석기시대는 당시 사용되던 주요 도구인 석기의 제작 방식에 따라 나뉜다.● 구석기시대에는 돌을 깨서 만든 타제석기를 썼다.

타제석기는 몸돌(원석)에 타격을 가해 쓸모없는 격지(돌 조각)를 떼어내 자기가 원하는 모양으로 만든 깬석기(몸돌석기)와, 몸돌에서 떼어낸 격지를 사용하는 뗀석기(격지석기)로 나뉜다. 신석기시대에는 석기의 표면을 매끄럽게 간 간석기(마제석기)가 등장한다.●●

구석기인들은 짐승을 사냥하는 수렵 생활, 강변과 바닷가에서 물고기를 잡거나 조개 등을 줍는 어로 생활, 식물의 열매를 따거나 뿌리를 캐먹는 채집 생활을 했다. 또한 계절의 변화나 먹을 거리의 증감에 따라 이동 생활을 했는데, 주로 강이 보이는 천연 동굴이나 강변에 막대를 세우고 풀을 덮어 만든 막집을 짓고 살았다.

구석기시대는 석기를 제작하는 방식에 따라 전기, 중기, 후기로 나눈다. 전기 구석기인들은 자연 상태의 돌을 그대로 사용하다가 점차 쓰임새에 맞게 가공했다. 이에 따라 하나의 도구를 여러 용도로 사용하는 찍개·긁개·밀개·주먹

●**구석기시대의 석기 제작 방식**
직접 떼기, 모루 떼기, 망치 떼기, 눌러 떼기
(검) 1-4, (검) 7-3

●**고고학의 시대 구분**
고고학의 시대구분은 발견된 유물을 통해 구분을 한다. 주로 도구의 재료가 돌인 시대는 가공한 수준에 따라 뗀석기를 사용한 구석기시대, 간석기를 사용한 신석기시대로 구분하고, 그 이후는 청동을 사용하는 청동시대, 철을 사용하는 철기시대로 구분한다.

●●**구석기시대의 사회적 특징**
1) 타제석기 사용
2) 평등한 공동체 사회
3) 수렵, 채집, 동굴 생활, 막집 생활
4) 계절이나 먹을거리에 따른 이동 생활
5) 집단이 함께하는 무리 사회

주먹도끼(깬석기 : 몸돌석기)

좀돌날(뗀석기:격지석기)

간석기(마제석기)

구석기시대의 인류와 도구

전기			중기	후기
원숭이 사람 (오스트랄로피테쿠스)	손쓴사람 (호모하빌리스)	곧선사람 (호모에렉투스)	슬기사람 (호모사피엔스)	슬기슬기사람 (호모사피엔스사피엔스)
500만~450만 년 전	250만 년 전	190만~50만 년 전	15만 년 전	5만 년 전
두 발 걷기	도구 제작	불의 사용	언어 사용	예술 활동
자연돌	단면 석기 (찍개)	양면 석기 (주먹도끼)	결합식 도구, 조립식 도구 (창, 작살, 팔매돌)	복합식 도구, 기계식 도구 (활, 어망, 배)

● 불의 사용
중국의 운남 원모인은 170만 년 전의 곧선사람으로 구석기인 가운데 가장 먼저 불을 사용한 인류이다. 불은 인류에게 음식을 익혀 먹는 숙식(화식)을 제공하였다. 숙식으로 건강과 생명이 연장된 인류는 인구를 폭발적으로 늘렸지만 결국에는 식량이 부족하여 고향인 아프리카를 벗어나 유럽과 아시아로 퍼져나갔다.

●● 구석기시대의 3대 사건
1) 도구의 제작
2) 불의 사용
3) 언어의 발명

도끼 같은 뗀석기를 만들어 사용했다. 그리고 나무나 뿔, 조개껍데기 등을 갈아서 도구로 사용했으며, 불●을 사용해 음식을 익혀 먹었다.●●

중기 구석기인들은 큰 몸돌에서 떼어낸 작은 격지들을 가공하여, 창이나 작살 등 하나의 용도로만 쓰는 예리한 도구를 만들어 사용했다. 또한 여러 사람이 서로 협력해서 사냥을 했다. 사냥할 때 의사 소통을 위해 사용하던 단순한 소리와 신호는 점차 정교해져서 언어로 발전했다.

후기 구석기인들의 도구 제작 기술은 쐐기 같은 것을 대고 모양이 같은 여러 개의 작은 격지를 만드는 수준에 이르렀다. 또 활이나 그물 등을 사용하여 먹잇감을 구했는데, 특히 활은 구석기시대의 도구 가운데 가장 발달한 것으로 인류를 사냥의 명수로 만들었다. 하지만 이 때문에 먹잇감이 부족해졌고, 부족한 식량을 해결하기 위한 노력이 새로운 생활 방식인 농경과 목축을 시작하는 계기가 되었다.

동아시아 대륙을 누빈 우리나라 구석기인들

구석기시대*의 인류가 우리 민족의 생활 터전이었던 만주와 한반도에 출현한 시기는 대략 70만 년 전이다.

한반도에서는 평양 상원 검은모루 동굴, 웅기 굴포리, 평양 승리산, 공주 석장리, 연천 전곡리*, 청원 두루봉 유적이 널리 알려져 있다. 만주 지역에서는 영구 금우산인, 본계 묘후산인, 단동 전양인 등이 우리나라 구석기인과 깊은 관련성을 맺고 있다.

70만 년 전, 평양의 검은모루 동굴에는 곧선 사람(호모에렉투스)이 살았다. 그들은 동굴에서 지내며 멧돼지, 승냥이, 물소, 코뿔소, 코끼리 등 29종의 포유류를 사냥했다.

거의 비슷한 시기에 단양의 금굴과 구낭굴에 살았던 구석기인들은 주로 강변에서 사슴을 사냥했다.

30만 년 전, 경기도 연천의 전곡리인**들은 한탄강이 바

● 선사시대와 역사시대
선사시대와 역사시대를 구분하는 기준은 문자의 유무이다. 선사시대란 역사의 기록이 없거나 부족하여 당대의 사회상을 제대로 파악하기 어려운 시대를 일컫는 용어이다. 역사시대란 문자로 기록된 시대를 말한다. 우리나라는 구석기시대와 신석기시대를 선사시대로 보고, 고조선이 시작되는 청동기시대부터 역사시대로 본다.

● 전곡리 유적의 특징
주먹도끼, 가로날도끼, 강 언덕 막집, 아슐리안 문화권
(검) 2-2, (검) 4-고

●● 구석기시대 주먹도끼
호모에렉투스(곧선사람), 뗀석기, 몸돌석기, 다면석기, 다용도, 전곡리유적
(검) 49-기본, (검) 50-심화, (수한) 2017, (수한) 2019, (수한) 2021

동아시아의 구석기 문화
구석기시대에는 국경이 없었다. 한반도에서 벗어난 동아시아 전역이 우리나라 구석기인들의 활동 무대였다. 역사의 눈을 좁히면 압록강 아래에 갇히고, 넓히면 대륙이 한눈에 들어온다.

● 주먹도끼의 특징

주먹도끼는 곧선 사람(호모에
렉투스)이 만들어 사용한 대표
적인 다면 석기이다. 단면 석기
인 찍개는 한쪽 면을 사용하며
한 가지 목적에 맞도록 만든 도
구이지만, 주먹도끼는 몸돌의
여러 면을 다듬어서 만든 것으
로, 도구 하나에 여러 가지 기능
을 갖춘 만능 도구이다.

● 흥수아이의 삶

동굴 주거, 화덕(불)의 사용,
꽃의 아름다움 인식(미의식),
장례 의식
(검) 6-4

라다보이는 언덕에 막집을 짓고, 동아시아에서는 처음으로
몸돌의 여러 곳을 내리쳐서 만든 주먹도끼●를 사용했다.

10만 년 전에 살았던 평안남도 덕천인은 슬기사람(호모사
피엔스)으로, 사방이 탁트인 평지에 막집을 짓고 때려 깨기와
내리쳐 깨기로 찍개 등을 만들었다. 또한 몸돌에서 떨어져 나
온 돌조각 일부를 갈아서 날카로운 깬석기를 만들었다.

4만 년 전에는 슬기 슬기 사람(호모사피엔스사피엔스)인 승
리산인과 흥수아이●가 출현했다.

평안남도의 덕천 승리산 동굴에서 발굴된 승리산인은 서
른 다섯 살쯤 되는 남자로, 동굴에 살면서 찍개·긁개·밀개
등의 다양한 도구를 만들어 사용했던 것으로 추정된다.

흥수아이는 같은 시기에 청원 두루봉 동굴에서 살았다.

단양 수양개 유적
남한강변에 위치한 우리나라 구석기 후기의 대표적 유적으로,
격지석기의 꽃인 좀돌날 문화를 창조한 사람들이 거주했던 곳이다

여섯 살이 채 안 된 어린 나이에 세상을 떠난 흥수아이의 유골 근처에는 진달래와 들국화의 꽃가루가 발견되었다. 그래서 '세상에서 처음으로 꽃을 사랑한 구석기인'이라는 별명을 얻었다. 두루봉 사람들은 이때 이미 계절의 변화와 사물의 아름다움을 느끼는 미의식이 있었다.

흥수아이 유골
청원 두루봉 동굴에서 발굴

　신석기시대 바로 직전인 약 2만 년 전에는 평양 만달인, 평양 용곡인, 단양 수양개인이 한반도에서 살았다. 이들은 몸돌에서 떨어져 나온 돌 조각을 잘게 갈아서 화살촉이나 작살촉을 만들어 사냥이나 물고기잡이에 사용했다. 이 도구들은 크기가 작아 잔석기, 세석기라고 한다. 이 도구 제작 기술은 동아시아 전역으로 퍼져나가 넓은 문화권을 이루었는데, 이를 '좀돌날 문화'라고 부른다.

●**활의 사용**

인류 역사상 최초의 기계식 도구는 활이다. 활은 기계의 3요소인 발동, 전동, 사용의 기능이 갖추어진 기계식 도구이다. 인류는 활을 사용하여 사냥의 명수가 되었지만 사냥감의 부족으로 결국 농경과 목축이라는 새로운 생활방식을 찾게 되었다. 신석기시대의 농경과 목축, 그리고 정착생활은 활이 가져온 극적인 사회변화였다.

●●**중석기시대란?**

중석기시대는 구석기와 신석기시대의 중간에 해당된다. 신석기시대와 비교하여 토기가 없고 농경을 하지 않았지만, 움집과 간석기가 존재하고 정착을 했으며, 사냥이나 물고기잡이(어로)를 위해 아주 잘고 날카로운 잔석기(세석기)를 만들어 사용했다.

좀돌날은 돌의 날을 예리하게 다듬은 것으로, 주로 창촉이나 화살촉*으로 사용되었다. 한국의 중석기인과 신석기인들은 이들로부터 기술과 문화를 이어받았다.

중석기인, 가축을 기르다

중석기시대**는 구석기시대에서 신석기시대로 넘어가는 징검다리 시기로, 대략 기원전 1만 2000년부터 기원전 8000년경까지이다.

이제까지 한국사의 시대 구분에서 중석기시대는 설정하지 않았다. 그것은 중석기시대가 존재하지 않아서가 아니라, 대표적인 유적이나 유물이 그다지 나타나지 않았기 때문이다.

중석기인들은 사냥을 통해 먹잇감을 구하는 한편, 만약을 대비한 비상식량으로 야생의 양이나 염소, 개를 길들여 가축으로 기르기 시작했다.

또한 움집에서 살면서 정착 생활을 했고, 일부는 간석기를 사용했다. 하지만 아직은 신석기시대의 특징인 농경이나 목축은 시작되지 않았고, 토기도 등장하지 않았다.

중석기시대에는 바위에 그림을 새기는 암각화가 크게 유행했다. 또한 2~3cm 정도의 작은 크기의 세석기는 물론이고, 여러 날을 조립하여 위력을 더한 조립식 도구도 만들었다.

특히 얇고 날카롭게 떼어지는 특성을 지닌 흑요석으로

고령 양전동 암각화 | 양전동 암각화는 농경과 다산을 기원하는 동심원, 태양무늬 등이 새겨진 고조선 후기의 작품으로 보고 있다. 이곳에서 제사와 여러 의례들이 행해졌다.

만든 활과 작살, 슴베찌르개●● 등은 중석기인을 뛰어난 사냥꾼으로 만들었다. 우리나라의 신석기인은 바로 이들의 후예이다.

우리나라의 대표적인 중석기 유적으로는 함북 웅기 부포리, 평양 승호 구역 만달리, 경남 통영 상노대도 패총(조개더미) 최하층, 거창 임불리, 강원 홍천 하화계리 유적이 있다.

●슴베찌르개
슴베란 칼이나 호미의 자루 속에 들어박히는 뾰족하고 긴 부분을 말한다. 슴베찌르개는 슴베가 달린 찌르개로, 창의 기능을 했다.

●슴베찌르개
구석기시대, 호모사피엔스 사피엔스(슬기슬기사람), 뗀석기, 좀돌날문화, 단양 수양개 유적
(검) 47-심화

인류는 왜 언어를 만들었을까?

　　인류의 언어 사용은 구석기시대의 중요한 3대 사건 가운데 하나다. 인류는 지구상에서 도구 제작, 불의 사용과 더불어 언어를 구사하는 유일한 존재이다. 말을 할 수 있는 인류는 구석기 중기에 나타났고, 그들을 슬기 사람(호모사피엔스)이라고 부른다.

　　그렇다면 인류는 왜 언어를 만들었을까? 그 이유는 세 가지를 들 수 있다.

　　첫째, 의사 소통이 필요해진 자연 환경 때문이다. 슬기 사람이 살던 시기에는 식량 부족과 사냥의 어려움이 심각해져서 협동과 분업의 집단 사냥이 시작되었고, 그에 따라 의사 소통이 필요해졌다. 집단 사냥은 개인별로 역할을 나누고 신호를 약속해야 한다. 처음에는 단순한 신호 체계가 점차 복잡해지면서 결국 언어가 만들어졌을 것이다.

　　둘째, 말을 할 수 있는 신체 구조의 변화 때문이다. 익힌 고기를 먹는 식습관과 등뼈를 세우고 걷는 직립 보행은 턱과 목, 구강(입)의 구조를 발달시켜 여러 소리를 낼 수 있게 했다.

　　셋째, 소리를 조합하여 언어를 만들 수 있는 두뇌의 발달 때문이다. 육식을 통해 풍부한 단백질이 공급되었고, 도구를 만들면서 더욱 활발해진 추상적 사고와 손의 자극 등이 뇌신경을 복잡하게 만들고 뇌 용량을 늘려서 언어를 만들 수 있게 했다.

　　인간은 언어를 사용하게 됨으로써 선조의 경험을 학습하고 전승하며 인간 만의 문화를 창조해나갈 수 있었다.

인류는 왜 두 발 걷기를 시작했을까?

Point 1 인류가 유인원에서 진화해왔다는 가설을 생각해보자.
오늘날 유인원은 여전히 나무에서 생활한다.

Point 2 유인원은 손과 발의 역할이 제대로 분리되지 않은 상태이다.
인간만이 유일하게 손과 발의 기능이 분리된 유인원이다.

Point 3 땅에 발을 디딘 인류는 손의 자유를 얻었다.
어떻게 손의 자유를 얻었는지 그 이유를 생각해보자.

공부를 더 하고 싶다면

《한국 생활사 박물관-선사 생활관》(한국생활사박물관 편찬위원회 편, 사계절)
《한국 생활사 박물관》 총서의 첫 권으로, 구석기시대부터 신석기시대까지를 다룬다. 풍부한 세
밀화를 통해 선사시대의 다양한 생활상을 보여준다.

《고고학 박물관》(박정근 지음, 다른세상)
구석기시대부터 청동기시대까지의 고고학적 연구 성과를 바탕으로, 선사시대 사람들의 삶과
역사를 42가지 주제로 다룬다.

《사피엔스》(유발 하라리 지음, 조현욱 옮김, 김영사)
인류문명의 역사를 바꾼 3가지 사건으로 인지혁명, 농경혁명, 과학혁명을 제기하면서, 선사인
류인 사피엔스(sapiens)가 어떻게 세계의 주인으로 우뚝서게 되었는지에 대해 대담하고 흥미
있게 이야기를 전개한다.

농경,
인류 최초의 혁명이 일어나다

우리나라 신석기인들은 빗살무늬 토기를 만들어 음식을 조리하거나 저장하는 데 사용했고, 강변에 정착하여 움집을 짓고 농경을 하며 모계 씨족사회를 이루고 생활했다.

　　우리나라에서는 기원전 8000년경에 신석기시대가 열렸다. 신석기시대는 농경을 시작하고 토기를 만들기 시작한 혁명적 변화의 시기였다. 구석기시대 후기부터 만들어지기 시작한 초보적인 도구를 한층 발전시켜, 화학·물리적인 지식을 응용한 토기, 가락바퀴, 갈판과 갈돌, 괭이와 도끼, 결합식 낚싯바늘 등 다양한 도구를 만들어 사용했다.

신석기시대 움집(중국 신락 유적)
신락 유적은 중국 심양의 혼강 유역에 자리 잡은 기원전 4000년경의 신석기 유저거로 대형 석기 제작소, 신전, 회의를 하는 움집과 모계 사회의 씨족장을 상징하는 봉화무늬 권장(權杖)이 나왔다.

농경을 위한 도구, 갈아서 만든 간석기

신석기시대[•]는 생활 방식이나 도구의 제작 기술 등이 구석기시대와는 전혀 달랐다. 농경을 위해 몸돌이나 격지를 반들반들하게 갈아서 만든 도구인 간석기(마제석기)를 사용하기 시작한 것이다.

신석기시대 사람들은 농경과 목축 위주의 생산 활동을 했다. 채집과 수렵이 중심이던 구석기시대에는 뗀석기가 적

●**신석기시대의 사회상**
1) 공동 생산과 공동 분배를 하는 평등한 사회
2) 혈연을 바탕으로 하는 모계 중심의 씨족사회
3) 혼인은 서로 다른 씨족끼리 하는 족외혼 풍습

●**우리나라의 신석기 유적**
우리나라의 주요 신석기 유적으로는 제주 고산리, 서울 암사동, 평양 남경, 봉산 지탑리, 강원도 양양 오산리, 부산 동삼동, 김해 수가리 등이 있다. 또한 만주 지역의 흥륭와 문화, 홍산 문화, 신락 문화, 소주산 문화, 앙앙계 유적, 백금보 문화, 러시아 아무르강과 연해주 지역의 여러 신석기 문화는 우리나라 신석기 문화와 깊은 관련성을 맺고 있다.

◀ **우리나라의 신석기시대 유적 분포**
요녕의 신석기 문화와 연해주, 시베리아 신석기 문화, 한반도의 신석기 문화는 같은 계통으로, 이곳의 신석기 문화가 서로 융합하여 고조선의 청동기 문화로 발전하였다.

구석기시대와 신석기시대의 특징

구분	구석기시대	신석기시대
연대	70만 년 전~1만 년 전	B.C. 8000년~B.C. 2000년경
석기 제작 방식	깬석기·뗀석기(사냥 도구)	간석기(농경 도구)
주요 석기	뼈 도구(골각기) 사냥 도구(주먹도끼, 팔매돌, 찍개) 조리 도구(긁개, 밀개, 뚜르개)	개간용(돌도끼, 돌삽) 농경용(돌괭이, 돌보습) 수확용(돌낫)
사회 경제	무리사회, 이동 생활 채집과 사냥, 동굴과 막집	씨족을 단위로 하는 모계 사회 농경, 목축, 어로, 사냥, 움집
예술과 신앙	뼈나 뿔, 석회암 등에 조각 사냥의 안전을 기원	조개껍데기 가면 흙으로 빚어 구운 얼굴상 영혼 숭배, 조상 숭배, 애니미즘, 샤머니즘, 토테미즘
주요 유적	검은모루 동굴, 전곡리, 두루봉 동굴	오산리, 암사동, 동삼동, 지탑리

합한 도구였지만, 신석기시대에는 농경을 하면서 간석기가 주로 만들어졌다. 간석기는 충격에도 갈라지거나 부서지지 않고, 다양한 석재를 골라 여러 가지 도구를 만들 수 있는 장점을 가졌다.

구석기인은 사냥과 채집을 위해 이동 생활을 했다. 따라서 일정한 거처가 없이 막집을 짓거나 동굴, 바위 밑, 우거진 나무와 숲 등에서 살았다. 이와 달리 신석기인은 농경과 목축을 중심으로 정착했다. 땅을 파고 둘레에 기둥을 세워 지붕을 얹은 움집을 짓고, 촌락 공동체를 이루어 생활했다.

또한 구석기인은 짐승이나 물고기, 곡식을 불에 익혀 먹었다. 주로 불에 직접 굽거나 돌판을 조리 도구로 썼다. 따라서 구석기 유적에서는 토기가 나타나지 않는다. 반면 신석기인은 농경을 하면서 곡식을 끓여 먹고 남은 식량은 저장했기 때문에 신석기 유적에서는 토기가 나타난다.●

●**토기의 용도**
신석기시대의 토기는 취사용(끓여 먹는)이다. 곡물이나 물고기, 조개 등 어패류, 짐승고기 등을 끓여 먹기 위한 쓰임이 가장 중요하였고, 저장용은 다음이며, 잘 만들어진 토기는 물물교환을 하는 화폐로도 이용되었다.

모계 씨족사회, 여신과 종교가 생겨나다

신석기시대 사람들은 어머니 쪽 혈연을 중심으로 모계 씨족 사회●를 이루었다. 씨족의 사람들은 함께 농사를 짓고 수확을 똑같이 분배하는 공동체 생활을 했다.

씨족의 시조는 세상을 떠난 뒤 후손들에게 생산의 풍요와 생명을 이어주는 지모신(地母神)●●으로 숭배되었다. 흙으로 빚은 여자의 소조상이나, 인천 옹진 소야도와 부산 동삼동 조개무지(패총) 유적에서 출토된 조개껍데기로 만든 얼굴 모양의 가면 등은 바닷가에 사는 사람들이 숭배하던 지모신의 일종이다.

또한 죽은 조상과 후손들을 이어주는 존재인 샤먼(무당)이 있었고, 그 주술을 믿는 신앙인 샤머니즘(shamanism)이 나타났다. 씨족의 우두머리는 샤먼이 되어 제사를 주관하고 씨족사회를 다스렸다.

●모계 씨족사회
신석기시대는 모계의 혈통을 중심으로 씨족사회를 이루었다. 모계 씨족사회는 어머니가 씨족장으로 생산 공동체이며 혈연 공동체이고 또한 종교 공동체를 특징으로 하며 족외혼을 했다.

●●신석기시대의 종교
신석기시대는 여성을 생명의 원천으로 숭배하는 지모신 신앙, 모든 만물에 생명이 깃들어 있다고 믿는 애니미즘, 영혼이 죽지 않고 영원하다고 믿는 조상 숭배(영혼 숭배), 하늘과 인간 세계를 이어주는 무당과 그 능력을 믿는 샤머니즘, 자신들이 숭배하는 특정 동물, 식물, 자연물로 부족을 상징하는 토테미즘이 발생했다.

홍산 문화 우하량 유적 여신상
홍산 문화에 속하는 우하량 유적은 산상 제단, 신전, 적석총이 특징이다. 군림하는 모습의 여신상은 모계 사회, 여신 숭배 사상의 표현인데 단군의 모계인 웅녀족과 관련성이 높다.

또 동물이나 자연의 특성을 자신들의 씨족과 연결하여 곰이나 호랑이, 여우, 늑대 등 특정 동물이나 식물 등을 숭배하는 토테미즘(totemism)과, 강이나 산, 바위, 오래된 나무, 깊은 연못 등 자연계의 모든 사물에 영혼이 깃들어 있다고 믿는 신앙인 애니미즘(animism)이 나타났다.

신석기 혁명, 농경과 토기의 탄생

● **신석기시대의 대표 유물**
빗살무늬토기, 가락바퀴, 어망추, 갈판과 갈돌, 간석기, 뼈 바늘
(검) 2-1, (검) 3-3, (검) 6-3, (검) 6-초, (검) 47-기본, (검) 48-심화, (검) 51-심화, (검) 52-기본, (수국) 2013

구석기인과 신석기인을 구분하는 가장 큰 특징은 농경의 시작과 토기 사용이다. 이는 신석기시대● 사람들이 정착생활을 했다는 사실을 말해준다.

신석기인들은 처음으로 채집과 수렵 생활에서 벗어나 농경과 목축으로 식량을 생산하기 시작했고, 식량을 익히고 저장하기 위해 토기를 만들었다. 또 들이나 야산을 개간하고 나무뿌리나 돌을 캐기 위해 돌도끼를 만들었으며, 가락바퀴를 이용하여 실을 잣고 그 실로 옷을 지어 입었다. 신석기인들에게 채집, 수렵, 어로는 생활의 보조 수단이었다.

평양에서 출토된 빗살무늬토기
평양 남경 유적에서 출토된 빗살무늬토기는 입구의 너비가 약 1m에 이르는 대형 토기인데, 이를 통해 대동강 유역의 사회 발전과 생산력의 증가를 알 수 있다.

그들은 남는 식량으로 집 근처에 가축을 길러 예비 식량으로 삼았다. 농경지에서는 닭, 염소, 거위, 고양이, 돼지, 개 등의 가축을 길렀으며, 초원 지대에서는 양이나 말을 대량으로 키워서 얻은 젖이나 유제품, 가죽, 털을 농경 집단의 수확물과 교환하기도 했다.

우리나라의 신석기시대 토기는 밑이 도토리나 달걀처럼 뾰족하고(뾰족밑), 겉면에 빛이나 번개, 물결 등의 무늬를 새긴 빗살무늬토기●●가 대표적이다. 빗살무늬토기는 주로 서울 암사동, 평양 남경, 김해 수가리 같은 강가나 바닷가에서 발견되었다.

토기는 식량을 저장하거나 음식을 조리하는 데 주로 사용했으며, 잘 만들어진 토기는 이웃의 다른 물건과 교환하는 현물 화폐로도 사용되었다.

빗살무늬토기가 나오기 전부터 썼던 무늬가 없는 이른 민무늬토기, 토기의 몸체에 덧띠를 붙인 덧무늬토기, 손톱이나 뾰족한 나뭇가지로 무늬를 찍어 누른 눌러찍기무늬토기(압인문토기) 등도 같이 사용되었다.

● **빗살무늬토기의 특징**
강변이나 해안가에서 발견, 취사와 저장용, 표면에 기하 무늬
(검) 1-5, (검) 7-고, (검) 52-기본, (수) 1994, (수) 2003, (수국) 2013, (수한) 2020

● **빗살무늬토기의 제작**
우리나라에서 가장 큰 빗살무늬토기는 평양시 삼석 구역 호남리 표대마을 남경 유적에서 출토된 것으로 너비가 무려 1m에 이른다. 빗살무늬토기의 크기가 커진 것에서 1) 농업 생산력이 높아졌고, 2) 집단 규모가 커졌으며, 3) 토기 제작 기술이 발전했고, 4) 전문적인 제작 기술자가 있었다는 사실을 알 수 있다.

이른 민무늬토기

덧무늬토기

눌러찍기무늬(압인문)토기

바닷가나 강변에 정착, 가족 공동체와 농경의 시작

신석기인들●은 손쉽게 식량을 구할 수 있고 농사짓기에 편리한 바닷가나 강변을 생활 터전으로 삼아 정착했다. 식량 획득 방법은 농경의 비중이 높아졌고, 수렵이나 어획은 점차 줄어들었다. 조와 수수, 좁쌀 등을 재배했으며, 수렵도 꾸준하게 이어졌다. 또한 들이나 산에서 도토리, 야생 과일 등을 채집하고, 바닷가에서 굴이나 홍합 등을 채취했다.

주거지는 땅을 깊게 판 뒤 나무기둥을 세우고 풀로 엮은 지붕을 덮어 만든 움집이었다. 움집은 대부분 바닥이 둥글거나 모서리를 둥글게 깎은 사각형이다. 햇빛이 잘 드는 남쪽에 출입문을 두었고, 4~5명 정도의 가족이 살기에 적당한 규모였다.

움집은 인류 역사상 최초의 사회 조직인 부모와 자식을 단위로 하는 가족 공동체의 거주 형태였다. 움집은 추위와

서울 암사동 선사 주거지
움집은 땅을 깊게 판 뒤 나무 기둥을 세우고 풀로 엮은 지붕을 덮어 만들었다. 부모와 자식을 단위로 하는 가족 공동체의 거주 형태이다.

●**신석기시대의 생활상**
농사 짓기, 낚시 하기, 가축 기르기, 실잣기, 토기 만들기 등 원시 수공업, 평등한 공동체, 애니미즘, 샤머니즘, 토테미즘 (검) 1-6, (검) 5-초, (검) 5-3, (검) 50-기본, (수) 2000

암사동 움집 터 | 한강변에 살던 신석기인들이 정착을 하고 어로와 채집, 농경을 하며 생활하는 모습을 확인할 수 있는 집단 취락지 유적이다. 빗살무늬토기와 움집이 확인된다.

비바람을 막아주었고, 움집 내부에는 가운데 화덕을 두어
취사와 난방을 겸할 수 있었다. 화덕이나 출입문 쪽에는 저
장 구덩이를 파서 식량과 도구를 보관했다. 서울 암사동 주
거지는 우리나라 신석기시대의 대표적인 움집 유적이다.

바닷가 사람들, 고래 사냥 그림과 패총을 남기다

강변에 사는 사람들이 주로 농경을 했다면, 바닷가에 사
는 사람들은 물고기를 잡아 생활했다. 기원전 4000년경,
부산 동삼동에 살던 사람들은 '신석기시대의 생활 백화점'
이라 불리는 조개무지 유적(패총)을 남겼다.

동삼동 조개무지®에는 해안가에서 채집한 홍합, 굴, 전복,
소라, 성게, 백합 등 조개류 40여 종의 껍데기가 쌓여 있다.
이것으로 신석기시대에 바닷가 사람들이 무엇을 먹고 어떻
게 살았는지 알 수 있다. 그들은 배를 타고 먼 바다로 나가
대구, 방어, 참돔, 다랑어, 상어 같은 물고기를 잡았다.

●팔찌조개와 해상 교역
일본 규슈 지역 유적에서 출토
되는 팔찌조개와 고라니는 한
국산이며 동삼동 유적의 흑요석
은 일본산이다. 이를 통해 부산
동삼동 사람들은 일본 규슈에
사는 신석기인들과 배를 타고
교역했음을 알 수 있으며, 이웃
한 김해 수가리 유적에서는 동
아시아에서 가장 오래된 배가
출토되어 이를 증명했다.

**부산 동삼동 출토 유물(팔찌
조개와 조개껍데기 가면)**
패총은 당시의 삶을 보여주는
생활 백화점이고, 조개껍데기
가면은 풍어와 바다의 안녕을
지켜주는 여신, 또는 바다의 신
으로 보여진다.

함께 발견된 사슴, 멧돼지, 호랑이 뼈를 통해 육지와도 교역이 있었다는 것을 알 수 있고, 약간의 농경도 했다. 그리고 토기를 이용해 물고기나 해산물 등 여러 음식을 끓여 먹었다.

같은 시기에 고래 사냥의 명수들인 울주 태화강 사람들은 고래가 많이 잡히고 안전한 항해가 되기를 기원하기 위해 반구대● 바위에 고래 그림을 새겼다. 이 암각화 위쪽에 그려진 샤먼은 머리에 새의 깃털을 꽂고 엉덩이에 꼬리를 달았으며, 두 팔을 벌려 춤을 추고 있다.

풍부한 고래 사냥 경험을 지닌 그들은 긴수염고래, 흰긴수염고래, 범고래, 귀신고래, 향유고래 같은 여러 종류의 고래들이 해초 사이에서 노닐거나, 새끼를 등에 업거나, 먹이를 먹거나, 파도를 타는 등 다양한 행동을 하는 모습을 생생하게 그렸다.

또한 10~20여 명이 배를 타고 고래를 사냥하는 모습과

● 반구대 암각화
경북 울주 반구대 암각화는 신석기시대와 청동기시대에 그려진 대표적인 암각화이다. 신석기시대에 그려진 건 주로 고래 그림이다. 또 고래 잡는 배 5척과 배에 탄 어부 20명, 그리고 긴수염고래, 범고래, 향유고래 등 모두 49마리의 고래가 그려져 있다.

반구대 암각화 탁본
면을 깎아 새긴 고래 그림은 신석기시대, 선을 깎아 새긴 짐승 그림은 청동기시대의 암각화이다. 세계에서 가장 자세하고 완벽한 고래 사냥 그림이다.

작살에 꽂힌 고래, 부구(浮具 : 부력을 이용해 고래를 가라앉지 않게 하는 기구)를 매달아 고래를 끌고 가는 모습 등 고래사냥의 여러 과정도 자세하게 그렸다. 반구대 암각화●는 고래 사냥꾼들이 거친 파도가 치는 깊은 바다를 두려워하지 않고 힘차게 삶의 터전을 만들어나간 모습을 생생하게 보여준다.

●**반구대 암각화**
고래 그림(선식기), 짐승 그림(청동기), 고래사냥배, 샤먼(제사장), 울주 반구대 (수국) 2012

신석기시대 10대 사건

구분	연대	사건 내용
①	B.C. 12000년경	제주 고산리 유적, 한반도의 신석기 문화를 열다
②	B.C. 8000년경	흥륭와 문화, 빗살무늬토기 제작과 기장·수수 재배
③	B.C. 6000년경	오산리 유적, 동해안 빗살무늬토기 문화권 형성
④	B.C. 5200년경	조보구 문화, 토기에 사신도를 그리고 옥(玉)과 지모신 숭배
⑤	B.C. 5000년경	신락문화, 요동지역의 초기 빗살무늬토기, 여신의 지배
⑥	B.C. 4000년경	암사동 유적, 한강변에 신석기 문화를 열다
⑦	B.C. 3500년경	홍산문화, 제단과 돌무덤 축조, 옥과 여신 숭배
⑧	B.C. 3200년경	평양 남경 유적, 대동강변에 거주, 너비 약 1m의 대형 빗살무늬토기 제작
⑨	B.C. 3000년경	울주의 신석기인, 반구대에 고래 그림과 짐승 그림을 새김
⑩	B.C. 2900년경	소하연 문화, 곰 숭배와 함께 문자를 토기에 새김

요하 문명은 한국사인가?

요하 문명은 요서 지역의 신석기 문화와 청동기 문화에 속하는 흥륭와 문화, 조보구 문화, 홍산 문화, 소하연 문화, 하가점 하층 문화를 일컫는다. 시기는 대략 기원전 6000년경부터 기원전 2000년경까지이다. 요하 문명이 중요한 이유는 기원전 3500년을 전후한 시기에 동아시아에서 가장 발달된 신석기 유물이 대량으로 출토되고 있기 때문이다.

중국은 요하 문명을 황하 문명의 원류라면서 중국사의 일부로 끌어들이려 한다. 여기에는 세계 4대 문명인 메소포타미아 문명, 이집트 문명, 인더스 문명의 발생 시기가 기원전 3500년경인 데 비해, 황하 문명이 기원전 2000년을 넘지 못하는 한계를 요하 문명을 통해 극복하려는 의도가 숨어 있다. 중국은 현재 요하 문명과 황하 문명을 통합해 '중국 문명'이라고 부른다.

한편 우리나라 입장에서, 고조선이 기원전 2333년에 건국되었다는 것을 입증하려면 그 시기에 해당되는 유적이나 유물 또는 그 이전의 신석기 문명 유적이 있어야 한다. 그런데 한강의 암사동이나 양양 오산리, 김해 수가리, 부산 동삼동 패총 유적을 통해서는 입증이 부족하다. 고조선 건국을 기원전 2000년경으로 보기 위해서는 요서 지역의 요하 문명이 가장 훌륭한 근거가 될 수 있다.

그렇다면 요하 문명을 한국사의 영역에 넣을 수 있을까? 요하 문명을 창조한 사람들이 누구인지 정확하게 알 수는 없다. 다만 산 위에 돌로 제단을 쌓고 돌무덤을 만들었으며, 곰 숭배 문화를 지니고 빗살무늬토기를 사용했다는 점에서 중국보다는 우리나라의 신석기 문화에 가깝다는 것은 확실하다. 그러므로 요하 문명을 한국사의 영역에 놓아도 크게 문제가 되지는 않을 것이다.

농경의 시작을 인류 최초의 혁명이라고 부르는 까닭은?
또 토기와 간석기는 왜 발달하게 되었을까?

Point 1 인류 역사에 산업 혁명, 정보화 혁명과 같은 혁명적인 사건이 몇 차 례나 있었는지 살펴보고, 왜 인류학자들은 이런 사건들을 혁명이라 고 하는지 생각해보자.

Point 2 인류가 농경과 정착을 선택한 이유를 생각해보자. 그리고 농경이 가져온 사회, 가족, 도구, 음식, 의식, 종교, 생활, 문화의 변화를 꼽 아보자.

Point 3 신석기시대의 특징적인 유물인 토기와 간석기가 농경 사회에서 갖 는 의미를 알아보자.

공부를 더 하고 싶다면

《동북공정 너머 요하 문명론》(우실하 지음, 소나무)
중국의 동북공정을 비판하고, 동아시아에서 가장 발달된 요서의 신석기 문화(요하 문명)가 우 리 역사와 깊은 관련을 맺고 있다고 설명한다. 조금 어렵지만, 동북공정과 한·중 간의 역사 쟁점 에 대한 다양한 견해를 알아 볼 수 있다.

《코리안 루트를 찾아서》(이형구·이기환 지음, 성안당)
요서 지역의 신석기 문화(요하 문명)인 흥륭와, 홍산, 조보구, 소하연 등의 유적지를 직접 답사하 고, 한국사의 관점에서 여러 시각과 주제를 풀어냈다. 신문에 연재한 내용이라 쉽게 읽을 수 있 고, 다양한 사진도 실려 있다.

《총, 균, 쇠》(재레드 다이아몬드 지음, 김진준 옮김, 문학사상)
인류 역사에서 다양한 문명이 어떤 조건에서 발생하고 주도권을 가지게 되었는지 여부를 총, 균, 쇠라는 3가지 주제로 이야기 하면서, 수렵민에서 농경민으로 변모한 세력이 위도와 동서 축 이란 자연조건에서 세계사의 주역이 된 이유를 명쾌하게 설명한다.

단군, 고조선을 세우다

단군왕검은 기원전 2333년에 만주의 아사달(평양)을 도읍으로 정하고 고조선을 건국했다. 고조선은 고인돌, 비파형동검, 미송리식토기 등 주변과 다른 특징적인 문화를 창조한 우리나라 최초의 고대 국가였다.

청동기시대는 신석기시대와는 근본적으로 다른 도시국가의 시대이다. 공동 생산, 공동 분배를 하던 모계 씨족사회가 무너지고, 대가족을 중심으로 농경과 목축을 하고 생산과 분배가 가족 단위로 이루어지는 부계 부족사회가 들어선 것이다.

강화도 마리산 참성단
강화도 마리산 참성단은 하늘에 제사 지내는 제단으로 단군왕검 시기에 축조되었다고 전해지는데, 하늘은 원이고 땅은 사각이라는 천원 지방의 우주설에 맞게 축조되었다.

당시 돌로 만든 무기를 가진 부족은 새롭게 등장한 청동무기를 앞세운 부족에게 대항할 수 없었다. 청동무기를 지닌 부족은 이웃 부족을 빠른 속도로 통합하여 거대한 부족연맹을 이루기 시작했다. 기원전 2500년경부터 기원전 2000년경에 나타난 이 부족연맹은 초기 고대국가로 볼 수 있다.

고조선은 청동기시대●부터 철기시대를 거치면서 동북아시아의 역사와 문화를 주도했다. 그리고 비파형동검, 고인돌, 미송리식토기, 온돌, 된장 등 우리 민족 문화의 원형이 만들어졌다.

고구려, 백제, 신라, 가야 등 4국의 역사와 문화가 고조선에 뿌리를 두기 때문에 고조선의 역사와 문화를 아는 것은 매우 중요하다.

●청동기시대의 특징
1) 사유재산과 계급의 발생
2) 가부장제 사회
3) 국가의 성립과 군장의 등장
4) 제정일치 사회

우리 민족 최초의 국가, 고조선●

신석기시대 중·후기의 만주와 한반도에서는 강변을 벗어난 지역에 농토가 개발되었다. 그리고 곳곳에 강물을 끌어들이기 위한 관개수로와 저수지가 만들어지면서 생산력이 크게 늘어났다. 소비하는 농산물에 비해 생산량이 훨씬 많아서 남는 농산물인 잉여 농산물이 생겼다.

이렇게 잉여 농산물이 늘어나면서 사유재산과 계급이 생겨났다. 그리고 권력을 지닌 귀족이나 노예주들 가운데 족장(왕)이 나타났다. 족장들이 서로 경쟁과 협력을 거치는 과

●단군신화의 사상
홍익인간, 천손 사상, 농경 활농, 생명 존중, 노동력 중시, 토테미즘
(검) 2-5, (검) 4-고, (검) 5-4, (검) 48-기본, (수) 1998

정에서 유력한 족장들 가운데 하나가 여러 족장 사회를 통합하면서 점차 권력을 강화해나갔다.

청동기시대에 이르러 국가가 출현한 것이다. 청동기시대 초기에 형성된 족장 사회 가운데 최초로 국가를 이룬 세력은 고조선이다.

《삼국유사》와 《동국통감》의 기록에 의하면, 단군왕검●은 기원전 2333년에 고조선을 건국했다. 《삼국유사》는 단군왕검이 처음으로 세운 나라의 이름은 조선이고, 도읍지는 아사달이며, 중국 요임금과 같은 시기에 나라를 세웠다고 한다. 중국 요임금은 기원전 24세기경의 인물이다.

하느님의 아들인 환웅이 농경과 의학 기술을 지닌 풍백·우사·운사 등을 거느리고 하늘에서 지상으로 내려왔고, 그 뒤 모든 사람이 평등하다는 '홍익인간' 이념으로 그곳에 이미 살고 있던 웅족(곰 부족)과 호족(호랑이 부족)을 통합하여 신성한 땅이란 뜻의 신시(神市)를 열었다.

환웅과 웅녀의 아들인 단군왕검은 환웅이 세운 신시의 이념을 받들어 고조선을 세웠다. 그 뒤 백악산 아사달, 장당경 등으로 수도를 옮기면서 1,908년 동안 나라를 다스렸다.●●

●단군의 어원
고조선의 통치자인 '단군'의 어원은 종교적 제사장을 뜻하는 '단(檀)'과 정치적 군장을 뜻하는 '군(君)'을 합친 용어로 제정일치 사회의 우두머리를 뜻한다는 주장과, 하늘의 임금이란 뜻을 지닌 북방민족의 언어인 텡칸(천군, 天君)에서 비롯되었다는 주장이 있다. 그리고 '왕검'은 단군의 이름이거나 단군의 뜻을 우리말로 표기한 것으로 여겨진다.

●●단군신화의 의미
단군신화에는 여러 가지 유형의 신화가 섞여 있다. 환웅이 하늘에서 내려오는 천손 강림 신화, 곰과 혼인하여 자식을 낳는 수조 신화, 신화의 주인공이 나라를 건국하는 개국 신화, 풍백·우사·운사 등 문화영웅 신화 등으로 구성되어 있는 것이다. 이것은 여러 신화들이 오랜 시간을 거치면서 융합된 것으로 본다.

단군신화에 반영된 사회 발전 과정 4단계

① 환인 시대	중석기시대	B.C. 12000년~B.C.8000년경
② 환웅 시대	신석기시대	B.C. 8000년~B.C. 3500년경
③ 환웅과 웅녀의 연합 시대	신석기시대 후기 ~청동기시대 전기	B.C. 3500년~B.C. 2400년경
④ 단군 시대	청동기시대	B.C. 2400년~B.C. 5세기

고조선의 중심지는 어디인가

고조선의 영토는 대략 오늘날의 만주, 중국 동부 해안, 연해주, 한반도와 일본 열도에 이르는 넓은 지역이었다. 고조선의 대표적인 유물인 비파형동검, 탁자식 고인돌, 미송리식 토기, 고조선 후기에 사용했던 화폐인 명도전이 이 지역들에서 집중적으로 출토되었다.

하지만 청동기시대에는 교통과 정보가 발달하지 못했기 때문에 통치하는 모든 지역에 행정력이 미치지는 않았다. 그리고 지배 세력들은 대부분 강변에 위치한 도시에 살았기 때문에 고조선의 행정력이 전역에 미쳤다고 보기에는 무리가 있다. 그렇다면 고조선 주민들이 모여 살았고 정치, 문화, 기술이 가장 발달했던 중심지는 어디였을까?

현재까지 고조선의 중심지에 대한 유력한 주장으로는, 만주 지역에 있었다는 만주 중심설과 대동강 유역에 있었다는 대동강 중심설을 들 수 있다.

그리고 정치적인 변동에 따라 초기에는 만주에 있다가 철기시대에 대동강 유역으로 이동했다는 중심지 이동설도 있다.

▼ 고조선의 중심지설
고조선의 중심지는 만주 중심설, 대동강 중심설, 만주에서 한반도로 이동하였다는 중심지 이동설, 그리고 대동강에서 오히려 대륙으로 뻗어나갔다는 확대설 등이 있다.

오늘날 만주는 중국의 동북 3성을 가리키며 고조선 시기에는 요동이라 불렀다. 만주 지역이 고조선 중심지로 유력한 것은 고조선의 대표적인 유물●인 비파형동검, 고인돌, 미송리식토기가 집중적으로 나타났기 때문이다.

평양 대동강 유역을 고조선의 중심지로 보는 근거는 문헌과 유물을 들 수 있다. 중국의 여러 문헌은 고구려의 수도였던 평양이 위만 조선의 왕검성이며, 시대를 거슬러 올라가면 결국 기자조선, 단군조선의 도읍지라고 전한다. 그리고 낙랑군과 관련이 있는 점제현 신사비●●와 중국 후한시대의 유물을 근거로 든다.

중심지 이동설은 고조선의 중심이 초기에는 요동이나 요서에 있다가, 기원전 5세기경 중국이 전국시대로 접어들었을 때 흉노와 연나라의 침략을 받아 고조선이 서쪽 국경 2천여 리를 빼앗기고, 수도를 대동강 유역으로 옮겼다는 주장이다. 현재는 중심지 이동설이 가장 널리 받아들여지고 있다.

살상력을 높여라, 과학적 무기 비파형 동검

고조선은 청동기시대에 이웃 지역과 다른 독특한 문화를 발전시켰다. 그중에서 비파형동검은 고조선을 대표하는 유물이다.●

중국의 곧은날 동검, 초원 지대의 굽은날 동검과는 다르게 고조선의 청동 단검은 비파 또는 나뭇잎처럼 생겼다. 또

비파형동검(좌)과 세형동검(우) | 비파형동검은 고조선 초기, 중기에 만들어진 유물로 만주 지역에서 주로 출토되고, 세형동검은 좁은 놋단검의 일종인데 고조선 후기의 유물로 한반도에서 주로 발견된다.

검날에 피 홈통과 돌기가 있으며 날과 손잡이, 칼머리가 조립식이다. 이 청동 단검은 기원전 12세기경부터 기원전 5세기경까지 주로 사용되었다.

비파형동검●은 철기시대에 이르러 검날이 좁은 세형동검(한국식 동검, 좁은놋단검)으로 변했다. 세형동검은 청천강 이남에서 주로 출토되며, 기원전 3세기경까지 만들어 사용했다.

따라서 비파형동검이 만들어진 시기의 고조선 중심지는 만주였고, 세형동검이 만들어진 시기의 고조선 중심지는 평양이라는 것이 중심지 이동설의 근거가 된다.

그런데 이에 대한 반론으로 평양 일대에서 세형동검을 사용하던 시기에 만주 지역에는 철기 문화를 받아들인 부여가 고조선 세력을 대체했기 때문에, 세형동검을 사용한 평양 지역 세력은 고조선이 아니고 다른 제후국이 존재했다는 주장도 있다.

●**비파형동검의 특징**
전체 길이가 30~40cm이며, 검날의 모양이 나뭇잎, 또는 비파와 비슷하다. 검날과 손잡이가 조립식이며, 검날 가운데 돌기가 있다. 또한 날의 표면을 얕게 파서 검을 찌르면 피가 흐르도록 했는데 이런 피 홈통은 살상력을 높이기 위한 기술이었다.

고조선 사람들이 만들어 사용한 토기는 형태에 따라 만주 북부에서 유행한 서단산 유형, 대동강 유역을 중심으로 하는 팽이형, 금강 유역의 부여 송국리 유형, 요동 지역의 의주 미송리식이 있다. 이 중에서도 미송리식토기는 고조선의 토기를 대표하며, 1959년 평안북도 의주군 미송리 동굴에서 처음으로 출토되었다.

▶우리나라의 청동기 유물 유적 분포
고인돌, 비파형동검, 미송리식토기의 분포 지역은 고조선의 역사 영역이며 활동 공간이다. 또한 지표 유물이 집중적으로 출토 되는 곳이 고조선 주민들의 중심지 도시이다.

시대극 〈아스달 연대기〉
2019년에 tvN에서 방영한 시대극으로 말과 이름의 탄생, 신석기시대 종족 연합과 고조선과 같은 고대국가의 탄생과정을 그리고 있다.

요동 지역의 청동 단검과 같은 시대에 나타났기 때문에, 고조선의 세력권을 알려주는 대표적인 문화지표 유물로 여겨진다.

미송리식토기●는 신석기시대에 요서 지역에서 사용되던 배가 불룩한 단지에서 유래한 것으로 추측된다. 바닥은 납작하거나 바닥 가운데가 패어 들어간 들린바닥 형태이다. 배가 불룩하게 나와 표주박처럼 생겼으며, 단지 입구는 하늘을 향해 벌어져 있다.

몸체 가운데는 귀라고 부르는 입술 또는 다리 모양의 꼭지가 달려 있고, 입구와 몸체와 밑동에 4~6개 정도의 선무늬가 있다. 높이는 20~30cm 정도이다. 하늘을 향해 벌어진 아가리로 보아 주로 신전의 제사에 사용한 그릇으로 추측된다.

●**미송리식토기와 분포 지역**
요하, 혼하, 태자하를 중심으로 하는 요동 지역과 압록강 상류와 하류, 요동반도, 청천강과 대동강 유역에 분포되어 있다. 주로 돌널무덤(석관묘), 고인돌 등에서 비파형동검과 함께 많이 출토되어서, 부여나 고구려의 선조로 여겨지는 맥족의 유물로 보는 경향이 많다.

고인돌, 고조선을 대표하는 문화유산

세계적으로 널리 발견되는 거석문화 유적의 하나인 고인돌은 대략 5만여 기가 알려져 있다. 그중 만주와 한반도에 남아 있는 것이 3만 5천여 기이다. 고인돌이 전국적으로 분포되었다는 것은 고조선시대의 문화적 동질성이 매우 컸음을 의미한다.

고인돌은 모양에 따라 탁자식, 바둑판식, 개석식으로 나눈다. 탁자식 고인돌은 지상에 드러난 네 개의 굄돌 위에 편평하고 거대한 덮개돌이 덮여 있는 형태이다.

바둑판식 고인돌은 굄돌이 땅 위에 낮게 깔려 있고 그 위

강화도 부근리 고인돌(왼쪽)과 고창 매산리 고인돌
고조선의 지표 유물인 고인돌은 굄돌이 지상에 있는 탁자식(강화 고인돌)과 굄돌이 지하에 있는 바둑판식(고창 고인돌)이 있다. 고인돌은 무덤이자 제단으로 당시의 과학기술, 경제력, 인구, 종교사상, 사회생활 등을 엿볼 수 있다.

에 덮개돌을 덮은 형태로, 마치 바둑판처럼 생겼다고 해서 붙인 이름이다.

개석식 고인돌은 땅 밑에 주검이 안치되어 있는 묘실이 있고 그 위를 덮개돌로 덮은 형태로, 가장 발견하기 어려운 고인돌이다. 눈여겨서 살피지 않으면 그냥 바위로 보이기 때문이다.

고조선 사람들이 고인돌을 만든 이유는 조상들의 주검을 묻기 위함이었다. 또한 마을의 안녕과 자손 번창을 기원하기 위해 규모가 큰 고인돌을 축조하고 제사 장소로 이용하기도 했다. 요녕 개현의 석붕산, 해성의 석목성, 강화도 부근리 고인돌이나 고창 매산리 고인돌, 황해도 안악 고인돌을 예로 들 수 있다.

그리고 고인돌은 재판 장소의 역할도 했다. 마을에 분쟁이 일어나면 누구도 거역할 수 없는 권위를 가졌던 조상신의 안식처인 고인돌 앞에서 판결하는 것이 가장 적당했기 때문이다. 그밖에도 마을 회의나 전쟁 선포, 청소년의 성인식도 이곳에서 치러졌을 것이다.

계급사회의 법, 범금 8조•

    고조선 지역에서는 여덟 가지 법조문이 널리 행해지고 있었다. 중국의 역사 기록인 《한서(漢書)》 《지리지》에 보면 '낙랑조선에는 범금 8조가 있었다'고 하는데 현재는 3개 조항만 전해진다. 중국 요서 지역에 있었던 낙랑은 고조선에 소속된 제후국의 하나로, 중국 세력과 활발한 교역 활동을 했을 것으로 여겨진다.

● **범금 8조의 내용**
고조선의 성문법, 사유재산 존재, 엄격한 신분제(노비 존재), 상해와 도둑질은 범죄 (검) 1-6, (검) 5-3, (검) 6-4, (검) 7-4, (검) 48-기본, (검) 49-기본

    낙랑조선의 백성에게는 범금 8조가 있다. ① 살인자는 즉시 사형에 처하고, ② 남의 신체를 상해한 자는 곡물로써 보상하며, ③ 남의 물건을 도둑질한 자는 남녀 모두 소유주의 집에 잡혀 들어가 노비가 됨이 원칙이나, 자속(自贖 : 배상)하려는 자는 50만 전을 내놓아야 한다.

    비록 죄를 면하여 평민이 되더라도, 풍속에 그 부끄러움을 씻지 못해서, 혼인을 하려고 해도 상대가 없다. 이로 인하여 그곳의 백성들은 끝까지 도둑질을 하지 않으며 문을 닫는 일이 없고, 여자들은 정절을 지키고 믿음이 굳세어서 음란하거

농경문 청동기 | 고조선시대의 유물로, 농경 관련 제사에 사용된 도구. 너비가 약 12.8cm에 불과하지만 당시 사회의 모습을 밝히는 데 매우 중요한 자료이다. 인물이나 농기구, 경작지, 솟대 등이 묘사되어 있다.

고조선에 관한 여러 기록들

《삼국유사》〈고조선조〉의 《위서》 인용문	《응제시주》 본주에 기록된 단군 기록	고조선과 중국 제나라의 무역 기록
《위서(魏書)》에서 말하기를 지금으로부터 2000년 전에 단군왕검(檀君王儉)이 있었다. 도읍을 아사달(阿斯達)에 세우고 나라를 여니 조선(朝鮮)이라고 부른다. 요(堯)임금과 같은 시기이다.	예전에 신인이 박달나무(단목) 아래로 내려오자 나라 사람들이 그를 세워 왕으로 삼았기에 단군이라 불렀으며 이때는 당나라 요임금 원년인 무진년이었다.	제나라 환공(桓公)이 관자(管子)에게 물었다. "나는 천하에 일곱 가지의 보물이 있다고 들었습니다. 어디서 구할 수 있겠습니까?" 관자가 답하기를 "음산 산맥의 옥돌이 하나이고, 연나라 자산의 백금이 하나이고, 발조선(發朝鮮)의 문피가 하나입니다."

나 삿되지 아니하다.

　(중략) 상인들이 왕래를 하게 되면서 밤이 되면 도적이 들끓어 점차 풍속이 각박해졌고 지금에 이르러 죄를 금하는 법 조항이 많아져 60여 조에 이르렀다.

- 《한서》〈지리지〉

　위 기록에 드러난 범금 8조를 통해 고조선 초기에는 사형제도를 비롯해 속전 제도(금전 납부로 형을 대신하는 제도), 노비 제도, 사유재산 제도, 화폐 제도, 연좌제가 있었던 것을 알 수 있다. 그리고 귀족·평민·노비 등 계급이 발생했고, 농경을 위해 생명(노동력)을 중시●하며 재산을 지키려고 노력한 것도 알 수 있다.

　또한 고조선 후기에 들어서면 농업 생산력이 늘어나고 교역이 활성화되면서, 사회와 계급의 분화가 촉진되었고, 범죄가 늘어나 사회 질서를 유지하기 위해 법조문이 60여 조로 늘어났음을 알 수 있다.

●농경문 청동기의 내용
부계 권력의 등장(제사장이 남성), 농경 중시(밭갈이와 씨뿌리기, 추수), 새 숭배 사상(솟대), 조우관(鳥羽冠)의 풍습

〈공무도하가〉, 고조선의 유행가

고조선시대의 문화예술은 자료가 거의 없어서 구체적인 모습을 확인할 수가 없다. 다만 이웃나라의 역사자료에 나타난 단편적 기록이나 유물, 전래신화나 풍습을 통해 유추할 수밖에 없다. 고조선시대의 문학 작품으로는 〈공무도하가(公無渡河歌)〉●가 유일하게 남아있다. 서정가요의 일종인 〈공무도하가〉는 고조선시대 뱃사공이었던 곽리자고의 아내인 여옥이 전하였다.

중국 진(晉)나라 최표의 《고금주》에 기록된 설화에 따르면, 뱃사공 곽리자고는 어느날 새벽 강에 갔다가 슬픈 장면을 보았다. 머리가 허옇게 센 어떤 사내가 아내의 만류를 뿌리치고 머리를 풀어헤친 채 강을 건너다 빠져죽었다. 그러자 그의 아내는 공후라는 악기를 타면서 〈공무도하가〉라는 노래를 구슬프게 부르다가 남편을 따라 강물에 빠져 죽었다. 그 모습에 충격을 받은 곽리자고는 집으로 돌아와 아내에게 그 이야기를 전했다. 곽리자고의 아내인 여옥은 늙은 부부를 위해 그 노래를 본받아 부르고, 이를 세상에 전하여 영혼을 위로했다.

● 〈공무도하가〉
고조선을 대표하는 문학작품으로 고대 시가(詩歌)의 대표적 형식인 4언 4구체로 되어 있다. 서방의 악기인 공후(箜篌)를 통해 고조선의 문명교류와 예악의 높은 수준을 엿볼 수 있다.

公無渡河(공무도하)	임이시여, 강을 건너지 마오
公竟渡河(공경도하)	그예 임은 건너시는구려
墮河而死(타하이사)	물에 빠져 죽으시니
當奈公何(당내공하)	이 일을 어찌할꼬

〈공무도하가〉는 비록 짧은 노래이지만, 우리나라 시조 문

학의 원형을 보여주는 노래로 평가된다. 사람의 마음속 감정의 흐름을 잔잔하고 간결하면서도 정형화하여 표현한 수준 높은 작품이다. 한편 이 가사에 나타난 공후는 서역에서 건너온 악기로, 고조선과 주변 지역의 문화 교류가 활발했던 것을 보여준다.

폭풍보다 거센 철기의 힘, 세상을 바꾸다

● **철제 농기구의 영향**
경작지 확대, 깊이갈이, 잉여 생산물 증가, 교역의 활성화 (검) 5-4, (검) 50-심화, (수) 2008

만주 지역과 한반도에서 철기 문화●가 시작된 것은 기원전 7세기에서 기원전 5세기경이다. 고조선 후기에 해당되는 철기시대에 이르러 고조선 초기의 거친무늬 거울(다뉴조문경)은 잔무늬 거울(다뉴세문경)로 발전했다.

거친무늬거울(왼쪽)과 잔무늬거울
비파형동검, 청동방울과 함께 고인돌이나 석관묘 등에서 출토되는 고조선의 지표 유물이다. 초기에는 거친무늬거울이 만들어졌고, 후기에는 고운무늬(잔무늬)거울이 만들어졌다.

비파형동검도 동검의 몸체가 날렵해진 세형동검(한국식 동검)으로 변해갔다. 한편 독자적인 기술과 자체 제작을 보여주는 거푸집*도 활석으로 만들었다. 또한 청동기시대에는 간석기를 농경 도구로 이용했지만, 철기시대에는 도끼·홈자귀·괭이·쟁기 등을 쇠로 만들었다.

청동기 문명을 바탕으로 발전하던 고조선은 철기시대의 도래와 중국의 전국시대라는 격변기를 맞아 서서히 쇠퇴의 길을 걸었다. 정치·종교·교역 등 여러 방면에서 주도권을 잃어갔고, 제후국 또는 거수국으로 불리던 여러 소국들이 고조선의 통치권에서 벗어나 곳곳에서 독립하기 시작했다.

고려시대에 이승휴가 지은 《제왕운기》는 고조선의 뒤를 이어 대략 70여 개의 나라가 들어섰다고 전한다. 이를 근거로 이 시기를 열국시대라고 부르며, 조선후·위만조선·부여 등이 고조선을 대체하여 치열한 경쟁 관계에 돌입했다.

●**청동 거푸집 출토의 의미**
1) 독자적인 과학 기술 보유
2) 직접 제작한 유력한 증거
3) 대량 생산 체제의 가동
4) 노동력을 징발하는 국가권력
5) 생산 기술의 종합인 장치산업

고조선사 10대 사건

구분	연대	사건 내용
①	기원전 2333년	단군왕검, 고조선을 건국하고 아사달(평양)에 도읍
②	기원전 2400년	하가점 하층 문화, 고조선의 대표적 청동기 문화를 꽃피움
③	기원전 1046년	상나라 왕족인 기자가 고조선의 서쪽 변방에 망명
④	기원전 8세기	심양 정가와자 유적, 청동 단검 문화의 중심지로 성장
⑤	기원전 5세기	고조선 지역에 철기 문화 도래, 철제 농기구와 무기 제작
⑥	기원전 323년	기후가 조선후를 자칭, 부여와 고조선의 경쟁
⑦	기원전 3세기	고조선과 흉노의 전쟁, 고조선과 연의 전쟁이 벌어짐
⑧	기원전 195년	위만이 준왕의 왕위를 찬탈, 위만조선 건국
⑨	기원전 128년	예왕 남여가 중국 한나라에 망명, 창해군에 속함
⑩	기원전 108년	고조선의 계승을 표방한 위만조선(우거왕)의 멸망

고조선의 비파형동검을
과학적인 유물이라고 하는 이유는?

고조선의 대표적 유물인 비파형동검은 중국의 곧은날 동검이나 북방 초원의 굽은날 동검과는 형태와 재질, 만드는 방법에서 뚜렷하게 차이가 난다. 검날이 나뭇잎이나 비파 모양으로 되어 있으며, 날의 가운데에 돌기(척돌)가 있고, 검날에 피 홈통이라고 부르는 얇은 홈이 파여 있으며, 검날과 손잡이와 칼머리를 따로 만들어서 합친 조립식이다.

일반적으로 비파형동검은 실전에 쓰지 않은 의례용 단검이라고 추정했는데, 여러 곳의 고인돌이나 석관묘에서 청동 단검의 끝부분이 박힌 사람의 다리뼈가 나오면서 전투용으로 썼다는 것이 확인되었다.

비파형동검은 전투용으로 쓰기 위한 여러 가지 과학적인 구조와 기능을 지니고 있다. 검날을 비파형으로 만든 것은 상처를 크게 내서 살상력을 높이기 위해서였고, 쉽게 부러지는 특성을 지닌 청동 단검을 강하게 만들고자 검날에 돌기를 만들었다.

피 홈통은 찌른 다음에 빨리 빼기 위한 용도로, 피 홈통으로 피가 빠지면 검날이 미끄러워져 쉽게 뺄 수 있다. 조립식으로 만든 까닭도 결국은 청동 단검이 잘 부러지는 것을 막기 위한 것이었다.

비파형동검의 과학적 구조와 기능은 고조선이 동아시아의 강국으로 우뚝 설 수 있었던 요소 가운데 하나였다고 할 수 있다.

이 땅에 고조선이라는 국가가 들어서면서 자연스럽게 범금 8조 법률도 생겨났다. 국가가 세워질 때 법 제정이 갖는 의미는 무엇일까?

Point 1 세계 역사에서 여러 나라의 주요한 법률과 관습을 찾아보자. 특히 바빌로니아 왕국의 함무라비 법전, 이스라엘의 10계명 등을 고조선의 범금 8조와 비교해보자.

Point 2 국가를 건설하고 운영하는 데 필요한 여러 요소들을 문자, 과학 기술 등 항목별로 나누어 정리해보자.

Point 3 고조선의 후기에 중앙집권적인 통일제국을 세우는 페르시아 제국, 인도의 마우리아 왕조, 중국의 진(秦)나라가 공통으로 도량형이나 문자를 통일하고 강력한 법률을 제정한 까닭이 무엇인지 알아보자.

공부를 더 하고 싶다면

《고조선 사라진 역사》(성삼제 지음, 동아일보사)
고조선을 둘러싼 논쟁을 9개의 주제로 정리하여 청소년의 눈높이에 맞춰 설명한다. 고조선을 주제로 논술하기 편하게 쟁점별로 다양한 견해와 근거 자료를 제시한다.

《고조선 우리의 미래가 보인다》(윤내현 지음, 민음사)
학술연구의 대상이던 고조선사를 대중적으로 풀어 쓴 역사서. 주로 단군, 고인돌, 비파형동검에 국한되던 논의를 넘어서 고조선의 정치, 경제, 사회, 종교 등 다양한 주제를 다룬다.

《리지린의 고조선 연구》(리지린 지음, 이덕일 옮김, 다른세상)
고조선의 중심지가 한반도가 아닌 요동(遼東)이란 사실을 다양한 사료의 제시와 명쾌한 논증으로 설명하는 기념비적 단행본으로 1961년도에 중국 북경대에서 박사학위를 받은 북한의 역사학자 리지린의 논문이다.

조선후와 위만,
고조선인가 제후국인가

한 줄로 읽는 우리 역사

부여와 조선후가 고조선의 정통을 다투는 가운데 위만이 조선후를 멸하고 위만조선을 세웠다. 중국을 통일한 한나라는 위만조선을 멸하고 한사군을 설치했으며, 부여 지역에는 동부여·졸본부여·고구려 등 여러 나라가 독립하며 열국시대를 열었다.

철기와 청동기에는 근본적인 차이가 있다. 철기는 아주 단단하고 굳세서 주로 농기구와 무기로 사용했다. 반면 구리를 원료로 한 청동기는 쉽게 닳고 부러지는 특징이 있어 주로 의례용이나 장식용 도구로 사용했다.

철기시대*는 변화의 시기였으며 그 중심에 철제 농기구가 있었다. 사람들은 철제 농기구를 이용해 강변에서 멀리 떨어진 지역이나 야산도 논밭으로 개간할 수 있었다. 개인이 개간한 논밭은 스스로 팔고 살 수 있는 개인 소유의 사전(私田)이 되었고, 경작지의 확대로 잉여 생산물이 빠르게 증가했다.

철기를 바탕으로 성장한 새로운 정치 세력은 철제 무기로 세력이 약한 주

여러 가지 철기 | 철기로 만든 농기구 가운데 쟁기는 농토를 쉽게 개간할 수 있고 땅을 깊게 팔 수 있어 생산력이 크게 증대되었다. 철정이나 철괴는 화폐로 이용되었다.

철기시대의 사회 변화

철제 농기구	토지 사유제	생산력 확대	잉여 생산물	철제 무기류	교역 확대	사상
경작지 확대	소지주 계층 탄생	잉여 생산물 발생	지배 계층 확대와 교역 활성화	군사력 강화와 잦은 전쟁	지역간 정보교류, 상인 계층의 성장	정치권력 우위, 소지주 계층 등장

변 지역을 정복하거나 교역을 통해 막대한 재력을 쌓았다. 교역*의 증가와 함께 다양한 사상과 문화의 교류가 있었으며, 이는 문화 충격으로 다가왔다. 그리고 이 충격은 사상의 대 변화를 가져왔다. 종교적인 권위는 무너졌고, 새로운 계층으로 성장한 사(士)와 상인 계층의 이익을 지켜주는 새 종교와 사상이 여기저기에서 꽃피었다.

철제 무기로 무장한 지역 세력 간의 무력 충돌과 빈번한 교역으로 청동기시대의 종교권력이 무너지고, 철기시대의 정치권력이 등장했다. 경제·군사적인 힘을 배경으로 자신이 하늘의 자손이라고 부르짖는 영웅들이 새로운 지배자로 나타났다. 그 대표적 인물이 조선후**나 위만, 해모수, 동명 등이다.

●철기시대의 특징
1) 중국과의 활발한 교류와 명도전, 반량전, 오수전 등 중국 화폐 사용
2) 한자의 사용과 지식인의 존재
3) 세형동검(한국식 동검)과 잔무늬 거울
4) 반달돌칼의 광범위한 사용에 따른 농업 생산력의 발달

●명도전의 특징
청천강 이북 분포, 고조선 후기 및 위만조선 사용, 연나라와 교역, 철기시대
(검) 4-3

●●조선후의 의미
조선후는 만주 지역에서 독자적인 세력으로 성장한 정치집단의 통치자를 중국 측에서 제후라는 의미로 낮춰 부르는 칭호이다.

고조선의 후예, 조선후와 위만조선

기원전 4세기경, 요서 지역에서 조선후인 기후(箕詡)가 독립했다. 고조선 제후국 중 하나인 기자조선의 통치자 기후는 상나라 왕족이던 기자의 후손임을 내세우며 본국인 고조선의 통제권에서 벗어나 스스로 왕이라 칭하고, 연나라·

흉노 등과 때로는 전쟁을 하고 때로는 교류하며 성장했다. 기후의 6대 후손인 기준(箕準)은 기원전 3세기 초에 이르러 연나라·흉노·부여 등을 압도하며 약 100여 년 이상 고조선의 계승 국가를 표방했다.

기원전 195년경 중국이 전란으로 혼란스러울 때 연나라 장군 이었던 조선 사람 위만●이 기준에게 망명했다. 기자조선의 서쪽 국경을 지키는 직책을 맡은 위만은 주변국에서 흘러들어온 망명자들을 받아들여 자신의 세력을 키웠다. 그리고 마침내 왕검성을 공격해 기준을 몰아내고 위만조선●을 세웠다.

위만은 망명할 때 조선인의 옷을 입고 상투를 틀었으며, 기준과 마찬가지로 고조선의 계승을 표방하며 나라 이름을 그대로 조선이라 했다.

위만조선은 요하 상류인 노합하(라오하 강)와 서랍목륜하(시라무룬 강) 유역을 지배하고, 그곳에서 기르던 우수한 전투마를 확보했다. 그리고 이 전투마를 흉노와 대결하는 한나라나 남쪽의 낙랑국, 삼한 등에 팔아서 막대한 이익을 얻었다. 또한 만주 지역의 우수한 동광석과 철광석을 차지하고, 주변 소국들과 무역을 하면서 소국의 특산물을 중국이나 흉노에 파는 중개 무역으로 국가의 재부를 늘렸다.

위만조선의 3대 왕인 우거는 중국의 난리를 피해 요동으로 오는 사람들을 받아들여 인구를 늘리고, 농업 생산력과 해산물 생산을 확대했다. 또한 중국, 흉노와 교역하려는 여러 나라들의 길목을 막고 위세를 부렸다. 이처럼 위만조선은 지리적인 이점과 국제 정세를 활용하여, 한나라나 흉노와 등거리 외교를 하며 동아시아 세력 균형의 핵심으로 떠올랐다.

● 위만과 위만조선
위만조선, 위만, 우거, 왕검성, 한무제, 진번, 임둔
(검) 49-심화, (검) 50-심화, (검) 52-심화

● 위만조선은 한국사인가?
위만조선을 고조선의 계승 국가로 보는 경우 그 근거는, 1) 위만이 기준에게 망명할 때 조선인의 옷을 입고 상투를 틀었고, 2) 왕이 되고 나서 조선이란 국호를 그대로 사용했고, 3) 조선의 토착민들이 주로 위만 정권의 고위층에 많이 진출했다는 점을 든다.

위만조선, 한나라에 맞서다●

　　기원전 2세기경 중국에서 한나라 무제(B.C. 141~B.C. 87)
는 지방 제후들을 제압하고 중앙집권화를 이루었다. 그는
북방 유목 제국인 흉노와 싸우기 위해 위만조선과 우호적
인 관계를 맺으려 했다. 하지만 위만조선은 흉노와 동맹을
맺고, 오히려 한나라에 적대적인 정책을 펼쳤다. 두 나라 사
이에 긴장이 고조되었고, 전쟁의 먹구름이 하늘을 덮었다.

　　한나라는 이에 요동 태수를 우거왕에게 보내 네 가지 제
안을 했다. 첫째로 우거왕이 직접 한나라 장안에 들어와 예
속받기 싫으면 독립적인 주권을 갖되 형식상으로는 한나라
의 외신(外臣)으로 있을 것, 둘째로 우거왕이 한나라를 대신
하여 북방의 여러 민족과 나라들을 보호하고 다스릴 것, 셋
째로 북방 세력이 한나라 국경을 침범하지 못하게 막을 것,
넷째로 여러 북방국이 한나라와 무역하거나 교류하기 위해
국경을 들어올 때 길을 막지 않을 것. 한나라는 위만조선을
자기편으로 끌어들이기 위해 파격적인 특별 대우를 보장한
것이다.

　　위만조선의 우거왕은 이 기회를 활용해서 병력과 재물을
쌓고, 북방의 임둔, 진번, 대방, 낙랑, 현도, 창해 등 주변국
들을 복속시켰다. 그리고 한반도의 삼한과 평양의 낙랑국,
동방의 예국, 옥저 등이 한나라와 교류하는 걸 막았다.

　　기원전 109년, 한나라는 섭하를 사신으로 파견했다. 한
무제는 섭하를 통해 위만조선을 협박하고 타일렀지만 우거
왕은 듣지 않았다. 섭하는 협상이 실패하자 자신을 환송하
러 나온 위만조선의 비왕인 장(長)을 죽이고 패수를 건너 달

● 위만조선과 한나라의 전쟁
원인
기원전 109년, 우거왕과 한무제
는 왕검성에서 전쟁을 벌였다. 그
이유는 1) 위만조선이 한나라에
서 망명한 사람들을 끌어들이고,
2) 교역로를 장악하여 위세를 벌
이고, 3) 위만조선이 흉노와 연대
하여 한나라에 위협이 되었기 때
문이다.

아났다. 한무제는 섭하에게 협상 실패의 책임을 묻지 않고 오히려 요동군 동부도위에 임명했다. 위만조선과 국경을 마주한 요동의 군사 책임자로 삼은 것이다.

사신을 환송하던 장군을 죽이고 달아난 섭하가 오히려 벼슬을 받자, 위만조선의 군대는 패수를 건너가 섭하를 죽였다. 아마 한무제[●]는 이것을 노렸을지도 모른다. 섭하를 죽임으로써 황제를 욕보였다는 전쟁의 명분을 얻은 것이다.

한무제는 드디어 좌장군 순체에게 육군 5만 명, 누선장군 양복에게 수군 7천 명을 주어 위만조선을 침략했다. 마침내 위한 전쟁(왕검성전투)의 불꽃이 튀기 시작한 것이다. 이때가 기원전 109년 가을이었다.

위만조선의 우거왕은 국경선인 패수를 중심으로 군대를 패수 동군, 서군, 상군, 하군과 왕검성을 지키는 중군으로 편성했다. 그리고 1차 전투 때는 수비와 공격 전략을 적절하게 사용하여 좌장군 순체 아래 있던 졸정(卒正) 다(多)의 군대와 누선장군 양복의 7천 수군을 격파했다. 2차 전투 때는 좌장군 순체와 누선장군 양복, 제남 태수 공손수가 몇 달에 걸쳐 왕검성을 공격했으나 실패했다.

3차 전투는 좌장군 순체가 시작했지만 또다시 위만조선에게 연거푸 패했다. 그러나 승패의 명암은 왕검성 내부에서 갈렸다. 주전파 우거왕의 위세에 굴복하여 전쟁에 참여한 주화파인 조선상 로인, 조선상 한음, 니계상 삼, 좌장군 왕협이 반란을 일으켜 우거왕을 죽이고 한나라에 항복한 것이다.

이로써 일 년여에 걸친 위한 전쟁은 내부 반란으로 위만조선이 멸망하면서 막을 내렸다. 또한 조선후에 뒤이어 고조선 계승 국가를 자처하던 위만조선도 역사의 무대에서

●한무제(서기전 140-87)
한무제 유철은 한고조의 증손자로 흉노제국과 3차례 전쟁을 치루고 하서4군을 설치하였으며, 제후들의 봉토를 분할하는 추은책(推恩策), 제후의 정치참여를 제한하는 부익법(附益法), 염철(鹽鐵)의 국유화, 평준책(平準策)과 균수법(均輸法)을 추진하여 중앙집권제도를 강화하고, 태학(太學)을 설립하여 유교국가의 기틀을 세웠다.

잔무늬거울 거푸집
고리가 여럿 달린 잔무늬거울(다뉴세문경)은 만주와 한반도 지역에 고루 출토되는 고조선을 대표하는 지표유물이다.

사라졌다(B.C. 108). 이제 한국사에서 부여가 고조선을 계승하는 중심세력으로 한국사를 이끌었다.

한나라는 전쟁에 승리했지만 좌장군 순체와 제남 태수 공손수는 사형을 당했고, 누선장군 양복은 서인으로 강등되었다. 반면에 위만조선에서 항복한 로인, 한음 등은 제후의 직책을 받았다. 한나라는 위만조선 땅에 낙랑군, 진번군, 임둔군, 현도군 등 이른바 한사군을 두었다. 하지만 한사군이 실제로 행정력이 미치는 군현이었는지는 알 수 없고, 그 위치도 요서인지 평양인지 모를 정도로 의문스럽다.

그중 진번군은 기원전 82년에 폐지되어 낙랑군 남부도위에 합쳐졌으며, 임둔군은 같은 해에 현도군에 흡수되었다. 현도군도 기원전 75년경에는 부여계 주민들의 공격으로 유명무실해졌다. 그 뒤 3세기 중반 동천왕 시기에 대부분의 땅을 고구려에게 빼앗기고 명맥만 유지하다가, 광개토태왕 시기에 고구려에 완전히 흡수된 것으로 보인다.

서기 204년에는 요동 태수인 공손강이 고구려와 동방의 여러 나라를 견제하고자 낙랑군 남부 도위 7현을 합해 대방군으로 바꾸었다. 미천왕은 313년과 314년에 잇달아 낙랑군과 대방군을 요동에서 완전히 축출했다.

위만조선과 한의 전쟁 | 위만조선과 한나라는 왕검성에 일 년여 기간에 걸쳐 전쟁을 치렀다. 왕검성의 위치에 대해서는 알 수 없다. 요서설, 요동설, 평양설이 있는데 정확한 위치는 알 수 없다.

한사군이 한국사에 미친 영향은?

한사군은 기원전 108년에 중국의 한나라 무제가 위만조선을 멸망시키고 그 땅에 설치한 낙랑군, 진번군, 임둔군, 현도군을 말한다.

고구려는 건국 때부터 한사군을 몰아내는 데 주력했고, 4세기경에 이르러 한사군을 축출하고 고조선의 영토를 모두 회복했다. 이후 한사군은 정치적인 측면에서 중국 측이 고구려를 침략할 때 침략의 정당성을 뒷받침하는 역사적 근거로 활용되었을 따름이다.

한사군은 근대에 이르러 식민사관의 도구로 이용되었다. 일제 식민사학자들은 우리 민족이 원래 독립된 나라를 세울 능력도 없고 문화를 발전시킬 역량도 없었는데, 한사군의 발달된 정치·문화적 충격으로 고대국가를 세울 수 있었다는 궤변을 편 것이다. 이는 조선을 정벌한다는 정한론의 이론적 근거가 되어, 일본이 한사군을 대신하여 조선을 개화시키고 발전시켜야 한다는 침략 이론으로 구체화되었다.

민족사학자인 신채호와 정인보 등은 일제 식민사학자들의 한사군 문화충격론은 침략사관을 합리화하는 역사 왜곡이며 근본적으로 허구라고 인식했다. 한사군의 위치가 한나라와 동방의 국가들을 연결하는 지역이었기 때문에 교역이나 외교, 문화 교류를 통해 동방 지역에 어느 정도 영향을 준 것은 사실이다. 하지만 고구려를 비롯한 우리나라 삼국은 한사군의 정치적 영향과는 무관하게 고조선과 부여에서 갈라져 나왔으며, 문화적 전통도 돌무덤, 기마 전통, 바지 문화, 온돌 사용 등 오히려 고조선에서 부여로 이어지는 북방 지역의 색채가 더욱 강하다. 이런 점에서 한사군의 영향력을 과대평가할 필요는 없을 것이다.

철기는 세상을 어떻게 바꾸었을까?

Point 1 청동기와 철기의 특성을 비교하여 각각의 금속으로 만들 수 있는 도구가 무엇인지 알아보자.

Point 2 국가와 사회가 운영되기 위해 필요한 생산물이 무엇이고, 그것이 철기와 어떤 관계가 있는지 살펴보자.

Point 3 철기가 가져온 여러 가지 변화를 분야별로 정리하여 각각의 변화상을 알아보자.

공부를 더 하고 싶다면

《고조선 단군 부여》(동북아역사재단 편, 동북아역사재단)
중국이 동북공정을 통해 주장하는 내용을 비판하고, 우리 국민이 알아야 할 고대사를 주제별로 나누어 다루었다. 학문적인 성과를 역사교양서의 수준으로 풀어 썼다.

《흉노》(사와다 이사오 지음, 김숙경 옮김, 아이필드)
고조선의 역사와 깊은 관련을 맺고 있으며, 로마와 게르만의 역사를 바꾼 흉노 제국을 다루었다. 정치, 경제, 사회, 종족 등 다양한 주제를 한 권에 담았다. 유목 국가의 이해는 우리 고대사를 읽는 바탕이란 점에서 읽어볼 만하다.

《한사군은 중국에 있었다》(문성재 지음, 우리역사연구재단)
일제 식민사학자들이 한국사의 타율성과 정체성을 주장하기 위해 한사군의 위치를 한반도에 비정한 기존의 학설이 갖는 문제점을 다양한 사료와 정황증거를 통해 반박하고, 한사군이 중국에 위치하였다고 논증한 단행본이다.

2장
삼국시대의 시작

고조선 이후 한국사는 만주와 한반도에 부여, 고구려, 옥저, 동예, 삼한 등 여러 나라가 들어서는 열국시대에 접어든다. 만주 북쪽의 부여, 만주 남쪽의 고구려, 평양의 낙랑국, 한반도의 백제, 신라, 가야는 본격적인 협력과 경쟁의 시대를 만들어갔다. 이 국가들의 등장으로 만주와 한반도는 활력과 변화가 넘치는 지역으로 발전했고 연해주, 몽골 초원, 바다 건너 왜, 유구, 동남아의 역사와 문화에도 많은 충격과 자극을 주었다. 특히 고구려, 백제, 신라 삼국은 4세기부터 율령을 제정하여 중앙집권적인 왕권국가를 수립하고, 보편성을 지닌 세계 종교 불교를 수용하여 사상·예술·문화 등 다양한 방면에서 발전을 이루었다.

역사를 보는 눈

분열을 극복하고 통일을 지향하는 우리 역사

고조선을 계승한 부여가 쇠퇴하고, 한국사는 열국이 다투는 분열이 시작되었다. 분열은 끝이 아니라 새로운 역사를 준비하는 과정이다. 삼국은 분열을 극복하고 통일을 지향하는 역사였다. 삼국은 각자 통일의 시대를 열고자 협력하고 경쟁했디. 율령 반포는 법치와 행정 통일로 가는 중요한 개혁이었고, 불교 공인은 보편적 세계와 소통하면서 사상의 통일성을 갖는 계기였다.

| 3세기경의 세계 |

300년을 전후한 세계사는 격변의 시기이다. 동양과 서양의 교류가 활발해지면서, 세계적인 종교와 사상이 여러 지역으로 퍼져나가 꽃을 피웠다. 지중해 연안은 그리스도교, 오리엔트는 조로아스터교, 북인도와 동아시아는 불교가 유행했다.

동서양 양대 제국을 이루던 로마와 한나라의 지배가 무너지고, 훈 제국과 게르만 민족의 등장, 사산 왕조 페르시아의 성장과 인도 굽타 왕조의 등장, 중국의 5호16국 시대 등 정치적 다원화가 이루어졌다.

우리나라에서는 고구려가 만주 지역을 차지하고 민족의 방파제와 같은 역할을 하며 정치·경제·문화를 주도했고, 백제는 바다를 개척하며 해상왕국을 준비했으며, 가야는 발달된 철기 문화를 주변국에 전파하며 독자적인 연맹국가를 이루었다. 발전이 늦은 신라도 주변 국가들과 교류하며 서서히 한반도의 역사 무대에 등장하기 시작했다.

우리나라 ▼	주요 연표	▼ 세계
	B.C 138년	한무제의 실크로드 개통 (~B.C. 115년)
박혁거세의 신라 건국	B.C 57년	
	B.C 73년	로마의 스파르타쿠스 반란
주몽의 고구려 건국	B.C. 37년	
	B.C 27년	옥타비아누스가 로마 최초의 황제(아우구스투스) 즉위
온조의 백제 건국	B.C. 18년	
	25년	광무제 유수의 후한 건국
	30년	예수의 죽음과 그리스도교 탄생
김수로의 금관가야 건국	42년	
	105년	월지족이 북인도에 쿠샨 왕조 건립
	184년	중국 황건농민군의 반란
가야, 포상 8국의 난	209년	
	226년	아르다시르 1세의 사산 왕조 페르시아 건국
위와 고구려의 전쟁 고이왕, 요서 진출	246년	
미추 이사금, 김씨 왕통 수립	262년	
백제 고이왕의 율령 반포	262년	
모용외, 서부여 공격	286년	
고구려 미천왕 즉위	300년	
	304년	5호16국 시대의 시작
	313년	로마 콘스탄티누스 황제의 기독교 공인
	320년	굽타 왕조가 힌두교를 국교로 삼고 인도 북부 지배
고구려와 전연의 전쟁	342년	
백제 근초고왕 즉위	346년	
고구려 소수림왕 불교 공인	372년	
	374년	훈족(흉노족)이 라인 강 서쪽에 훈 제국 건국
	376년	게르만족이 훈족의 공격을 피해 로마로 대이동
백제 침류왕 불교 공인	384년	
	392년	로마 테오도시우스 황제가 기독교를 로마 국교로 삼음

아우구스투스 상

고구려 고분 벽화 〈현무〉

가야 판갑옷과 투구

기마인물형 토기

사산 왕조 페르시아의 은제 사냥무늬 접시

65

열국시대에서 삼국시대로

한 줄로 읽는 우리 역사

부여는 고조선의 계승 국가로 1책 12법과 영고라는 제천 행사가 있었고, 고구려는 부여의 뒤를 이어 만주 지역을 통합했다. 한반도 중남부의 삼한은 고조선의 후예들로 나중에 부여의 이주 세력과 연합해 백제, 신라, 가야로 발전했다.

고조선을 계승했다고 주장하는 조선후가 요동 서쪽에서 세력을 확대하고 있을 때, 오늘날의 송화강(쑹화강) 중류 지역에는 고조선을 계승한 부여가 세력을 크게 넓히고 있었다. 부여는 중국 연나라, 제나라 등과 함께 기원전 5세기경 철기 문화를 일으켜 조선후와 함께 동방 사회에서 가장 앞서가는 세력으로 발전했다.

부여 초기 도읍지 동단산성
중국 길림시 송화강변의 평지에 있는 동단산성과 남성자 토성은 부여의 초기 도읍지이며, 신성한 제단이 있는 용담산성은 배후에 자리 잡고 있다. 평지성과 산성의 중간에 모아산 무덤군이 있다.

고조선의 후예, 부여인의 삶

부여는 땅 넓이가 사방 2천여 리에 이르고 인구는 8만 호 (40여 만 명)가 넘었다고 한다. 왕 밑에는 독자적인 세력을 지닌 족장인 대가(大加)들이 있었고, 왕은 대가들의 연합으로 추대되었다.

대가들은 부족을 상징하는 가축 이름을 따서 마가(馬加 : 말), 우가(牛加 : 소), 저가(猪加 : 돼지), 구가(狗加 : 개)라고 불렀다. 행정구역은 왕이 직접 다스리는 중앙과 대가들이 각각 다스리는 사출도®가 합쳐져 5부를 이루었다.

관리로는 왕과 대가들 간의 연락을 담당하는 대사, 대사자, 사자가 있었는데, 이들은 머리에 사자를 뜻하는 새의 깃털을 꽂았다. 부여의 읍락은 세력이 있는 제가들이 다스리고, 그 밑으로 국인이라 부르는 민(民)과 노비처럼 여겨진 하호(下戶)가 있었다.

백성들은 흰옷을 즐겨 입었다. 반면에 지배 계층 사람들은 보통 수를 놓은 비단이나 모직물로 옷을 지어 입다가 겨울에는 여우털·담비털·원숭이 가죽 등으로 지은 옷을 입었고, 머리에는 금과 은으로 장식한 모자를 썼다. 오곡을 재배하고 목축을 했으며, 특산물로는 말·주옥·모피가 있었다.

정월에는 영고(맞이굿)라는 제천 행사®가 벌어졌는데, 이는 수렵 사회의 전통이다. 이때는 죄수들을 풀어주고, 날마다 식혜나 술을 마시며 춤추고 노래하며 놀았다.

전쟁 때는 제천 행사를 열고 소를 잡아 굽이 갈라진 모양을 보고 길흉을 점쳤다. 제가들은 백성 위에 군림하되 전쟁이 일어나면 앞장서서 싸웠고, 백성들은 스스로 예비군이 되어 집

● **부여의 4출도**
부여의 4출도는 중앙을 왕이 다스리고 4방을 마가, 우가 저가 등 제가(諸家)들이 다스리는 북방민족의 고유한 정치제도인 5부족 제도의 하나이다. 고구려의 제가회의, 백제의 남당(정사암제도), 신라의 화백제도, 가야의 6가야 연합 등도 같은 정치제도이다. 북방민족의 5부제는 그 후 발해의 5경제도, 고려의 3경제, 거란(요)과 여진(금)의 5경제로 계승되었다.

● **열국의 제천 행사**
부여 - 영고, 고구려 - 동맹, 동예 - 무천, 삼한 - 오월제
(수) 2010, (검) 4-고

▶부여와 열국의 위치
고조선의 뒤를 이은 만주의 주
인은 부여였다. 그리고 고구려,
동예, 옥저, 삼한, 낙랑국 등이
계속 출현했는데 이때를 열국
시대라고 한다.

● 부여의 생활 문화
1책 12법, 순장 풍속, 반농 반
목, 왕호 사용, 사출도(5부
족), 마가·우가 등 가축명 관
직, 영고, 우골점
(검) 6-4, (검) 4-고, (검) 5-4,
(검) 3-5, (검) 3-4, (검) 47-
심화

집마다 무기를 갖추었으며, 하호들이 식량을 지어 날랐다.

또한 형이 죽으면 동생이 형수를 아내로 맞는 형사취수제
가 있었는데, 이는 고구려·흉노 등 북방 종족의 일반적인 풍
속이었다. 제가들이 죽은 뒤에는 후하게 장사를 지냈고, 순장
풍습이 있었다. 무덤은 석관묘와 석곽묘를 주로 사용했다.●

《삼국지》〈위지 동이전〉에 따르면 부여에는 고조선 이래 전해지는 법률이 있는데, 그 형벌이 엄격했다. 1) 도둑질을 하면 12배로 갚아야 하고(1책 12법), 2) 살인자는 죽이고 그의 가족은 노비로 삼으며(연좌제), 3) 남녀가 생활이 문란하고, 부인이 질투하면 죽이고, 4) 시신은 남쪽산 위에 버려두었으며, 집에서 여자의 시신을 찾아가려면 소와 말을 내놓아야 했다.

이처럼 부여의 법은 남성 중심이며, 부권이 강조된 가부장제의 특징이 잘 나타나 있다. 또한 여인의 정절을 중시하고 질투를 범죄로 여기는 풍조를 통해 한나라의 유교 문화와 같은 예의 풍속이 있었음을 알 수 있다.

부여의 분열, 영웅들의 시대를 예고

부여는 고조선 문명의 발상지였던 만주 지역의 너른 초원과 농경지를 차지하고도 고대국가로 발전하지 못했다. 철기시대에 이르러 동북아시아 역사의 중심이 요동과 평양, 한강 이남으로 이동했고, 부여는 변방으로 전락하고 말았다. 부여는 구심체를 잃으면서 해모수의 북부여, 동명의 졸본부여, 해부루의 동부여 세력으로 분열되었다.

북부여와 해모수

북부여의 해모수는 고조선이 해체되고 위만조선이 사라지는 격변기에 우리 역사의 무대에 화려하게 등장하는 영웅이다.

이규보의 〈동명왕편〉,《삼국유사》 등의 기록에 따르면, 북부여의 건국자인 해모수는 임술년(B.C. 239) 4월 8일에 신검 용광검(龍光劍)을 들고 다섯 마리 용이 이끄는 수레 오룡거(五龍車)를 타고 하늘에서 웅심산으로 내려와 그곳에 도읍으로 정하고 나라 이름을 북부여라고 했다. 웅심연에서 하백의 장녀인 유화를 만나 혼인했지만, 나중에 유화를 버리고 하늘로 돌아갔다고 한다. 오룡거와 용광검은 북부여 세력이 철기 문명을 가졌다는 걸 뜻한다. 해모수가 하늘에서 내려왔다는 것은 우리나라의 전통적인 천손 신화를 반영하며, 그가 천손족(태양족)이라는 것을 보여 준다. 또한 웅심산에 내려왔다는 것은 모계나 처계가 웅족(곰 부족)일 가능성을 말해준다.

즉 해모수는 천손족과 웅족이 하백 세력과 연합하여 세운 군주였다. 해모수가 유화를 버리고 하늘로 돌아갔다는 것은 종족 연합이 깨졌음을 말하며, 북부여가 만주 지역의 패권을 차지하지 못했음을 뜻한다.

졸본부여와 동명

동명●은 졸본부여를 세운 난생 신화의 영웅이다. 훗날 고구려를 세우는 주몽과 혼동하기도 하는데, 후한의 왕충이

●동명(東明)과 주몽(朱蒙)
여러 사서에 따르면 동명과 주몽은 별개의 인물이다. 《논형》에 따르면 동명은 고리국의 시비가 낳은 난생 신화의 영웅으로 부여를 세웠고, 〈광개토태왕비문〉에 의거하면 주몽(추모)은 유화부인이 동부여에서 낳은 난생 신화의 주인공으로 고구려를 세운 인물이다. 고려시대에 주몽을 동명성왕으로 추존하면서 두 사람이 동일 인물처럼 여겨졌다.

오녀산성 (흘승골성)에서 바라본 홀본
오녀산성은 주몽이 홀본(졸본 : 만주 환인 지역)에 건축한 산상의 성곽으로 신성성과 신비로움을 간직하고 있다. 아래의 홀본에는 평지성인 하고성자 토성이 자리 잡고 있다.

쓴《논형》에서는 동명이 고리국의 궁녀가 낳은 알에서 태어났으며, 활을 잘 쏘아서 이름을 동명이라 하였고, 고리국왕이 동명의 재주를 시기하여 죽이려고 하자 남쪽으로 내려가 부여국을 세웠다고 한다. 기록에 따르면 이후 백제를 세운 온조와 비류의 어머니 소서노도 졸본부여의 왕녀였다.

소서노 세력이 주몽을 도와 고구려를 세운 뒤, 다시 고구려에서 이탈하여 남쪽으로 내려가 백제를 세울 수 있었던 것도 국가를 경영한 경험과 동조 세력이 있었기 때문에 가능한 일이었다.

온조가 백제를 건국한 뒤 주몽의 사당 대신 동명묘(東明廟)를 세운 것은, 백제의 뿌리가 졸본부여의 동명왕이란 것을 말해준다. 이런 점에서 동명이 세운 졸본부여는 고구려와 백제의 뿌리가 된다.

동복(구리솥)
동복은 부여와 흉노의 대표적 지표 유물이다. 가야와 신라 지역에서도 출토되고 있다.

동부여와 해부루

해부루●는 동부여를 세운 영웅이다.《삼국유사》〈동부여조〉를 보면, 해부루의 신하 아란불의 꿈에 천제(하느님)가 나타나 "이 땅은 나의 자손이 나라를 정할 곳이니 너는 이곳을 떠나라." 하고 말했다. 아란불의 설득에 따라 해부루는 동쪽 해안가인 가섭원을 도읍으로 정하고, 나라 이름을 동부여라고 지었다.

동부여는 오늘날 백두산 북쪽의 용정(롱징), 돈화(둔화), 연길(옌지) 지역에서 풍부한 농경지와 해산물을 바탕으로 빠르게 성장하여, 주변국을 아우르는 동방 사회의 맹주로 부상했다. 하지만 해부루는 가섭원에 있는 토착 세력을 완전히 굴복시키지 못했다. 이 토착 세력을 상징하는 인물이 바로 금와왕

●**해부루와 금와**
동부여 신화를 역사적으로 해석하면 해부루는 부여의 왕족이며 가섭원으로 이주하여 동부여를 세운 이주계 인물이고, 금와는 본래부터 가섭원에 세력을 가진 토착계이다. 금와는 상업세력인 하백계통의 유화와 연합을 통해 해부루의 권력을 계승하였고, 부여계인 주몽은 대소로 대표되는 토착계에 밀려 홀본으로 이주하는 것으로 여겨진다.

이다. 동부여의 신화에 따르면, 해부루는 늙어서도 자식이 없어 날마다 산천에 제사를 지냈다. 그러던 어느날 곤연이란 호수를 지나는데, 타고 온 말이 큰 돌을 보고 울부짖었다.

아란불이 얼른 가서 돌을 굴리니 그곳에 방긋 웃는 금빛 개구리 같은 사내아이가 있었다. 해부루는 하늘이 내려준 아이라 여기고 궁궐로 데려왔다. 그리고 개구리같이 생겼다고 금와(金蛙)라 이름 짓고, 태자로 삼아 왕위를 물려주었다. 동부여는 해부루의 나라에서 금와의 나라로 재탄생했다.

금와라는 이름은 금속 문명을 지닌 것을 나타낸다. 금와는 곤연을 무대로 삼아 철을 제련하고 교역을 해서 재력과 군사력을 키워나간 토착 세력이다. 금와 세력은 처음에 해부루에게 눌렸지만 점차 세력을 키워나가, 결국 해부루의 후계자가 되었다.

금와는 주몽의 어머니인 유화 세력과 연합하여 해부루 세력을 눌렀을 것이다. 유화의 아버지는 강을 통해 무역을 하던 하백이다. 해모수와의 연대에 실패한 하백은 유화를 금와에게 시집보내 금와 세력을 성장시키고, 해부루 세력을 견제했을 것이다.

졸본의 왕녀 소서노의 첫 번째 남편 우태가 해부루의 서손, 즉 서자의 아들이었다는 기록에 비추어보면, 그는 금와에게 패배하여 졸본 지역으로 이주한 인물일 것이다. 또한 훗날 주몽도 금와의 아들인 대소에게 밀려 졸본부여로 피신한 점에서 우태와 주몽은 부여계, 금와와 대소는 토착계라고 짐작된다.

금와와 대소는 동부여의 권력을 장악했지만 얼마 뒤 세력이 약화되어, 결국 졸본부여에서 일어난 고구려에게 부여의 정통성을 빼앗기고 멸망했다.●

● **부여, 옥저, 동예가 고대국가로 발전하지 못한 까닭**
부여는 5부족의 힘이 균형을 이루고 있어 왕권이 약했기 때문에 고대국가로 발전하지 못했다. 옥저와 동예는 지리적인 고립으로 선진 문화의 수용이 어려웠고, 고구려의 압력으로 정치 통합을 이루지 못했다.

백제, 신라, 가야의 모체 삼한

위만에게 나라를 빼앗긴 기준은 기원전 195(194)년에 자신을 따르는 무리를 이끌고 남쪽으로 내려가 마한을 세웠다. 그 뒤 많은 고조선 유민들이 마한 동쪽에 변한, 진한을 세웠고, 이 삼한●을 통틀어 진국(辰國)이라고 불렀다.

삼한의 맹주국, 마한

마한●을 이루고 있는 소국들의 하나인 목지국의 지배자는 마한왕 또는 진왕으로 추대되어 삼한 전체의 주도 세력이 되었다. 마한에서 큰 나라는 1만여 호로 통치자를 신지라 하였고, 작은 나라는 수천 호로 통치자를 읍차라 하였다.

초기에는 마한이 평양에 있었으나 낙랑국 세력이 평양으로 이주하자 한강변으로 중심지를 옮긴 뒤 백제에게 밀려 전라도 지역으로 이동한 것으로 추측된다.

3세기경 마한에는 천안, 익산, 나주 지역을 무대로 54국, 10여 만 명의 주민이 있었다. 당시 마한 54국 가운데 하나였던 백제는 4세기경에 마한 세력을 흡수하여 해상 무역과 농

● **전삼한과 후삼한**
단재 신채호는 〈전후삼한고〉라는 논문에서 고조선의 정치제도를 분권제도인 진조선, 막조선, 번조선의 연합으로 보았으며 이를 전(前)삼한이라 부르고, 이곳의 통치자를 진한, 마한, 번한이라고 호칭하였다. 고조선이 해체되고 이들 세력이 한반도 남부에서 세운 나라가 마한, 변한, 진한으로 후(後)삼한이라 한다.

● **마한의 사회**
진왕(목지국), 소도(별읍, 신성 구역), 천군(제사), 신지와 읍차 (지역의 통치자)
(검) 1-4, (검) 3-4

나주 반남면 신촌리 고분에서 출토된 금동관(왼쪽)과 익산 입점리 고분에서 출토된 금관 | 백제의 영향력 아래 놓여 있는 마한의 토착 지배 세력의 유물이다. 백제는 지역 수장에게 금동관, 금동신발과 같은 위세품을 내려 간접 지배권을 확보했다.

김제 벽골제
마한시대부터 쌓은 농경용 저수지이다. 호남 평야의 농업 생산력은 백제가 해상왕국으로 성장하는 바탕이었고, 그 힘은 벽골제와 같은 저수지의 축조였다.

경을 아우르는 강국으로 성장했다.

마한에서는 일 년에 두 번 하늘에 제사를 지냈다. 씨를 뿌리는 5월에 오월제를 지냈고, 곡식을 거두는 10월에 시월제를 지냈다. 마을마다 하늘에 제사를 주관하는 천군(天君)이 있고, '소도(蘇塗)'라는 종교적 구역에서 제사를 지냈다.

소도에는 솟대를 세우고 신성하게 여겼다. 이곳에 죄인이 들어오면 어느 누구도 처벌할 수 없을 만큼, 천군의 종교적인 권위는 매우 컸다.

또 마한인은 변한인과 마찬가지로 가야금의 원류인 현금(玄琴)을 제사와 여러 행사에 사용했고, 항아리 두 개를 맞붙여 독무덤(옹관묘)으로 사용했다. 나주 반남면 신촌리의 대형 고분군은 마한의 대표적인 유적이다.

철의 나라, 변한

변한은 변진이라고도 부르며 12개의 나라로 구성되었다.

우두머리는 신지라 했고, 그 아래 험측·번예·살해·읍차라는 관직이 있었다. 일부는 마한에 예속되었고, 일부는 독립적인 세력을 형성해 나라를 유지했다.

변한의 특산물은 철이다. 변한은 제련한 철을 가지고 이웃 마한과 진한·왜, 북쪽의 동예·대방·낙랑 등과 교역*하여 국가의 재력을 쌓았다. 변한의 유적에서 나온 중국 진나라 화폐인 반량전과 전한의 오수전은 중국과 교역했다는 사실을 보여준다. 또한 많은 유적지에서 묶음으로 나오는 철정(덩이쇠)은 철이 화폐로도 사용된 것을 말해준다.

변한인들은 고조선 유민답게 음주가무를 즐겼고, 가야금의 원류인 현금이란 악기를 만들었다. 또 변한인은 아이를 낳으면 돌로 머리의 앞뒤를 눌러 뾰족하고 평평하게 만드는 편두를 했다.

편두는 신전 사제들의 신성성을 보여주는 것으로, 하늘과 가까운 산이나 바위를 상징한다. 중국 산동성 유역에서 신석기시대에 해당되는 대문구 문화를 일으킨 동이족이 편두를 한 것으로 보아, 변한인들은 요서 지역에서 왔음을 유추할 수 있다.

변한 12국은 점차 김해 지역의 구야국을 중심으로 연맹체를 이루었다. 구야국은 9도간이라 부르는 토착 세력이 나중에 김해 지역에 이주하는 김씨계 수로왕, 아유타 국의 허씨계 허황옥 세력과 결합하여 6가야로 발전한다.

변한 사람들이 남긴 대표적인 유적은 창원 다호리** 유적이다. 이 유적에는 통나무관이 원형대로 보존되어 있었다. 통나무관은 하늘과 맞닿은 나무에 대한 숭배와, 죽으면 강을 따라 하늘로 돌아간다는 믿음을 드러낸 것으로 보인다.

● 철기시대 대외 교류
명도전(연나라), 반량전(진나라), 오수전(한나라), 화천(신나라)
(검) 4-3

●● 창원 다호리 유적
변한의 철기 유적, 한자 사용(붓), 칠기 제작, 현악기 사용, 중국과 교류(오수전), 통나무관 사용
(검) 6-고

또한 옻을 칠한 칠기, 붓 등도 나왔다.

한편 두(豆)라 부르는 제사용 접시에 담긴 율무를 통해 그 원산지인 베트남이나 중국 남부와 해상 교역을 했을 것으로 추측한다. 또 작은 충청도 밤과 큰 평안도 밤이 함께 섞여 있는 것으로 보아 한반도 내륙이나 해안을 통한 교역도 활발했던 것을 알 수 있다.

신라의 전신, 진한

마한의 동쪽에 위치한 진한은 12개 나라, 4~5만 호 규모였다. 큰 나라는 4천~5천 호, 작은 나라는 600~700호 정도였다. 마한이 북쪽 낙랑 세력과 한강으로 이주한 백제 세력에 밀려 남쪽으로 내려가자, 진한도 남한강을 따라 대구를 거쳐 오늘날 경주 지역에 정착했다.

이런 점에서 초기에는 진한도 한강 유역에 있었을 가능성이 높다. 이때 진한 12국 가운데 사로 세력이 경주를 기반으로 두각을 나타냈고 훗날 신라의 모체가 되었다.

경주 사로국의 6촌은 경주 분지에 터를 잡고 세력을 키워나가 드디어 진한을 통합했다. 그리고 나중에 북쪽 부여에

정(세 발 달린 솥)
세 발 달린 솥은 상나라 계통의 조선후가 통치의 상징으로 삼던 위세품이다. 위만에게 나라를 빼앗긴 준왕이 남쪽에 마한을 세우고 진왕이 되었을 때 주변 세력에게 하사한 유물로 본다.

서 내려온 박씨계, 해상을 따라 이주해온 석씨계, 부여계 흉노에서 기원한 김씨계 등 금속 문명 세력과 결합하여 신라로 발전한다. 경주 조양동 유적에서 출토된 세 발 달린 솥 '정(鼎)'은 이곳에서 왕권이 출현했으며 경주가 진한의 중심지였음을 말해준다.

평양의 최씨 왕국, 낙랑국

오늘날 북한의 평양에는 낙랑국[●]이 들어섰다. 건국자는 밝혀지지 않았지만 후대에 최리가 왕을 이었으니 최씨 왕국이라고 할 수 있다. 낙랑국은 본래 고조선에 속하는 70여 개 소국 가운데 하나로 오늘날 만리장성이 시작되는 창려(창리)에 있었다.

낙랑국은 조선후 기후에게 복속되었다가, 이후에는 위만조선에 속했다. 그러다가 기원전 108년 위만조선이 멸망하고 그곳에 한사군이 설치되자 동쪽으로 이주하여 오늘날 평양에 낙랑국을 세운 것으로 보인다. 낙랑국은 그 뒤 중국

●**낙랑국과 낙랑군**
본래의 전(前)낙랑국은 요서에 있었던 고조선의 제후국(거수국)으로 범금팔조가 행해지던 곳이었는데, 이곳에 한사군의 하나인 낙랑군이 들어서자 유민들이 오늘날 북한의 평양에 세운 나라가 낙랑국이라는 견해가 있다. 고구려 대무신왕 시기에 전해지는 호동왕자와 낙랑공주의 이야기는 바로 후(後)낙랑국의 역사를 말한다.

낙랑의 구리 솥과 구리 향로
평양의 낙랑국은 요서 지역의 낙랑조선 유민들이 세운 나라이다. 주변의 여러 나라와 활발한 교역을 했는데 그중에서도 한나라와 빈번하게 교류하여 중국계 유물이 많이 출토되었다.

● **부여, 가야, 옥저, 동예 등이 고대국가로 발전하지 못한 까닭**
부여는 5부족 연맹체로 중앙은 왕이, 지역은 4출도의 가(加)들이 통치하여 왕권이 약하였고, 낙랑과 대방은 중국의 분열과 고구려, 백제의 압박, 옥저와 동예는 지리적인 고립으로 선진문화의 수용이 어려운 한편 고구려의 통합정책이 강하였고, 남부의 3한은 북방에서 남하한 고조선과 부여의 기마 세력에 의해 정복, 흡수되었기 때문이다.

한나라, 북방의 부여와 고구려, 남쪽의 삼한과 교역하면서 성장했다. 하지만 140여 년 뒤인 서기 32년에 고구려의 대무신왕에게 멸망당했다. 고구려는 한반도와 요동을 잇는 교통의 요지이자, 넓은 평야 지대가 있고 소금과 해산물이 많이 생산되던 낙랑국●이 필요했다.

이후 평양 지역은 낙랑 유민들이 고구려에 대한 반란을 일으키고 한나라 세력이 진출하는 등, 고구려가 완전히 차지하는 4세기 초까지 국제적인 각축장이 되었다.

옥저와 민며느리제

● **옥저의 사회**
민며느리 제도, 가족 공동묘(골장제), 왕 없이 읍군과 삼로가 통치, 해산물 풍부(소금, 어물)
(검) 3-1

옥저●는 고구려와 같은 부여족의 한 갈래이다. 옥저는 만주어로 '와지'라고 하는데, 숲에 사는 사람들을 가리킨다. 역사서에 나타나는 옥저는 남옥저, 북옥저, 동옥저가 있다. 이는 원래 옥저가 여러 세력으로 나뉘어 있었거나 흩어져 살았음을 뜻한다.

옥저는 서쪽으로 장광재령, 동쪽으로 원산 지역, 남쪽으로 요동반도, 북쪽으로 백두산 지역에 이르는 넓은 지역에서 소규모 읍락 단위로 수렵과, 채집, 어로를 하면서 생활했다.

옥저는 고조선에 속한 제후국으로 훗날 위만조선에게 복속당하고, 위만조선이 망한 뒤에는 낙랑국 밑으로 들어갔다가 낙랑국이 멸망하자 옥저는 다시 고구려에 예속되었다.

동옥저는 인구가 5천 호(약 2만 5천여 명)이고, 왕은 아직 없으나 읍락마다 읍군이나 삼로라는 군장이 있어 마을을 다스렸다.

옥저*에는 특이한 풍속으로는 민며느리제가 있었다. 여자아이가 남편이 될 사람의 집에 가서 집안일을 해주며 살다가 나중에 성장한 뒤 남자가 예물을 치르고 정식으로 혼인하는, 일종의 매매혼이다. 또 골장제라는 장례 풍습이 있어, 가족이 죽으면 시체를 가매장했다가 나중에 뼈를 추려 가족 공동묘인 커다란 목곽분에 안치했다.

고구려는 동옥저를 복속시키고 삼베의 일종인 맥포, 고기, 소금, 바닷물고기 등의 조공을 받았다. 옥저의 일부는 고구려에 융합되고 나머지 옥저의 후예들은 훗날 물길족과 말갈족으로 발전하여 여진족을 이루게 된다.

동예의 전통문화, 무천과 책화

동예*는 고조선이 해체된 뒤 예족이 동쪽에 세운 나라다. 예족의 군장이던 예군 남려가 기원전 128년 한나라에 투항하자, 일부 유민이 한반도 동해안에 동예를 세웠다. 이는 고조선의 주축이던 예족이 부여 계통의 맥족에게 밀려난 것을 뜻한다.

동예는 초기에 위만조선에게 복속되었다. 군왕이 없으며 읍군이나 삼로가 다스렸고, 나중에 백제·고구려·신라에게 차례로 복속되었다.

동예의 말투나 풍속은 고구려를 닮았다. 10월에는 무천이란 제천 행사를 열었고, 족외혼을 엄격하게 지켰다. 그리고 다른 마을의 생활권을 침범하면 노비와 소, 말로 변상하게 하는 책화* 풍습이 있었다.

동예 사람들은 호랑이를 신으로 섬겨 제사를 지냈는데, 이는 동예가 단군신화에 나오는 호족의 후손임을 말해주는 단서이다. 특산물로는 고조선 시대부터 단궁(박달나무 활), 과하마(키가 작은 말. 말을 타고 과일나무 아래를 지날 수 있는 말이라는 뜻), 표범 가죽과 반어피(무늬가 있는 바닷물고기의 가죽) 등이 널리 알려져 있었고, 방직 기술이 발달하여 명주와 삼베가 유명했다.

열국시대***에서 삼국시대로

위만조선은 요서 지역에 위치하여 고조선 계승 국가를 자처했다. 하지만 한나라의 침략과 내분으로 멸망하고 그 땅에 낙랑군, 대방군, 창해군, 임둔군, 진번군 등 한나라의 여러 군현이 설치되었다. 그렇지만 위만조선은 한나라나 흉노 등의 세력과 교류하면서 받아들인 선진 문물과 문화 충격을 만주와 한반도 여러 나라에 전달하는 창구 역할을 했다.

고조선을 계승한 또 다른 국가인 부여는 만주 지역의 패권을 차지하지 못했지만, 한국사에서 중요한 의미를 갖는다. 우선 고구려와 백제가 부여에서 나왔으며, 신라 건국의 주역인 박씨와 석씨의 뿌리가 부여라는 주장도 있다. 신라 김씨와 가야 김씨도 흉노 제국에 참여한 부여계 흉노족일 가능성이 매우 높다. 따라서 삼국과 가야의 뿌리는 모두 부여

열국의 사회·경제·문화

구분	부여	고구려	옥저	동예	삼한
위치	만주 길림시 송화강 유역	동가강 유역 압록강 중류	함경도 지역	강원도 지역	충청, 전라(마한) 경남(변한) 경북(진한)
제천 행사	영고(12월)	동맹(10월)		무천(10월)	수릿날(5월) 계절제(10월)
문화	1책 12법 순장, 우골점	데릴사위제 조상신(주몽, 유화신)	민며느리제 가족 공동묘 (골장제)	족외혼 책화	소도(신성 구역) 천군(제사장)
정치	왕호 사용 5부(중앙, 사출도)	5부족 연맹 제가회의	왕이 없음 읍군, 삼로	왕이 없음 읍군, 삼로	목지국 지도자(진왕) 신지, 견지
경제	반농 반목	산곡 위치 곡물 부족	해산물 풍부 (소금, 해산물)	단궁, 과하마, 반어피	농사(두레) 철(변한)

에 닿아 있다고 볼 수 있다.

만약 부여가 없었다면 고조선과 삼국은 서로 연결되지 않았을 것이고, 우리 문화의 근간도 형성되지 못했을 것이다. 뿐만 아니라 만주 지역이 우리 역사의 영역에서 사라졌을지도 모른다. 이런 점에서 부여사는 한국사의 커다란 줄기로 다루어야 한다.

평양의 낙랑국은 중국과 만주 세력, 한반도 삼한을 이어주는 교통로에 위치하여 주변국들의 상업, 외교, 문화 교류를 중계하는 역할을 충실하게 했다. 그리고 삼한은 지역 토착 세력과 연합하여 철기 문화와 농업을 발전시켜 훗날 백제, 신라, 가야 발전의 토대가 되었다. 이런 점에서 열국 시대는 삼국시대를 준비하는 역사의 징검다리라 하겠다.

동명과 고주몽은 같은 사람일까?

후한의 왕충이 쓴《논형》에 따르면 부여를 세운 사람은 동명이다. 그리고 이보다 늦게 쓰인 역사서《삼국사기》와《삼국유사》는 고구려의 건국자인 주몽을 동명성왕이라고 전한다. 이 때문에 많은 이들에게《논형》의 동명과《삼국유사》의 주몽(동명성왕)이 같은 사람이라고 알려져 있다.

하지만 기록에 나타난 신화를 살펴보면 동명과 주몽 두 사람은 다른 점이 너무나도 많다.

《논형》《위략》《수신기》《후한서》〈부여전〉,《북사》등에서는 모두 동명이 고리국 또는 색리국의 사람이라 기록한 데 반해,《삼국사기》에서는 주몽의 출신지가 동부여라고 기록하고 있다.

동명의 어머니는 고리국 왕의 시녀이고, 주몽의 어머니는 하백의 딸 유화이다. 동명이 남쪽으로 떠나면서 만난 강은 엄호수인데 주몽은 엄리대수를 건넜으며, 동명은 부여를 세우고 주몽은 고구려를 세웠다. 이런 점으로 미루어 보면 동명과 주몽은 다른 사람임이 확실하다.

그렇다면 왜 주몽이 동명성왕이라고 알려져 있을까? 주몽의 기록이 처음 나타나는 광개토태왕비에는 그를 추모왕이라 했고, 여러 역사서에도 주몽을 추모, 도모, 중해, 중모라고 했다. 이처럼 초기 기록이나 금석문에선 주몽을 동명성왕이라 하지 않았다. 주몽을 동명성왕이라고 기록한 사서는《구삼국사》와《삼국사기》이다.

아마 부여가 멸망한 494년 이후 어느 시점에 고구려가 부여의 정통성을 내세우기 위해 동명의 신화와 역사를 주몽의 신화에 합치면서, 주몽과 동명을 한 명으로 만들지 않았을까 여겨진다.

고구려의 데릴사위제와 옥저의 민며느리제는
왜 생겨났을까?

Point 1 고구려에서는 남자가 여자의 집에서 사는 데릴사위제가, 옥저에서는 여자가 남자의 집에서 사는 민며느리제가 행해진 역사적인 이유를 생각해보자.

Point 2 고구려와 옥저의 지리적 위치와 자연 환경, 정치 제도와 산업 등을 두 혼인 제도와 연결해보자.

Point 3 동아시아 여러 지역의 결혼 제도를 살펴보고, 데릴사위제와 민며느리제의 특징을 이와 비교해보자.

공부를 더 하고 싶다면

《동이족과 부여의 역사》(서병국 지음, 혜안)
국사 교과서나 한국사 통사에서 대부분 간략하게만 다루는 부여의 역사를 시대별로 자세히게 소개한다. 중학생 이상이면 읽을 수 있다.

《잃어버린 나라 낙랑국》(이성재 지음, 어드북스)
평양에 있던 낙랑국과 한사군의 하나였던 낙랑군의 실체에 접근하는 데 많은 도움을 주는 책. 낙랑공주와 호동왕자의 역사를 만나는 것도 즐거운 일이다.

《처음 읽는 부여사》(송호정 지음, 사계절)
고조선을 뒤이어 북방에 출현한 부여의 역사, 문화, 위치 등을 소개하는 통사적 성격의 역사 책으로 부족국가로 인식한 부여가 실제로는 고구려, 백제, 신라, 만주 지역 여러 민족의 원류임을 밝히고 있다.

삼국시대가 열리다

한 줄로 읽는 우리 역사

주몽은 만주의 홀본에 도읍을 정하고 고구려를 세웠으며, 박혁거세, 김알지, 석탈해는 번갈아 신라의 왕위를 이었다. 김수로는 김해의 교통로와 철기 문화를 바탕으로 가야를 세우고, 온조는 하남 위례성에서 해상왕국인 백제를 건국했다.

위만조선과 부여가 주도하고 낙랑국, 동예, 옥저, 삼한 등이 도전하면서 형성된 열국시대는 기원전 1세기 후반부터 동부여, 고구려, 백제, 신라, 가야의 5국 시대로 통합되었다.

《삼국사기》와 《삼국유사》의 영향으로 이때를 보통 삼국시대라고 부른다. 하지만 동부여가 망하고 그 후예들이 고구려에 흡수된 5세기 후반까지는 고

고구려 강서 우현리 고분 벽화 〈현무〉
고분 벽화는 고구려의 경제적, 문화적 풍요와 예술성, 기술을 엿볼 수 있는 걸작품이다. 특히 강서대묘의 사신도는 7세기 초의 완숙한 경지에 이른 고구려 예술을 대표한다.

구려, 백제, 신라, 가야, 동부여의 5국 시대였다. 따라서 엄밀한 의미에서는 562년 금관가야와 대가야를 포함한 가야 연맹이 신라에 편입된 시기부터 신라가 통일하기(668) 전까지를 삼국 시대라 할 수 있다.

고주몽,* 홀본에서 고구려*를 건국

고조선과 부여 이후에 만주 대륙에서 두각을 나타낸 세력은 고구려이다. 그리고 그 고구려를 세운 영웅은 주몽이다. 주몽은 하백의 딸 유화와 천제의 아들 해모수 사이에서 태어났다. 해모수에게 버림받은 유화는 동부여의 금와왕에게 시집가서 알을 낳았다. 기이한 일에 놀란 금와는 알을 궁궐 밖에 버렸으나 돼지, 개, 소, 말, 새가 알을 보호했다. 그 알에서 태어난 것이 주몽이다.

아이는 성장하면서 활쏘기에 능하여 주몽이란 이름을 얻었으며, 영민하고 말타기에도 능했다. 나중에 금와왕의 일곱 아들이 주몽의 능력을 시기하여 죽이려고 하자 주몽은 어머니 유화의 뜻에 따라 자신의 아이를 잉태하고 있던 부인 예씨를 남겨두고 자신을 따르는 오이, 마리, 협보와 함께 동부여를 떠났다.

동부여의 태자 대소가 주몽을 추격했으나, 엄리대수라는 강에서 자라와 물고기가 다리를 놓아주어 무사히 건넜다. 도중에 재사, 무골, 묵거라는 현인을 만나 부하로 거두고 졸본부여에 이르렀다. 그때 졸본부여의 왕녀 소서노는 동부

● **고주몽의 호칭**
고구려의 건국 시조를 광개토태왕비는 '추모'라고 했고, 《삼국사기》에서는 '주몽'이라고 불렀으며 그 외에 '도모, 중해, 중모' 등의 이름으로 알려져 있다. 이는 활을 잘 쏘는 영웅이란 뜻의 부여어 '듀무르'를 한자로 옮긴 것이다. 또한 후대에 그의 업적을 기려 '동명성왕'이라고도 부른다. 졸본부여의 건국자인 '동명'은 주몽과 다른 사람이다.

● **고구려의 풍속**
데릴사위제, 후장(후한 장례), 소나무와 잣나무를 묘역에 식수, 계단식 적석총, 형사취수제, 부경(창고)
(검) 48-심화, (수) 2009

고구려의 고분 벽화
1기 : 4세기, 신화, 생활, 풍속
2기 : 5세기, 연꽃, 예불, 연화생 3기 : 6세기, 사신도
(검) 2-6, (검) 6-초,
(검) 3-6, (검) 3-5, (검) 3-2,
(검) 51-기본

비류수에서 바라본 오녀산성 | 주몽이 처음으로 도읍을 삼은 홀본성이다. 평지에 하고성자를, 산상에 오녀산성(홀승골성)을 쌓았다. 삼면이 절벽으로 이루어져 신성함과 신비로운 기운을 느끼게 한다.

여 왕 해부루의 서손 우태와 결혼했으나 일찍이 남편을 잃었다. 소서노는 주몽의 인물됨을 알아보고 그와 결혼하여 고구려 건국을 도왔다.

주몽 신화를 역사의 눈으로 재해석하면 고구려의 초기 건국 과정을 이해할 수 있다. 난생 신화는 주몽이 해모수 계통의 천손족이란 뜻이다.

알은 태양을 의미하는데, 태양을 토템으로 하는 세력은 부여 왕족이다. 알을 보호하던 돼지, 개, 소, 말, 새 등도 부여계 종족의 토템이다. 주몽을 따르던 오이, 마리, 협보는 이들 토템의 주인공으로, 해모수 계통의 북부여 세력으로 추측된다.

주몽이 건너려던 엄리대수에서 다리를 놓았던 물고기와

고구려의 국동대혈 | 고구려의 제천 행사인 동맹제 기간에 국왕이 직접 산에 올라가 제사를 지내고 불씨를 받아 오던 신성한 제단이다. 동굴에는 불을 관장하는 수신이 모셔져 있다.

자라, 갈대 등은 외가인 하백의 세력을, 가는 도중에 만난 현인들 재사, 무골, 묵거는 졸본 지역에 선주하던 북부여계 세력을 뜻하는 것으로 보인다.

이처럼 고구려 건국의 토대는 북부여계와 하백계이다. 주몽은 졸본 지역에서 소서노 세력과 다시 연합하고, 오늘날의 국내성에 기반한 고조선 후예들이 세운 송양국을 접수하여 건국의 기틀을 마련했다.

주몽은 송양국 세력을 앞세워 기원전 32년에는 행인국, 기원전 28년에는 북옥저를 점령했다. 북옥저는 고구려에 예속되었다가 일부가 훗날 물길족과 말갈족으로 발전한다.

이제 고구려와 동부여 사이에는 완충 지대가 사라져 직접 국경을 맞댄 사이가 되었다. 기원전 19년 4월, 동부여에 두고 온 예씨의 아들 유리가 고구려로 찾아오자, 주몽은 그를 태자로 삼고 9월에 세상을 떠났다. 주몽이 이룩한 건국의 주춧돌은 유리가 순조롭게 왕위를 계승하는 바탕이 되었다.

백제의 건국과 여걸 소서노

●소서노의 재평가
소서노는 우리 역사에서 가장 근대적인 여성상을 보여준다. 그녀는 일설에 졸본부여의 왕녀이고 고구려를 창업하는 일등공신이다. 신채호는 《조선상고사》에서 소서노가 실질적인 백제의 창업군주라고 하였다. 소서노는 현재에 만족하지 않고 자신의 운명을 스스로 결정하고 모험에 뛰어든 근대적 여성상을 지닌 역사 인물로 평가할 수 있다.

●백제와 고구려의 관계
고구려와 부여에서 기원, 성왕의 국호 남부여, 초기에 동명묘에 제사, 한강변 계단식 적석총, 무덤 벽화의 사신도 (검) 1-3, (검) 5-3, (검) 3-4, (사한) 2016

백제는 소서노●라는 여걸의 출현과 함께 시작되었다. 소서노는 주몽의 부인이며 비류와 온조의 어머니이다. 졸본부여의 왕녀인 소서노는 자신의 집안이 가졌던 기득권을 깨끗하게 버리고 고구려 건국에 참여했다. 그리고 비류와 온조가 주몽의 뒤를 계승하지 못하자, 이번에는 과감하게 고구려를 포기하고 백제를 건국하는 모험에 뛰어들었다.●

비류와 온조는 어머니 소서노를 모시고 남쪽으로 이동했다. 이때 요동반도에는 남옥저, 압록강 남쪽에는 낙랑국, 대방국이 있어서 육로로 이동하지 못했다. 그래서 비류와 온조는 압록강 하류에서 요동반도로 나와 네 곳에 해상 교두보를 마련하고 정착지를 찾았다. 이 네 지역이 요동반도, 요서 지역, 산동반도, 강화만 지역이다.

《삼국사기》에는 비류와 온조가 오간, 마려 등 열 명의 신하를 이끌고 한강 유역의 한산 부아악(북한산)에 올라 도읍지를 물색했다는 기록이 있다. 열 명의 신하들은 비류와 온조에게 하남 땅이 북쪽으로 한수(한강)를 끼고, 동쪽은 높은 산(검단산)을 의지하며, 남쪽에는 비옥한 농토가 있고, 서쪽

백제 석촌동 돌무지무덤
한강변에 위치한 계단식 적석
총(돌무지무덤)은 백제의 지배
층이 고구려 계통이란 사실을
보여준다. 백제의 국력이 급성
장하던 근초고왕 시기에 축조
한 것으로 본다.

에는 큰 바다(서해)가 있어 천험의 요새이니 이곳을 도읍으
로 하라고 권유했다.

온조는 이 말에 따라 하북 위례성을 도읍으로 정하고 나
라 이름을 십제(十濟)라고 한 반면에, 비류는 듣지 않고 미추
홀을 도읍으로 정하고 백제(百濟)를 세웠는데 이때가 기원전
18년이다.●

미추홀에 자리 잡은 비류의 나라는 발전하지 못하고 끝
내 십제에 복속되었다. 온조는 이때 나라 이름을 십제에서
백제로 바꾸었다. 그리고 기원전 6년에 도읍지를 하남 위례
성으로 옮겼다.

비류가 바닷가를 중심으로 백제를 세운 것은 우태의 아
들로서 해상 교역을 중시했기 때문이다. 그런데 당시 동북아
시아의 시대 상황이 혼란스러워 교역으로 이득을 취하기가
어려웠다. 더구나 건국 초기에 요동과 한반도의 여러 해변
에 세력을 분산시킨 것은 커다란 실책이었다. 하지만 비류가

●**삼국의 건국 순서**
《삼국사기》의 기록에 의하면 신
라(B.C.57)-고구려(B.C.37)-백
제(B.C.18)-가야(42)의 순서이
지만, 일반적으로 중앙집권제의
성립과 고고학적 발전을 받아
들여 고구려-백제-신라-가야의
순서로 정한다.

▶ **삼국과 가야의 성립과 발전**
열국시대는 점차 부여, 고구려,
백제, 신라, 가야의 5국으로 통합
되고, 4세기경에 이르러 고구려
와 백제, 신라가 주도권을 장악
하면서 삼국시대를 형성하였다.

석촌동 고분군
부여와 고구려의 지표 유물로
백제의 초기 세력이 북방에서
이주한 고구려계라는 것을 보여
준다.

선택한 해상 교역의 길은 훗날 고이왕·근초고왕·동성왕·무
령왕으로 계승되어 백제가 동아시아의 해상왕국으로 발전
하는 초석이 되었다.

이에 비해 온조는 주몽의 아들로서 농경을 중시했다. 그
는 경기도 일대의 평야를 빠르게 정복하여 국가의 기틀을
세울 수 있었다. 서기 8년(온조왕 26년) 백제는 마한을 공격하
여 도성을 함락했고, 이듬해 4월에는 한강 유역의 마한 소
국들을 완전히 병합한 뒤 북한강과 남한강으로 세력을 뻗

어나갔다. 주변의 말갈, 동예, 맥국 등이 백제의 성장에 위협을 느끼고 백제에 도전했지만 실패했다. 그리고 마침내 백제가 한반도 중부의 주도권을 장악했다.

신라는 나의 것, 박혁거세·석탈해·김알지

《삼국사기》 중 〈신라본기〉에 따르면 신라 지역에 먼저 정착한 6촌 사람들은 고조선 유민들이다. 이들은 고조선이 해체되고 제일 먼저 경주에 내려와 살고 있었다.

뒤를 이어 박혁거세 세력이 경주에 도착했다. 박혁거세(B.C. 57~A.D. 4)의 탄생 설화에 따르면, 6촌 중 하나인 고허촌의 촌장 소벌공이 어느날 나정이란 우물 옆 숲에서 말이 꿇어 앉아 우는 모습을 보았다. 다가가자 말은 사라졌고 큰 알

신라의 오릉 | 신라를 건국한 박혁거세와 알영 왕비, 두 번째 임금 남해 차차웅, 세 번째 임금 유리 이사금, 그리고 파사 이사금 등 다섯 임금을 모신 능으로 전해진다.

경주 반월성 터 | 경주 분지에 있는 평지의 궁궐로 반달 모양으로 생겼다. 석탈해가 이곳에 살던 호공의 저택을 빼앗아 이주했다는 역사가 전해진다. 성 바로 아래에 계림과 첨성대가 있다.

만 하나 남았다. 이 알에서 태어난 사람이 바로 박혁거세다.

신화에 등장하는 말은 박혁거세의 세력이 북방에서 내려 온 기마종족이란 것을 보여준다. 성씨인 박(朴)은 부여와 같 은 '광명, 빛, 밝음'의 뜻을 지닌다. 알에서 태어났다는 난생 신화●와 '거서간'이란 왕호도 그가 부여계라는 것을 말해 준다 .

박혁거세는 13세 때 왕이 되었다고 하는데, 이것은 박혁 거세 집단이 6촌과 경쟁했던 기간이 13년 정도라는 뜻이 다. 또 기원전 53년에 알영과 혼인한 것은 경주에 토착한 알 영 집단과 연합하여 사로국을 세운 것을 보여준다. 박씨 계 통과 알영 계통의 씨족 연합은 6촌을 누르는 결정적인 요소 였다.

●**한국의 난생 신화 특성**
건국 영웅 신화, 하늘 숭배 의식, 북방 민족의 후손, 이 주형 신화
(검) 7-초, (검) 5-초,
(검) 3-6

박혁거세와 함께 신라 초기를 주도한 집단은 석탈해 세력이다. 탄생 설화에 따르면, 용성국(다파나국)의 왕과 적녀국의 왕녀 사이에 알이 태어났다. 불길하게 여긴 왕이 이를 내다 버리게하자, 왕비는 알을 비단으로 싸고 궤짝에 담아 물에 흘려보냈다.

기원전 19년 신라 아진포에서 한 노파가 이 궤짝을 발견하고 궤짝에 담긴 아이를 길렀는데, 이 아이가 바로 석탈해, 즉 탈해 이사금(57~80)이다.

석탈해의 조상은 대장장이였는데, 고대에는 금속을 제련하는 집단이 정치적인 힘을 지녔다. 난생 신화와 석(昔)이란 성씨가 까치 작(鵲) 자에서 온 걸로 보아 새 토템을 지닌 부여족이란 것을 알 수 있다.

석탈해는 동해 섬나라 다파나국에서 김해로 갔다가 김수로 세력에게 패해 경주로 이주했다. 그 뒤 경주 반월성 아래

경주 계림 | 석탈해 이사금 시기에 김씨의 시조인 김알지가 알에서 태어난 설화가 깃든 곳으로, 경주 김씨의 발상지이다. 여기저기 나이 든 수목들이 무척이나 신비로운 분위기를 자아낸다.

에 터를 잡았던 왜 출신의 호공 세력과 연합하고, 신라 2대 왕 남해 차차웅(4~24)의 딸인 아효 부인과 결혼하여 일정한 세력을 이루는 데 성공했다.

남해 차차웅이 죽은 뒤 유리 이사금(24~57)과 왕권을 다투었지만, 결국 치아의 수가 유리 이사금보다 적다는 이유로 왕위를 양보했다. 이는 아직 석탈해 집단이 박씨계 집단을 누르기에는 역부족이었다는 뜻이다. 석탈해는 유리 이사금을 이어 4대 왕이 되었다.

하지만 석탈해가 죽은 뒤 왕위는 다시 박씨계로 넘어갔고, 그 후손들은 100년이 훨씬 지난 9대 왕 벌휴 이사금(184~196) 때 비로소 석씨 왕계를 세웠다.

김씨계 왕계를 세운 김알지●는 박씨계, 석씨계에 뒤이어 경주에 나타났다. 박씨계가 부여에서 동해안으로, 석씨계가 동해에서 일본과 김해를 거쳐 신라로 왔다면, 김씨계는 요서 지역에서 해로나 육로를 통해 오늘날 서울에 정착했다가 다시 대구를 지나 경주에 도착했을 것으로 추정된다. 김씨계도 석씨계와 마찬가지로 금속 제련 기술자 집단이었다. 그래서 신성한 금(金)을 상징하는 김(金)으로 성을 정했다.

김알지는 석탈해가 임금으로 있던 시기에 경주에 정착했다. 탈해 이사금이 김알지 세력을 받아들인 것은 박씨계를 견제하기 위해서였다. 석씨계와 김씨계의 연합을 주선한 것이 탈해 이사금 세력이자 왜인인 호공이란 점에서 더욱 신빙성이 높다.

김씨계는 신라 13대 왕 미추 이사금(262~284)에 이르러 드디어 왕통을 세우는 데 성공했다. 하지만 여전히 석씨계 세력이 강해서, 왕위는 다시 석씨계로 넘어갔다. 석탈해와

● 신라 김씨계와 흉노족
문무왕릉비문, 흥덕왕릉비문 등 여러 사서의 기록에 따르면 김알지는 흉노족 투후 김일제(BC 134~86)의 후손이라 기록하였다. 당시의 역사 정황을 근거로 분석하면 이들 김씨계는 본래 요서에 있었던 산융(山戎)과 동호(東胡) 연맹체, 그 뒤에 등장한 흉노제국의 부여계 신라인으로 서기 23년경 한반도로 이주한 것으로 보여진다.

미추왕릉
신라 김씨계 왕통을 세운 미추왕의 능묘는 경주 대릉원에 위치한다.

신라 왕호의 변천

왕호	거서간	차차웅	이사금	마립간	왕
최초 사용 왕	혁거세 거서간	남해 차차웅	유리 이사금	내물 마립간	지증왕
지위	군장	제사장	연장자	대군장	군주(국제적 칭호)
특성	추대의 뜻	신정 일치	정치적 독립	6부의 장	중앙집권

김미추는 이런 면에서 닮은꼴이다. 김씨계는 80년 뒤인 내물 마립간 시기에 고구려의 지원으로 세습 왕통을 세우는 데 성공했다.

신라에서 박씨계, 석씨계, 김씨계가 왕위를 차례대로 계승할 수 있었던 까닭은 무엇일까? 그건 토착 세력인 6부 귀족들과 박, 석, 김씨들이 권력을 나누어 가졌기 때문이다. 신라의 지배 세력들은 가야, 마한, 백제, 왜 등에 둘러싸인 정세를 감안하면, 권력을 다투기보다 세력 균형을 유지하는 게 서로에게 유리하다고 판단한 것이다.

권력 분점은 대개 혼인 동맹을 통해 이루어졌다. 박씨계는 6부 세력과 혼인 동맹을 맺어 세력을 키웠으며, 석씨계는 김씨계와 혼인 동맹을 맺어 박씨계를 누르고 왕위를 이을 수 있었다.

김씨계는 석씨계의 도움으로 경주에서 세력을 키운 뒤, 주로 김씨끼리 혼인하는 근친혼을 통해 골품제의 기반을 만들었다. 그리고 결국 김씨계는 내물 마립간 시기에 이르러 신라 왕통을 독점 세습하는 데 성공했다.●

● 삼국의 고대국가 발전 과정의 공통점
1) 왕권 강화 : 정복 활동 등으로 통치 지역 확대
2) 통치 제도의 정비 : 율령반포, 관제의 정비, 복식 규정 등
3) 사상통합 : 불교가 사회와 집단을 통합하는 구심체 역할

6가야 연맹, 철과 교역을 선택하다

●6가야 연맹
가야연맹체, 난생 신화, 전기
가야(금관가야), 후기가야
(대가야), 철 생산
(검) 48-심화, (검) 51-기본,
(검) 52-심화

가야●는 변한의 작은 나라에서 출발했다. 지금의 낙동강 지역에 위치했던 가야는 대국 6개, 소국 10여 개로 이루어진 연맹국가였다. 가락, 가라, 가야, 구야, 가량, 임나 등 다양하게 불리지만, 보통 가야국 또는 가야 연맹이라고 부른다.

이 가운데 해상 교역의 중심에 위치한 낙동강 하류의 구야한국이 금관가야로 발전하여 전기 연맹의 주도권을 잡았다. 내륙에서는 고령 지역의 반파국이 훗날 대가야로 발전하여 후기 연맹의 맹주를 차지한다.

함안의 아라가야(안라국)는 오랫동안 금관가야, 대가야 사이에서 등거리 외교를 통해 협력과 경쟁과 견제 관계를 유지하며, 가야 연맹의 삼각축을 이루었다. 나머지 10여 개가 넘는 소국들은 6가야에 예속되거나 느슨한 형태의 연맹을 이루었다.

●●삼국의 대표 시가
〈황조가〉(고구려 유리왕이
지은 노래), 〈구지가〉(가야 김
수로왕의 건국 신화가 담긴
노래), 〈서동요〉(백제 무왕이
지은 향가), 〈여수장우중문
시〉(고구려 을지문덕이 지은
한시)
(검) 2-5

전기 가야 연맹을 주도한 금관가야는 김수로왕●●이 건국했다. 《삼국유사》에 기록된 설화에 따르면, 서기 42년에 금관가야 9도간의 추장들이 김해 구지봉(龜旨峰 : 봉우리가 거북

●〈구지가(龜旨歌)〉
구지봉 주위에 살던 9도간들과
그 백성들이 수로왕을 맞기 위
해 부른 노래.

龜何龜何 (구하구하)
首其現也 (수기현야)
若不現也 (약불현야)
燔灼而喫 (번작이끽)

거북아 거북아
네 머리를 내어라
만일 내놓지 않으면
불에 구워서 먹으리

대가야의 토기와 야광 조개 | 유구국(오키나와)의 특산품인 야광 조개로 만든 국자는 제단에 사용한 신성한 그릇이다. 대가야는 백제의 도움으로 동남아, 남중국, 왜와 교역을 했다.

가야 지산동 고분군 | 대가야의 왕실과 귀족이 묻혀 있는 산상의 고분군으로 조상신이 거주하는 공간이다. 아래 궁궐에서 보면 마치 하늘에 있는 듯한 산상의 무덤은 위대한 조상신의 혼령이 깃들어 보인다.

이와 닮았다고 해서 붙여진 이름)●에 모였을 때, 붉은 보자기에 싸여 금합이 하늘에서 내려왔다. 그 안을 보니 황금알 여섯 개가 있었다. 반나절 만에 여섯 개의 알은 모두 사람이 되었는데, 그 가운데 가장 먼저 김수로가 태어났다.

가야 지역에 먼저 정착한 것은 고조선 후예들로 변한 12국을 세운 9도간 세력이었다. 김수로 설화는 북방 금속 문명 세력이 9도간과 연합하여 거북이로 상징되는 토착계를 눌렀다는 뜻을 담고 있다.

김수로왕은 이어서 인도 아유타 국에서 배를 타고 김해에 도착한 허황옥●●과 결혼한다. 김수로왕 세력과 허황옥 세력은 혼인 동맹을 통해 세력을 키워서, 드디어 토착계와 9도간을 완전하게 제압하고 금관가야의 주도권을 장악했다. 그리고 금관가야는 낙동강 하구의 지리적인 이점과 풍부한 철 생산을 바탕으로 전기 가야 연맹의 맹주 자리를 차지할 수 있었다.

●●허황후(허황옥)는 정말 인도 아유타 국에서 왔을까?
《삼국유사》〈가락국기〉에 따르면 김수로왕의 부인인 허황후는 인도 아유타 국의 공주라고 한다. 수로왕릉에 있는 쌍어 문, 허황후릉의 파사석탑은 이 사실을 보여주는 증거이다.

허황후 파사석탑

부여는 왜 고대왕국으로 성장하지 못했을까?

부여는 열국 시대를 주도한 고조선의 계승 국가였다. 유목과 농경이 동시에 가능한 송화강 유역의 넓은 영토, 주변과의 교류를 통한 수준 높은 문화, 그리고 많은 인구를 지니고 있었다.

그런데 부여는 고구려와 백제가 등장하면서 점차 소국으로 전락해갔고, 고대국가로 발전하지 못한 채 결국 고구려에 흡수되었다. 그 원인은 도대체 무엇일까?

우선 많은 인재들이 부여를 이탈한 데서 그 이유를 찾을 수 있다. 해모수는 북부여를, 해부루는 동부여를, 동명은 졸본부여를 세웠다. 또한 주몽과 유리는 동부여에서 이탈하여 고구려를 세웠으며, 졸본부여의 왕녀 소서노와 그의 아들인 비류와 온조는 남쪽으로 내려가 백제를 세웠다. 넓게 본다면 이 모든 것은 여러 세력이 부여에서 빠져나오면서 부여의 세력이 계속 축소되는 과정이었다.

다음으로 지리적 위치를 꼽을 수 있다. 만주의 패권을 잡은 부여는 초기에 모든 교통로와 무역을 차지했으나, 고구려·백제·중국이 등장하면서 오히려 동북쪽의 변방으로 고립되었다. 고구려는 한반도와 요동과 요서로 통하는 길목을 차지했고, 백제는 해상 교역로를 장악하였기 때문이다.

결국 부여는 경쟁과 자극을 받을 수 있는 지리적인 이점을 잃고 소국으로 약화된 것이다.

삼국과 가야는 건국자가 모두 알에서 태어났다는 신화를 가지고 있다. 그 이유는 무엇일까?

Point 1 최고 권력자인 왕의 힘과 신성성이 어디에서 오는지 조사해보고, 이를 통해 고조선 단군신화와 북부여 해모수신화가 갖는 의미를 생각해보자.

Point 2 고구려의 주몽, 신라의 박혁거세, 석탈해, 김알지, 가야의 김수로 신화가 단군이나 해모수신화와 어떻게 다른지 살펴보자. 그리고 그 차이가 갖는 의미를 생각해보자.

Point 3 신화에서 영웅은 대부분 인간의 아이로 태어나지 않았다. 그 까닭을 살펴보고, 그것이 한국의 난생 신화에서 어떻게 나타나는지 생각해보자.

공부를 더 하고 싶다면

《한국사의 1막 1장 건국 신화》(이종욱 지음, 휴머니스트)
기존 역사서에 대한 재해석을 통해 건국 신화에 숨어 있는 역사의 진실을 끄집어낸다. 이 책을 통해 단군에서 견훤까지 우리나라의 건국 신화를 한눈에 볼 수 있다.

《고구려 건국사》(김기흥 지음, 창작과비평사)
고주몽, 유리, 대무신왕은 고구려의 초기 역사를 읽는 열쇠이다. 여러 각도에서 퍼즐처럼 얽혀 있는 고구려의 건국 이야기를 풀어낸다.

《풍납토성, 500년 백제를 깨우다》(김태식 지음, 김영사)
백제의 초기 도읍지로 유력한 한강변의 풍납토성을 통해, 일반적인 견해와 달리 백제가 기원 전후에서 늦어도 서기 200년경에는 강력한 중앙집권 국가가 되었다고 주장한다. 풍납토성 발굴기를 예리한 기자의 눈으로 살폈다.

삼국과 가야의 발전

한 줄로 읽는 우리 역사

삼국 초기에는 제가회의, 정사암회의, 화백회의 등 귀족회의체가 강했지만, 삼국의 왕들은 부자상속제, 주변 소국의 병합을 통해 왕권을 강화시켜 나갔다. 중국이 황건농민군의 반란 등으로 쇠퇴하자, 삼국은 적극적으로 대외 교류를 추진하며 각각 자기 나라의 발전을 꾀했다.

고구려, 백제, 신라, 가야는 모두 열국 시대의 소국들을 기반으로 국가를 세웠다. 고구려는 주변의 옥저, 동예, 숙신, 선비, 황룡국, 주나국 등 소국들을 병합하고 동부여를 눌러 만주 대륙의 패자가 될 수 있었다. 백제는 마한의 소국들을 차례로 정복하여 경기, 충청, 전라도 방향으로 세력을 확장했다.

가야는 낙동강 유역의 유력한 6개 집단이 주도권을 장악하고, 주변 10여 개 소국들이 그들에게 예속하는 방식으로 가야 연맹을 구성했다.

경주 분지의 신라도 대구, 울진, 포항, 동래(부산) 지역으로 세력을 확장하면서 가야와 세력을 다투었다. 2세기부터 4세기까지는 고구려와 백제가 주도하고 가야와 신라가 따라가는 형태의 세력 균형이 이루어진 시기였다.•

고구려 국내성 서벽 | 세계문화유산으로 등재된 국내성의 서벽으로, 통구하를 해자로 삼고 있다. 1920년대까지 완벽한 높이와 성문을 자랑하던 국내성은 도시 개발로 많은 부분이 파괴되었다.

고구려, 고조선의 땅을 되찾다

고구려의 유리왕●●은 송양국과 혼인 동맹을 맺고, 서기 3년에 처가의 근거지인 국내성으로 도읍을 옮겼다.

국내성 천도의 이유는 1) 동부여와 경쟁을 통해 국내의 긴장감을 높여서 토착 세력과 공신 세력을 견제하고, 2) 처가인 송양국 세력을 바탕으로 왕권을 강화하며, 3) 동부여와 패권을 다투는 와중에서 후방으로 침략할 가능성이 높은 한나라를 전략적으로 방어하고, 4) 천도를 통해 민심을 결집하려는 의도였다. 결과적으로 유리왕의 천도는 성공했다.

3대 왕인 대무신왕은 22년에 북방의 가장 위협적인 세력인 동부여를 공격하여 멸망시켰다. 부여의 정통성을 확보한 대무신왕은 32년에 남쪽의 낙랑국으로 눈을 돌렸다.

고구려는 교통 요지에 위치한 낙랑국의 생산물, 인구, 농경지가 필요했다. 낙랑국왕 최리는 고구려와 혼인 동맹을 맺고 나라를 지키고자 했다.

● **삼국의 중앙집권 체제 정비**
1) 왕위의 계승이 부족 간, 형제 간에서 부자 상속으로 정착
2) 부족장이 왕권에 편입되면서 관등의 정비가 이루어짐
3) 왕의 권위에 의한 율령 반포
4) 불교를 통한 사상 통합
5) 왕실의 역사와 정통성을 세우기 위한 역사서 편찬
6) 왕권의 절대적 우위를 확인하는 대외 정벌 사업

●● **고구려의 유리왕이 지은 〈황조가(黃鳥歌)〉**

翩翩黃鳥 (편편황조)
雌雄相依 (자웅상의)
念我之獨 (염아지독)
誰其與歸 (수기여귀)

펄펄 나는 저 꾀꼬리
암수 서로 정답구나
외로운 이 내 몸은
뉘와 함께 돌아갈꼬

● 태조왕과 묘호(廟號)
동아시아 전통에서 태조(太祖)
라는 용어는 종묘에 모시는 건
국자의 위패를 말한다. 그래서
역사학계는 고구려의 정치세력
을 5부족 연맹체로 보고, 주몽
(추모)을 소노부의 해씨계 건국
자, 태조왕을 계루부의 고씨계
건국자로 추정하기도 한다.

●●다물 정책
다물은 '옛 땅을 되찾음(복구토)'
이라는 뜻의 고구려 말로, 다물
정책은 고조선과 부여의 영토
와 역사를 계승하려는 정책을
말한다.

● 고구려의 성곽
행정구역(성주), 산성 중심,
석성, 치(雉), 옹성(甕城), 들
여쌓기
(수한) 2018

설화에 따르면 낙랑국이 고구려를 믿고 방비를 게을리
하자, 대무신왕의 아들 호동은 낙랑공주에게 적군이 오면
저절로 울린다는 자명고(북)와 자명각(피리)을 부수게 했다.
고구려군은 거침 없이 낙랑국을 공격했고, 낙랑국왕 최리
는 딸을 죽이고 항복했다. 이로써 평양에 위치한 낙랑국은
145년 만에 역사의 무대에서 사라졌다.

6대 왕인 태조왕●은 53년 동옥저를 정복하고, 55년 요서
10성●을 쌓아 한나라의 침략에 대비했다. 고조선 영토를 되
찾자는 다물 정책●●을 펼쳐, 56년 동옥저, 68년 갈사국, 72
년 조나국, 74년 주나국을 복속시켰다. 옛 고조선 지역의 소
국들을 어느 정도 흡수하자, 고구려는 본격적으로 한나라
에게 잃은 땅을 찾기 위한 전쟁에 나섰다.

태조왕은 105년에 한나라 요동군을 공격하고, 111년에

고구려의 대외 투쟁 | 고구려의 건국 목표는 고조선과 부여의 고토를 수복하는 '다물' 이었다. 태조왕 이래로 고구려는
만주 지역 열국의 여러 나라를 모두 정복하고 드디어 중국의 세력과 맞붙었다.

고구려 초기 왕계표

는 현도군을 공격했다. 한나라는 121년 이에 맞서 유주 자사 풍환, 현도 태수 요광, 요동 태수 채풍이 연합 공격을 감행했지만, 태조왕의 아우인 수성에게 대패했다. 이로써 고구려는 짧은 기간 동안 고조선의 옛 땅을 대부분 되찾고, 만주 대륙의 패권을 차지하는 토대를 마련했다.

백제, 해상왕국의 첫걸음을 내딛다

백제는 한강 유역에 세운 나라로 알려져 있지만, 실제로는 여러 곳에 근거지를 두고 있던 소국 연합체였다. 백제라는 이름은 수많은 가문들이 바닷가를 중심으로 세력을 펼친 국가라는 뜻의 '백가제해(百家濟海)'에서 나왔다.

4대 왕인 개루왕(128~166)에게는 두 아들이 있는데 바로

백제 초기 왕계표

5대 초고왕(166~214)과 8대 고이왕(234~286)이다. 두 사람은 초기 백제의 역사에서 큰 역할을 했다. 초고왕은 백제 국경을 오늘날 북한강과 남한강의 상류까지 넓혔고, 그의 아들 구수왕(214~234)도 그 뜻을 이었다.

고이왕은 초고왕과 구수왕을 이어 백제를 해상왕국으로 발전시키는 계기를 만들었다. 246년 조조가 세운 위나라의 유주 자사 관구검이 낙랑 태수 유무, 대방 태수 궁준, 현도 태수 왕기 등을 이끌고 고구려를 공격하자, 고이왕은 좌장군 진충을 보내 낙랑 서쪽 땅을 차지했다. 이때 빼앗은 낙랑의 서쪽을 대동강 유역으로 보기도 하지만, 바다 건너 만리장성 부근이라는 주장도 있다. 이 주장이 옳다면 고이왕은 백제가 해상왕국으로 발돋움한 최초의 임금이라 할 수 있다.

고이왕은 정복전쟁을 통해 백제의 위상을 주변국에 확실

하게 보여주었다. 한강 유역을 완전히 장악하고 지금의 천안시 직산까지 영역을 확장하여 경기도 일대를 백제 영토로 만들었다. 백제는 이 시기에 이룩한 해상 교역망을 통해 소금, 건어물 등을 교역하여 국가의 재력을 쌓았다. 그리고 고이왕은 이를 바탕으로 262년 중앙집권제의 기초가 되는 율령*을 선포하고, 왕권을 상징하는 6좌평 16품계의 정치 제도를 마련했다.*

백제의 율령 선포는 고구려보다 무려 111년이나 앞섰다. 당시 백제는 해상 교역로를 확보하여 빠른 정보망과 교역망을 구축하고 동아시아의 역사 무대에 화려하게 등장했다. 백제는 고이왕 시대에 고대국가의 기틀을 완전하게 세웠던 것이다.

● **율령이란?**
율령은 형법과 행정법을 말한다. 고구려는 소수림왕 3년인 373년에, 신라는 법흥왕 7년인 520년에 반포되었고, 백제는 고이왕 때인 262년경에 반포된 것으로 여겨진다.

● **백제의 관등제**
관등명을 보면 관리는 3개 등급 분류, 관복과 허리띠의 색깔 구분, 전체 관등은 16관등, 나솔 이상은 은화 관식 사용, 율령반포(고이왕)
(검) 49-기본, (수) 2006

고구려와 위나라의 대결

2세기경 중국 한나라가 내부 분열로 쇠퇴하자, 고구려는 국내 정치를 안정시키는 데 몰두했다. 9대 고국천왕(179~197)은 강화된 왕권을 바탕으로 5부족 체제를 지역 행정 단위인 5부로 바꾸고, 부족의 수령을 중앙 귀족에 편입시켰다. 5부는 내부(계루부), 북부(절노부), 동부(순노부), 서부(소노부), 남부(관노부)를 말한다. 나아가 왕위계승권도 형제 상속에서 부자 상속으로 바꾸었다. 이는 고구려에서 왕권과 중앙집권제가 강화된 것을 뜻한다.

고국천왕은 민생을 안정시키고 농업 생산을 독려하기 위

해 을파소를 재상으로 임명했다. 을파소는 최고 관직인 국상이 되어 진대법**을 시행(194)하고 국내 안정과 국부 증가를 이루었다.

고구려는 동천왕(227~248) 시기에 위기를 맞았다. 동천왕 즉위 이전인 184년부터 220년까지는 중국이 오랜 분열로 고구려에 영향을 미칠 수 없었고, 또한 공손씨 정권이 요동 지역을 50여 년간(189~238) 지배하면서 완충 역할을 했기 때문에 직접적으로 충돌하지는 않았다.

동천왕은 양자강 남쪽의 오나라와 교류하며 요동의 공손씨 정권을 견제하다가, 북중국 위나라(220~265)가 강성해지자 238년 위나라와 연합 작전을 펼쳐 공손씨 정권**을 무너뜨리고 요동으로 진출하는 기반을 마련했다. 하지만 위나라의 압력이 거세지자, 고구려는 242년 낙랑군의 전진 기지인 서안평을 선제 공격하여 차지했다.

반격에 나선 위나라는 246년에 유주 자사 관구검이 1만 군대를 이끌고 고구려를 침공했다. 동천왕은 2만 군대로 양맥에서 두 차례 승전한 뒤 적진 깊숙이 공격했다가 오히려 전멸을 당했다.

관구검은 곧바로 환도성을 함락시켰고, 현도 태수 왕기의 계속된 공격에 동천왕은 남옥저로 피신했다. 하지만 동부 사람 밀우와 유유의 저항과 계책으로 적군의 추격대장을 죽이고 위나라 군대를 물리쳤다.

동천왕은 죽령에서 위기에 빠졌을 때, 밀우가 결사대를 조직하여 적을 막은 덕분에 피신할 수 있었다. 이후 밀우는 유유와 함께 위군의 진영에 가서 항복하는 척하면서 지휘관을 살해하고 함께 죽었다. 그들의 죽음은 고구려가 위군

● 진대법이란?
흉년이 든 해에 백성들에게 쌀을 빌려주고, 가을에 싼 이자를 붙여 돌려받는 빈민 구제법이다. 고려시대의 의창, 조선시대의 환곡도 진대법에 그 뿌리를 두고 있다.

〈진대법의 출전〉
고국천왕 16년(194), 관리들에게 명령하여, 매년 봄 3월부터 가을 7월까지 관청의 곡식을 내어, 백성들의 식구가 많고 적음에 따라 차등 있게 구제삼아 꾸어 주었다가(진대), 겨울 10월에 이르면 돌려받는 것을 법규로 삼게 하니 온 나라 백성들이 크게 기뻐하였다.(故國川王 十六年, 命有司, 每年自春官三月至秋七月, 出官穀, 以百姓家口多少賑貸有差, 至冬十月還納, 以爲恒式, 內外大悅)《삼국사기》〈고구려본기〉

● 진대법, 을파소, 고국천왕, 빈민 구제법, 의창(고려), 환곡(조선)
(검) 50-기본

●● 요동군벌 공손씨 정권
위나라와 고구려의 국경에는 요동군벌 공손씨 정권(189~238)이 완충지대로 있었다. 공손씨 정권은 한나라 요동태수 공손도가 189년에 독자적인 세력(189~204)을 만들고, 이후 공손강(204~221), 공손공(221), 공손연(221~238)으로 이어졌고, 그 후 위나라에 흡수되었다.

에 일대 반격을 가해 위군을 패주시키는 계기가 되었다.

동천왕*은 파괴된 환도성과 국내성에 머무를 수가 없게 되어, 247년 평양성**으로 수도를 옮겼다. 동천왕은 후방의 안전을 위해 248년 신라와 화친을 맺었다.

고구려를 격파한 위나라는 북중국의 패권을 차지했으며 고구려의 서진(西進) 정책은 한때 중단되었다.

백제, 해상진출에 타격을 받다

고구려와 위나라가 전쟁을 벌이고 있던 246년, 고이왕은 낙랑 서쪽을 차지하고 해상왕국의 발판을 마련했다. 고이왕의 아들 책계왕(286~298)도 적극적인 해상 진출을 꾀했으나 중국 서진이 백제를 공격해 오자 직접 군대를 이끌고 맞서 싸우다 전사했다.

책계왕의 장남 분서왕(298~304)도 조부와 부친의 해상 진출 전략을 계승했다. 그런데 304년 낙랑 태수가 백제의 해상 진출을 저지하기 위해 자객을 보내 분서왕을 살해했다.

책계왕과 분서왕의 죽음으로 고이왕 이래 추진되었던 백제의 해상 진출이 크게 타격을 받은 상태에서 비류왕(304~344)과 계왕(344~346)은 해상 진출보다는 내부 정비에 힘썼다. 하지만 비류왕의 아들 근초고왕(346~375)이 왕위에 오르면서 백제의 해상 진출은 새로운 국면을 맞았다.

● **평양성의 위치**
이때 동천왕이 천도한 평양을 대동강변으로 보기도 하지만, 일부 학자들은 북평양인 중국 요녕성 봉성의 봉황산성이라고도 주장한다.

● **들판의 돼지, 고구려 동천왕**
고구려 동천왕(227~248)은 10대왕 산상왕(197~227)의 아들로 이름은 한자어로 교체이다. 우리말로는 들판의 돼지이다. 교체라는 이름을 갖게 된 것은 늙어서 자식이 없던 산상왕이 아들을 구하고자 하늘에 제사를 지내며 바친 돼지가 주통촌으로 달아나 그곳에서 한 여인과 인연을 맺어 태어났기에 들판의 돼지라는 이름을 얻었다.

소금 장수 미천왕과 고구려의 부흥

고구려는 246년, 위나라 관구검에게 패한 뒤 국력이 급속하게 약화되었다. 봉상왕(292~300)은 북중국의 서진(西晉)과 우호 관계를 맺고 요서 지역의 모용선비족을 견제했지만 폭정을 거듭해 민심을 잃었다. 결국 국상 창조리가 정변을 일으켜 봉상왕의 동생 고추가 돌고의 아들인 미천왕을 고구려의 15대 왕으로 추대했다.

미천왕(300~331)은 어렸을 때 큰아버지 봉상왕의 핍박을 피해 궁궐을 빠져나가 머슴살이와 소금 장수를 하며 지냈다. 그는 소금 장수를 하면서 지리를 익히고 사회 정세를 보는 안목을 넓혔다. 이런 경험을 바탕으로 미천왕은 313년과 314년, 옛 고조선 땅에 주둔하던 낙랑군과 대방군을 연이어 몰아내고, 요동 지역과 서북부 해안을 완전히 차지했다.

당시 북중국의 패자였던 서진은 8왕의 난●과 영가의 난●●으로 국력이 급격히 쇠퇴했다. 이 틈을 타서 5호의 하나였던 흉노족은 전조를 세우고, 저족의 이특은 촉한의 수도인 성도에서 성한을 세웠다. 흉노, 저, 강, 갈, 선비족이 북중국을 연이어 차지하는 5호16국 시대(304~439)가 열린 것이다.

모용선비족이 요서 지역에서 급격히 성장하자, 미천왕은 319년 동진의 동이교위 최비, 선비 단부, 선비 우문부와 연합하여 모용선비족을 공격했다.

모용선비족은 이때부터 우문부, 단부, 동진 그리고 서쪽의 후조 등과 북중국을 둘러싼 끊임없는 전쟁에 돌입했다. 고구려는 모용황이 337년에 자립하여 전연의 왕이 될 때까지 착실하게 국력을 키워나갈 수 있었다.

●8왕의 난(290~306)
서진(265~316)의 2대 황제인 혜제 시기에 숙부들인 사마량, 사마위, 사마륜 등 8명의 제후왕이 내전을 벌이고 주변의 5호들에게 병력을 요청했다. 이것이 서진 멸망의 원인이었으며 5호들이 북중국을 지배하는 5호16국 시대의 단초가 되었다.

●영가의 난(307~312)
서진 말기인 영가 연간(307~312)에 5호의 하나인 흉노족이 8왕의 난으로 인한 혼란을 틈타, 304년부터 반란을 일으켜 서진의 국도인 낙양을 파괴하고 북중국을 혼란에 빠뜨린 사건을 말한다. 이때부터 5호들이 304년부터 439년까지 16국 이상을 세우는 5호16국 시대가 시작되었다.

신라와 가야, 손을 잡다

신라는 해상으로 나갈 수 없는 분지 지형의 한계에서 벗어나기 위해 낙동강 진출을 시도했다. 김해의 전략적 가치를 알고 있던 탈해 이사금(57~80)은 77년에 가야를 공격했으나 이기지 못했고, 오히려 지마 이사금(112~134) 시기인 115년에 가야 연맹군의 공격을 받았다. 신라는 1만 명의 군사로도 가야 연맹군에게 패하자 결국 화평조약을 맺고 낙동강 진출을 포기했다.

신라의 발전이 더딘 이유는 강력한 왕권의 출현이 늦었기 때문이다. 김씨 왕통의 세습권을 세운 내물 마립간(356~402)이 왕위에 오른 4세기 중반까지 신라는 박씨계, 석씨계,

분지 지형인 신라 월성 | 신라 궁성으로 반월성이라고도 부른다. 서쪽에 대릉원이 위치하고 성 내외에 많은 건물이 있었음을 보여주는 주춧돌이 확인된다. 동쪽에 황룡사와 임해전(안압지)이 위치했다.

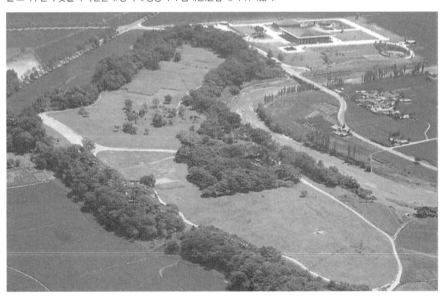

신라 초기의 박, 석, 김씨 왕위 계승표

박씨계 왕통	석씨계 왕통	김씨계 왕통
① 박혁거세(B.C. 57~A.D. 4) ② 남해 차차웅(4~24) ③ 유리 이사금(24~57)	④ 탈해 이사금(57~80)	
⑤ 파사 이사금(80~112) ⑥ 지마 이사금(112~134) ⑦ 일성 이사금(134~154) ⑧ 아달라 이사금(154~184)	⑨ 벌휴 이사금(184~196) ⑩ 내해 이사금(196~230) ⑪ 조분 이사금(230~247) ⑫ 첨해 이사금(247~261)	⑬ 미추 이사금(262~284)
박씨계 왕통 끊김	⑭ 유례 이사금(284~298) ⑮ 기림 이사금(298~310) ⑯ 흘해 이사금(310~356)	⑰ 내물 마립간(356~402) 17대 이후 김씨계 왕통 계승

김씨계 왕들이 번갈아 교체되었다. 어느 세력도 군사적으로 우월한 지위를 갖지 못했기 때문에 적극적으로 주변 지역을 정복할 수 없었다.

또한 백제와 가야는 해상을 통해 중국이나 고구려의 발전된 문화를 직수입했지만, 경주 분지에 고립된 신라는 문화 발전 속도가 느릴 수밖에 없었다.

가야●는 초기부터 김해를 중심으로 연맹체를 구성하고 철 생산과 해상 교역을 통해 신라를 앞서갔다. 그러나 가야의 발목을 잡은 것은 느슨한 연맹체 구조였다.

신라의 세 성씨가 국가 안에서 각각 일정한 정치적 지분을 갖는 씨족 연맹이라면, 가야는 정치·군사적 독립성을 갖는 소국가들의 연맹체였다. 금관가야는 해상 교통로를 장악한 지리적 위치 때문에 가야 연맹장이 되었을 뿐, 압도적인 군사력으로 가야 소국들을 장악한 것은 아니었다. 따라서 가야 연맹 소국들은 주변 정세에 민감하게 반응했다.

209년에 함안의 아라가야는 가야 연맹의 주도권을 장악

●**가야의 사회 경제**
철생산, 낙랑과 왜에 수출, 연맹왕국을 형성, 해상 교류 (검) 1-4, (검) 2-4, (검) 7-4, (검) 4-초, (검) 5-4, (검) 3-4, (검) 49-기본, (검) 50-심화

하기 위해 오늘날 사천, 고성, 마산 지역에 있던 칠포국, 골포국, 사물국, 고자국 등 포상 8국을 부추겨 금관가야를 공격했다. 당시 가야 연맹은 동쪽 금관가야와 서쪽 아라가야가 주도권을 다투는 동서 분열의 시대였다.

금관가야의 거등왕(199~259)은 신라와 백제계 왜의 군사 지원을 받아 아라가야와 포상 8국을 물리쳤다. 신라는 백제를 막기 위해 가야와 지속적인 평화 관계가 절실했다. 따라서 태자 우로와 이벌찬 이음을 파견했다. 이것으로 금관가야는 전기 가야 연맹의 주도권을 확실하게 장악했다.

4세기 후반에 이르러 백제 근초고왕은 왜로 가는 해상 길목의 요충지인 금관가야에 대한 지배력을 강화했다. 금관가야는 백제와 백제에 예속된 왜의 전폭적인 지원을 받으며 연맹체에서 가장 빠르게 발전했다.

금관가야는 백제, 신라, 낙랑, 대방, 왜, 중국 동진 등과 해상 교역을 통해 국가의 부를 쌓았다. 가야의 주력 수출품은 품질이 우수한 쇳덩이(철괴)와 가야식 굳은 도기였다.

김해 대성동● 고분과, 양동리 고분에서 나온 4세기경의 유물들은 금관가야의 세력이 당시 만만치 않은 규모로 성장했음을 보여준다.

● **가야의 대표 유적**
구지봉, 봉황대 유적, 수로왕릉, 허황후 릉, 대성동 고분군
(검) 7-초, (검) 6-4, (검) 4-4

5호16국은 어떤 시대였는가?

5호는 고구려 서북방의 흉노족, 저족, 강족, 갈족, 선비족을 말한다. 5호가 304년부터 439년까지 만주 지역과 북중국에 세운 왕조는 대략 16개였다. 그래서 이때를 5호16국 시대(304~439)라고 부른다. 16국은 보통 1성(成 : 성한), 2조(趙 : 전조, 후조), 3진(秦 : 전진, 서진, 후진), 4연(燕 : 전연, 후연, 남연, 북연), 5량(涼 : 전량, 후량, 서량, 북량, 남량), 1하(夏)라고 부른다.

이 시기는 고구려 미천왕이 중국 세력을 요동에서 몰아내고 고조선의 영토를 되찾았으며, 선비족과 요서를 놓고 치열하게 다투던 때였다.

5호가 등장한 역사적 계기는 통일제국 한나라의 내분이었다. 184년부터 100여 년이 넘는 기간 동안 중국은 황건농민군의 반란, 삼국의 분열, 8왕의 난, 영가의 난으로 급격하게 무너졌고, 세력을 키운 주변 민족이 북중국을 지배했다. 304년 흉노족이 북중국에 처음 나라를 세우면서 시작된 5호16국 시대는 크게 3단계의 변화를 겪었다.

1단계는 317~352년으로 흉노족과 갈족이 전조, 후조, 염위를 세운 시기이다. 2단계는 352~383년으로 모용선비족의 전연과 저족의 전진이 경쟁을 벌이다가, 371년 전진이 북중국을 통일한 시기이다. 3단계는 383~439년으로 전진이 비수 전쟁에서 패배하고 탁발선비족이 세운 북위가 다시 북중국을 통일하는 시기이다.

383년 비수전쟁에서 409년 북연(北燕)이 건국되는 26년 사이에 무려 12개 왕조가 출현하는 혼란의 시대가 도래했으나, 439년 북위가 북중국을 통일하면서 중국사는 황하 유역을 장악한 북위와 양자강 유역의 남조(송, 제, 양, 진)가 대립하는 남북조 시대(439~589)로 접어든다.

미천왕에게 어린 시절의 소금 장수 경험이 훗날 고구려를 강대한 국가로 만들 수 있는 바탕이 된 이유는 무엇일까?

Point 1   인류의 삶에서 소금이 갖는 의미를 생각해보자. 당시 소금은 술이나 쇠와 같이 국가에서 관리하는 전매품이었다. 그것이 백성들에게 전달되는 과정을 알아보자.

Point 2   당시의 국제 정세와 군주에게 가장 필요한 덕목이 무엇이었는지 알아보자. 또 어린 시절의 소금 장수 경험이 미천왕에게 어떤 도움을 주었을지 생각해보자.

Point 3   미천왕이 고구려의 역사에서 이룩한 성과가 무엇인지 알아보고, 어린 시절에 소금 장수를 통해 얻은 경험이 어떤 역할을 했는지 생각해보자.

공부를 더 하고 싶다면

《주몽의 아들 유리왕》(임동주 지음, 마야)
고구려의 건국 영웅인 주몽에게 가려 제대로 알려지지 않은 2대 왕 유리의 신화와 역사를, 누구나 쉽게 읽을 수 있도록 이야기 형식으로 꾸몄다.

《가야, 그 끝나지 않은 신화》(조원영 지음, 혜안)
금관가야와 대가야에 집중되어 있던 가야사의 범위를 넓혀 다라국, 안라국 등 가야 연맹의 여러 소국들의 문화를 조명하고, 나아가 가야의 모체인 변한인의 삶과 역사도 살펴본다.

《살아있는 백제사》(이도학 지음, 휴머니스트)
만주에서 출발하여 한반도 중부와 남부, 일본열도에 세력을 펼치고 동아시아 해상왕국으로 자신의 역사적 몫을 다한 백제의 역사, 문화, 유물, 인물 등 백제사의 모든 것을 이야기 해주는 역사 단행본이다.

113

고구려와 백제의 해상 경쟁

한 줄로 읽는 우리 역사

삼국의 발전 과정에서 율령 반포와 불교 공인은 중앙집권적 고대국가의 틀을 갖추기 위한 중요한 개혁정책이었다. 이에 삼국은 역사서 편찬, 태학과 같은 교육기관의 설립, 병부와 지방 행정의 완비 등을 통해 중앙집권적 고대국가의 기반을 마련했다.

4세기 초반부터 동아시아에는 새로운 정치 질서가 구축되었다. 중국을 통일한 서진이 여러 왕족들의 반란으로 몰락했고, 304년부터 흉노족·저족·갈족·강족·선비족 등 이른바 5호들이 북중국을 점령해 5호16국 시대(304~439)를 열었다. 중국 한족은 양자강 이남을 중심으로 동진을 세우고 강남을 개발하여 새로운 정치·경제·문화의 중심지로 발돋움하며 6조 문화를 꽃피웠다.

4세기 중반, 고구려와 백제는 중국의 분열을 이용해 부국강병과 적극적인 해상 교역의 통로를 열고자 한강과 예성강 유역을 놓고 전면전 양상으로 치달았다. 당시 두 나라의 전쟁은 중국 남부의 강남 개발에 따른 서해안 연안 항로의 경제적 이익과 황해도와 경기 북부 지역의 농토와 인구, 물산 확보를 위한 것이었다.●

궁남지 | 사비성을 연꽃 위의 불국토로 만들고자 도성 남쪽에 조성한 연못이다.
백제 무왕의 어머니가 궁남지에 살았다는 설화가 있는데, 익산의 마룡지라는 다른 설화도 전해진다.

요서의 패권, 고국원왕과 모용황

고구려 고국원왕(331~371)은 331년 국내성을 수리하고, 342년에는 환도성으로 천도했다. 이는 서북부에서 새로운 강자로 떠오르는 전연을 막기 위한 전략이었다.

당시 모용선비의 대인이었던 모용외는 319년에 고구려·동진·우문부·단부의 연합군을 막아내고, 325년에 우문부를 공격해 크게 세력을 약화시켜 모용선비의 기틀을 세웠다. 그의 아들 모용황은 337년에 자립하여 연왕이라 칭하고, 이듬해 단부를 멸망시켰다. 이때부터 고구려 고국원왕과 전연의 모용황은 요동의 주도권을 놓고 한치의 양보도 없는 경쟁에 돌입했다.

고국원왕은 335년 요동 무순 지역에 신성을 쌓아 모용선비의 침입에 대비했다. 모용황은 339년 군대를 이끌고 신성을 침입했으나 고구려와 화친을 맺고 돌아갔다. 342년 10월, 전연은 수도를 용성으로 옮겼다.

● **삼국의 수취 제도**
조(호를 기준한 호세), 세(사람 수를 기준한 인두세), 역(노동력 징발)
(수) 2006

고구려 환도산성
국내성의 배후에 있는 산상의 도읍 성곽이다. 사서에 자주 등장하는 위나암성으로 추정하는데, 성 내에 궁궐이 있고 통구하가 해자를 둘러 천연의 요새를 이룬다. 세계문화유산에 등재되었다.

이때 모용한이 북중국을 도모하려면, 우선 고구려를 치고 이어서 우문부를 점령한 뒤 중원으로 가야 한다는 계책을 내놓았다. 그해 11월, 모용황은 4만 군사를 이끌고 국내성으로 가는 남도(南道)로 침입했다. 결국 고구려는 대패했고 환도성을 빼앗겼다.

모용황은 왕태후 주씨와 왕비, 백성 5만 명을 포로로 잡고, 궁궐의 재물과 미천왕의 능묘를 파헤쳐 시신을 약탈하고 돌아갔다. 고구려는 이듬해 왕의 동생을 인질로 보내고 미천왕의 시신과 왕비를 돌려받았다.

그리고 355년 다시 전연에 사신을 파견하여 왕의 어머니를 귀국시켰다. 고구려의 위신은 땅에 떨어지고 왕권은 한없이 추락했다.

근초고왕, 백제 해상왕국을 세우다

● 근초고왕의 성공 요인
1) 외교 전략 : 신라, 왜, 동진과 교류
2) 마한 정복 : 농경지, 인구, 해산물 확보.
3) 《서기》 편찬 : 역사서 편찬, 왕권의 신성성과 정통성 수립
4) 한강 장악 : 해상 교역로 확보
5) 해외 진출 : 요서, 산동으로 진출

근초고왕**은 비류왕의 둘째아들로 백제를 해상왕국으로 굳건하게 세운 군주이다. 근초고왕은 즉위하던 해(346)에 동부여의 후예들이 이동하여 세운 서부여와 전쟁을 치렀다. 당시 백제와 서부여 사이에는 고구려가 있었기 때문에, 백제가 바다를 건너가 싸운 것으로 보인다.

서부여는 백제에게 패하여 전연 근처로 옮겼다. 하지만 전연의 모용황이 347년에 1만 7천의 군사를 이끌고 기습하여 왕과 백성 5만 명을 포로로 잡았다. 서부여는 큰 타격을 입고 겨우 명맥을 유지하다가, 494년 문자명왕 시기 고구려

에 흡수당했다. 근초고왕과 전연은 고구려에 대응하기 위해 동맹을 맺었고, 백제는 요서 지역의 전연을 통해 해상 교역로를 연 것으로 보인다. 근초고왕은 북중국과 교역하며 국가의 재력을 쌓았고, 369년에는 익산과 나주 지역의 마한을 복속시켰다. 백제는 이를 통해 호남의 넓은 농경지, 많은 인구, 서해의 풍부한 해산물과 소금, 전남 곡산(곡성)의 철광석을 확보하여 빠르게 강국으로 성장했다. 또한 동진, 신라와 외교 관계를 돈독하게 하여 고구려 포위 작전을 주도하고, 후방의 안전을 도모했다.

한편 왜에 대한 지배권을 강화하고자 칠지도를 만들어 왜의 제후들과 유력한 지역의 귀족들에게 하사했으며, 오경

● 백제 근초고왕의 업적
한강 장악(고국원왕 전사), 《서기》 편찬(고흥), 마한 정복, 왜와 교류(칠지도), 요서 진출, 중국 동진과 외교, 왕위의 부자 상속
(검) 1-3, (검) 2-3, (검) 7-3, (검) 7-4, (검) 6-4, (검) 5-고, (검) 47-심화, (검) 51-기본,

◀ 4세기 백제의 영토 확장
경기 평야를 기반으로 건국의 기틀을 잡은 백제는 근초고왕 시기에 남부의 마한을 정복하고, 중국의 요서·산동, 일본의 규슈·아스카에 진출하여 해상왕국의 첫발을 내디뎠다.

● 백제의 담로제
담로(擔魯)는 읍성(邑城)의 뜻을 가진 백제의 지방통치 행정 기구로 중국의 군현(郡縣)과 같다. 중국의 《양서》〈백제전〉과 〈양직공도〉에 의하면 백제에는 22담로가 있었으며, 왕자나 왕족을 보내 총독으로 삼았다고 하였다. 담로제는 4세기 후반 근초고왕 시기에 본격적으로 시작되어 6세기 초반 무령왕 때에 가장 발전한 것으로 본다.

박사인 왕인과 아직기를 왜에 보내 학문을 전수했다. 그리고 왕권을 강화하고 왕실의 신성함을 내세우기 위해 박사 고흥에게 역사서 《서기》를 쓰게 했다.

이제 근초고왕●에게 남은 문제는 고구려 고국원왕이 추진하는 남진을 막고 서해안의 해상 교역로를 완벽하게 장악하는 일뿐이었다.

고구려와 백제의 해상 경쟁

고구려 고국원왕은 344년 전연의 재침략에 대비해 동황성으로 도읍을 옮기고 바다 건너 동진에 사신을 파견했다. 바다를 사이에 두고 남북 동맹을 맺어 전연을 협공하기 위한 전략이었다. 그러기 위해서는 예성강, 한강 유역과 경기도 해안의 확보가 급선무였다. 그래서 고국원왕은 오늘날 황해도 재령에 산성을 쌓고 남평양이라 했다. 고구려의 남진 정책은 해상 진출을 꾀하는 백제와 충돌했다.

369년 9월, 고국원왕은 군사 2만 명을 보내 백제의 치양(황해도 배천)을 공격했으나, 근초고왕의 태자 근구수에게 대패했다. 371년 10월, 이번에는 근초고왕이 3만 군대를 이끌고 평양성(남평양)을 공격했다. 고국원왕은 전투 중에 날아온 화살에 맞아 전사했다.

당시 백제는 고국원왕의 목을 베어 창에 꽂아 위세를 드러냈다고 전한다. 고구려로서는 국왕이 전투 중에 전사하고 이웃한 나라에 모욕까지 당하는 최악의 위기를 맞은 것이다. 근초고왕은 개선하자마자 곧바로 도읍을 한산(현재 남한산성)으로 옮겨 고구려의 남침에 대응했다. 이어서 372년 1월과 2월에 연달아 동진으로 사신을 보내 우의를 다졌다. 백제는 이때부터 서해안의 제해권을 장악하고 동진·신라·왜로 이어지는 해상 교역로를 개설하여, 해상왕국의 기틀을 세울 수 있었다.

가야와 신라, 낙동강을 놓고 충돌하다

신라는 3세기에도 여전히 서남쪽 가야 연맹, 동남쪽 왜, 서북쪽 백제에 둘러싸여 고립되어 있었다. 반면 백제는 충북 보은을 거점으로 삼아 낙동강 중상류인 선산, 김천, 대구, 경산 등을 끊임없이 공략했다.

3세기 후반 미추 이사금(262~284)이 김씨계로는 처음으로 신라의 왕위에 올랐다. 신라는 이때부터 서북쪽의 상주와 문경, 동해안의 영덕과 울진으로 진출하여 백제와 고구려의 공격로를 차단하고 안정적인 방어망을 구축했다.

기마인물형 토기
김해 덕산리 출토. 방패와 갑옷으로 무장한 인물 묘사.
주로 가야와 신라 지역에서 많이 제작되었다

신라 미추왕릉
김알지의 7대손이며 김씨계로
는 처음 왕위에 오른 미추왕의
능묘로, 죽릉이라고 부른다. 대
릉원에서 주인이 알려진 유일한
무덤이다.

백제는 4세기 말 고구려와 한강을 놓고 치열하게 다투고
있었으므로 후방의 안전을 위해 왜를 가야 연맹에 합류시
켜 신라를 공격하게 했다. 신라는 국가적 위기에 몰렸지만,
다행히 고구려 광개토태왕이 400년에 군사를 이끌고 가야
연맹군을 격파하여 신라를 구원했다.

금관가야를 맹주로 하는 전기 가야 연맹체는 4세기경
가장 번성했다. 금관가야는 가야 연맹의 교역을 주도하
며 빠르게 성장했다. 그리고 우수한 철제 무기와 갑옷
과 철제 투구로 무장한 기마군단을 운용하여 신라를
압도하는 군사력을 보유했다.

가야의 판갑옷과 투구
경북 고령 출토

지리산과 백두대간으로 둘러싸인 천연적으로
험한 지리적 이점 덕분에, 백제의 22담로 체제에
편입되면서도 백제의 직접적인 지배나 충돌은 피
하여 안정적으로 국력을 키울 수 있었다.

대가야는 지리산과 가야산의 험한 지리적 방어 체
계와 고령의 풍부한 농경지, 야로면의 철 생산을 기

아라가야 도항리 고분군과 아라가야 불꽃무늬 토기 | 아라가야 도항리 고분군은 천손 사상을 가진 가야인의 신화가 반영된 산상의 무덤군이다. 전기 가야 연맹인 금관가야의 철 생산 독점 체제에 대항하여 함안의 아라가야는 가마의 온도를 높여 쇳소리가 나는 불꽃무늬 토기를 제작해 주변국에 수출했다.

반으로 서서히 가야 연맹의 주요 세력으로 성장했다. 아라가야는 포상 8국의 반란을 주도했다가 대패하여 세력이 약해졌으나, 쇠와 같이 단단하고 불꽃무늬가 있는 고유한 문양의 우수한 토기 제품을 생산하고 주변국에 수출해 예전 세력을 회복했다.

신라가 낙동강 동쪽에 있는 가야계 세력에 대해 지배권을 장악하고자 점차 군사력을 집중하자, 가야 연맹은 4세기 말에 백제의 지원을 받은 왜를 끌어들여 신라를 공격하기 시작했다. 이제 가야와 신라는 낙동강 하구의 해상 교역권을 둘러싸고 치열한 경쟁 시대로 접어들었다.

새로운 사상 불교의 등장

●소수림왕 개혁
불교 공인, 태학 설립(유교경
전), 율령 반포
(검) 7-4, (검) 47-기본

●소수림왕의 3대 개혁
1) 불교의 공인(372)
2) 태학의 설립(372)
3) 율령의 반포(373)

●●율령이란?
율령은 형법과 행정법을 말한
다. 고구려는 소수림왕 3년인
373년(4세기), 신라는 법흥왕 7
년인 520년(6세기)에 반포되었
으며, 백제는 고이왕 때인 262년
경(3세기)에 반포된 것으로 추정
한다.

고구려의 소수림왕(371~384)●은 아버지 고국원왕이 백제와의 전투에서 전사하자, 쇠약해진 왕권과 추락한 국가의 권위를 세워 중앙집권 체제를 강화하고 부왕과 백성의 한을 풀어주기 위해 일련의 개혁 정책●을 추진했다.

이때 고구려를 압박하던 모용선비족의 전연이 370년 저족의 전진에게 멸망당하면서, 고구려에게 유리한 국제 정세가 조성되었다. 소수림왕은 서북쪽에서 여전히 세력을 유지하고 있는 모용선비족의 부흥을 막고자 신흥 강국 전진과 동맹을 맺었다.

소수림왕은 372년, 고구려가 처한 위기를 돌파하려는 정치적 목적과 국민 통합을 위한 새로운 이념으로서 불교를 도입했다. 또한 중앙 차원의 인재 양성과 국왕 친위 세력을 키우고자 국립 대학인 태학(太學)을 설립하고, 지역에 대한 통제와 지배를 효율적으로 추진하고자 율령●●을 반포했다.

삼국의 정치적 발전

나라	왕	시기	업적
고구려	미천왕	4세기 초	낙랑 완전 축출(313), 남쪽 진출의 발판
	소수림왕	4세기 후반	율령 반포, 불교 공인, 태학 설립, 부족 세력 통제
백제	근초고왕	4세기 중엽	마한 정복, 한강 차지, 해외 공략(요서, 산동, 규슈 진출)
	침류왕	4세기 말	불교 공인, 중앙집권 체제를 사상적으로 뒷받침
신라	눌지 마립간	5세기 초	나제동맹 체결(433), 6촌을 6부 행정구역으로 개편
	지증왕	6세기 초	신라 국호와 왕 호칭 사용, 수도와 지방 행정 구역 정비, 우산국 복속
	법흥왕	6세기 초	병부 설치, 율령 반포, 공복 제정, 연호(건원) 제정, 금관가야 정복

백제 침류왕(384~385)도 고구려의 반격에 대응하기 위해 384년 동진에 사신을 보내 우호관계를 다졌으며, 왕권 강화와 민심 통합을 위해 불교를 도입했다. 이때 동진의 승려 마라난타[*]가 백제에 불교를 전했다.

고구려와 백제는 불교를 종교적 측면보다 정치적 이념으로 받아들였다. 두 나라는 불교를 통해서 1)왕권 강화, 2)전통 사상에 바탕한 지역 세력과 귀족 세력의 약화, 3)사상 통일, 4)새로운 문물 도입이라는 목적을 달성했다.

불교는 삼국 시대의 사회를 크게 변화시켰다. 새로운 지식 체계와 종교관이 도입되었고, 불교 지식인이 사회적인 주도권을 장악했다. 그리고 업과 윤회라는 삶과 죽음에 관한 생각과 육식을 하지 않는 음식 문화 등이 널리퍼지고, 화장을 하는 장례법이 시행되었다.

또한 불탑과 불상이 도입되고, 한국적인 불탑과 불상이 탄생했다. 불경을 널리 퍼뜨리기 위한 인쇄 기술이 발달했고, 사찰을 중심으로 공동체가 이루어지기도 했다.

신라 법흥왕도 527년에 불교를 받아들여, 삼국은 고조선의 후예라는 혈연적인 일체감에 불교[*]라는 공통의 종교 이념도 갖게 되었다. 이런 일체감은 훗날 신라가 삼국을 통일하고 고려가 민족 통합을 이루는 데 커다란 밑바탕이 되었다.

● **마라난타**
백제에 처음으로 불교를 전한 승려. 페르시아의 파르티아 출신으로 전진에서 불교를 전파하다 동진으로 망명, 후에 전남 영광의 법성포로 건너와 백제에 불교를 전파했다.

연가 7년명 금동여래입상
고구려의 초기 불상으로 광배의 명문에 따르면 평양 낙랑 동사(東寺)에서 제작하였다.

● **삼국의 불교 공인**
왕권 강화, 귀족 세력 견제, 사회 기풍 진작, 백제(동진, 마라난타), 고구려(전진, 순도)
(검) 1-3, (검) 47-기본, (검) 50-기본, (검) 52-심화, (수한) 2015

삼국의 귀족회의체 약화는 어떤 의미일까?

삼국의 귀족회의체는 지역에 뿌리를 둔 귀족들이 왕권을 견제하는 기구였다. 고구려는 제가회의, 백제는 정사암 제도, 신라는 화백회의가 있었는데, 귀족들이 회의를 주도하고 대부분의 사안을 다수결로 결정하며 왕일지라도 이에 승복한다는 점에서 부족 지배 체제의 잔존 형태라고 할 수 있다.

고구려의 제가회의는 왕위 계승, 대외 전쟁, 국사범에 대한 판결 등을 논의했고, 백제의 정사암 제도는 재상의 선출과 여러 국가의 정책 사항을 논의했으며, 신라의 화백회의는 진골 귀족의 전원 합의체로 만장일치제를 통해 국정 전반을 운영했다.

그런데 4세기 이후부터 정복전쟁, 율령 반포, 불교 공인과 같은 왕권 강화 정책이 시행되면서 귀족회의체는 왕권을 보조하거나 권력의 일부를 분담하는 형식적인 기구로 약화되었다.

이후 왕은 귀족회의체에 참가하지 않고 국정을 총괄하는 재상이 회의를 주관했다. 고구려는 국상, 백제는 내신좌평, 신라는 상대등이 귀족회의체의 의장이 되었다. 이로써 재상과 귀족의 수장은 동급이 되고, 왕은 그 위에 군림하게 되었다.

이처럼 귀족회의체가 정책 결정에서 유명무실해진 것은 삼국이 중앙집권적 왕권국가로 한 단계 더 나아간 것을 의미한다.

4세기에 고구려와 백제가 불교를 도입하고
율령을 반포한 이유는 무엇일까?

Point 1　율령의 내용과 특성을 조사하고, 그것이 중앙 권력과 지방 권력에 미치는 영향을 살펴본다. 그리고 그 당시 불교 사상 가운데 어떤 부분이 필요했는지도 알아본다.

Point 2　4세기 이전에 고구려와 백제의 왕권은 어느 정도였을까? 지방의 귀족들은 정치·경제·사회적 지위와 권력이 어떠했을까?

Point 3　당시에 군주가 율령과 불교를 통해 얻고자 했던 사항이 무엇인지 구체적으로 따져보자. 율령과 불교의 어떤 점이 군주의 이익에 부합되었을까?

공부를 더 하고 싶다면

《백제와 근초고왕》(김기섭 지음, 학연문화사)
백제의 중흥을 이끈 군주 근초고왕은 마한을 정복하고 한강 유역을 차지했으며 해상왕국의 기초를 세웠다. 4세기의 삼국 시대를 주도한 근초고왕을 깊이 있게 읽을 수 있는 연구서.

《잃어버린 왕국 대가야》(매일신문 특별취재팀 지음, 창해)
후기 가야 연맹을 이끌었지만 결국 신라에게 멸망당한 대가야의 역사는 삼국시대 역사에서 제외되곤 한다. 이 책에서는 대가야의 수수께끼 같은 역사와 문화를 되살리고 있다.

《일본 천황은 한국인이다》(홍윤기 지음, 효형출판)
일본역사와 문화에 영향을 끼친 한국사의 영역을 뛰어넘어 일본사의 탄생부터 형성과 발전이 한국인 자체가 만든 것이라는 도발적 문제제기와 더불어 역사적 고증을 유적과 유물을 통해 시원하게 설명한다.

3장
삼국의 경쟁과 통일

삼국시대의 후반기는 400년이 기준점이다. 5세기 초 고구려의 광개토태왕은 정복 전쟁을 통해 150년 전성기의 기초를 확립했고, 그 물증은 광대한 영토와 1만여 기가 넘는 계단식 적석총과 100여 기에 이르는 고분 벽화이다. 뒤를 이어 장수왕은 평양 천도와 함께 4강 체제를 구축하고 동아시아의 정치 질서를 주도하였다. 신라는 고구려의 문화적 충격을 받으며 변방에서 국제 무대로 진출하는 계기를 맞았고, 백제는 고구려의 압박을 막기 위해 해상 경영으로 눈을 돌려 무령왕, 성왕 시기에 집중적으로 바다 건너 왜에 정치·문화·기술을 전파하여 아스카 문화를 꽃피우게 하였다.

고구려의 우위는 나제동맹으로 무너지고, 6세기 중반부터 한강을 차지한 신라가 결국 백제·고구려를 멸망시키며 삼국 통일의 주역이 되었다. 이 시기에 일어난 역사적 사건들을 살펴보면 한강 유역의 지리적 중요성을 알 수 있다.

역사를 보는 눈

광개토태왕의 역사에서 무엇을 배울 것인가

5세기에 고구려가 이룩한 우리 역사 최고의 전성기를!
150년에 걸친 고구려의 제국 질서는 주변국의 멸망이 아닌 공존이었고,
고조선-부여-고구려로 이어지는 다종족 연합 방식의 통일이었다.
역사는 경헌의 전승이고 내일을 준비하는 문서이다.
오늘날 남북 분단의 극복, 통일된 조국이 당위라면
그 해답은 5세기 고구려의 역사에서 찾아야 할 것이다.

| 7세기경의 세계 |

　당시에는 세계적으로 봉건 왕조 질서가 자리를 잡아가고 있었다. 서유럽의 프랑크 왕국, 지중해의 비잔틴 제국, 오리엔트의 아랍 제국이 새로운 강자로 등장했다. 인도는 정치적으로는 소국의 분열이 시작되었고, 종교적으로는 불교가 쇠퇴하면서 전통적인 브라만교를 개혁한 힌두교가 들어섰다.

　동아시아에선 중국이 400여 년에 걸친 5호16국과 남북조 시대의 분열을 극복하고, 수·당 통일제국을 준비하고 있었다. 유라시아 초원에서는 돌궐제국이, 티벳 고원에서는 티벳 왕조가 혜성처럼 일어나 실크로드 교역권을 놓고 중국과 치열한 경쟁에 돌입했다. 동북아 지역에서는 고구려의 우월적 지위가 여전히 유지되었지만, 한강 유역을 차지한 신라의 성장이 두드러졌고, 백제는 후방 왜와 교류하며 해상 경영에 집중했다.

　바야흐로 세계사는 지중해를 중심으로 기독교 세계의 프랑크 왕국·비잔틴 제국과 이슬람 세계 아랍 제국의 대결, 실크로드를 둘러싼 돌궐·티벳·당 나라의 다툼, 동북아 패권을 둘러싸고 당·신라 세력과 고구려·백제·왜가 각축을 벌이는 3개의 전선을 형성하며 긴박하게 흐르고 있었다.

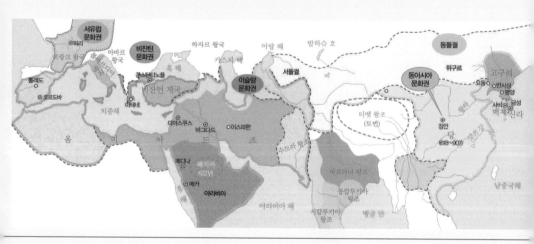

우리나라 ▼	주요 연표	▼ 세계
고구려 광개토태왕 즉위	391년	
대가야 중심 후기 가야 연맹 시작	400년	
	415년	서고트 왕국 건국
	420년	유유의 송나라 건국
고구려 장수왕 평양 천도	427년	
백제 문주왕 웅진 천도	475년	
	476년	서로마 제국 멸망
대가야, 중국 남제에 사신 파견	479년	
	486년	프랑크 왕국 건국
백제와 양나라의 해상 동맹	502년	
	527년	동로마 유스티니아누스 황제, 《로마법대전》 편찬과 소피아성당 건립
이차돈 순교와 신라의 불교 공인	528년	
백제 성왕 사비 천도	538년	
	552년	유목 제국 돌궐의 등장
	568년	롬바르드 족이 북이탈리아를 점령하고 롬바르디아 왕국을 세움
	589년	수나라의 중국 통일
	606년	북인도의 하르샤 왕국 건국
고구려와 수나라 전쟁, 살수대첩	612년	
	618년	이연, 당나라 건국
	622년	마호메트가 메디나로 이주(헤지라), 이슬람 원년
	639년	손챈감포(쏭찬감포)가 티벳 왕조 세움
고구려 연개소문의 정변	642년	
고당전쟁과 안시성전투	645년	
	645년	일본 다이카(大化) 개신 추진
	655년	당나라 측천무후 대리 청정
백제 멸망과 백제 부흥 운동	660년	
	661년	이슬람 우마이야 왕조 시작
평양성전투 패배, 고구려 멸망	668년	

광개토태왕비

무령왕릉 출토
백제 금제 관식

고구려군의
마갑과 찰갑

유스티니아누스 황제를
새긴 동전과 《로마법대전》

고구려 중심의 천하 질서

한 줄로 읽는 우리 역사

고구려는 광개토태왕의 정복 전쟁, 장수왕의 평양 천도를 통해 고구려 중심의 천하 질서를 구축했다. 백제는 바다 건너 남중국·왜와 교류하며 국제적인 문화를 꽃피웠다. 신라는 고구려에서 선진 문화를 받아들이는 계기를 맞았고, 후기의 가야 연맹은 대가야가 주도했다.

고구려 소수림왕(371~384)의 3대 개혁 정책은 개혁에 따르는 고통에 대한 백성들의 분담 노력, 지속적인 정책 추진, 과감한 조치 등으로 성공할 수 있었다. 또한 이를 통해 사회 분위기를 역동적으로 바꾸고, 국가의 위신과 국력을 회복하여 왕권을 세우는 데 성공했다.

고구려는 주변 국가와 관계 개선을 추진함과 동시에 경쟁 체제에 돌입했다. 그리고 천하를 경영하려는 원대한

광개토태왕비(배경은 광개토태왕릉 전경)
장수왕은 414년, 고구려 중심의 천하 질서를 대내외에 각인시키기 위해서 국내성이 내려다보이는 용산(龍山)에 태왕릉을 축조하고, 고구려의 영광과 광개토태왕의 공적을 기록한 광개토태왕비를 세웠다.

포부를 키워나갔다. 그 결과 부처님의 나라를 지상에 건설한다는 전륜성왕*을 표방하는 광개토태왕이 출현하여 고구려 중심의 천하관을 세울 수 있었다. 그로부터 약 150년에 걸친 전성기(400~551)를 맞이하게 되었다.

● **전륜성왕 신앙**
불교에서 전륜성왕은 악마의 군대를 퇴치하고 불국토를 이루는 제왕이다. 부처님이 열반한 뒤 이 세상에 말세가 도래했을 때, 미래불이 오기 전까지 세상을 어지럽히는 마군을 퇴치하는 왕중의 왕이라고 한다. 고구려에서는 광개토태왕, 백제에서는 성왕, 신라에서는 진흥왕, 발해에서는 문왕이 전륜성왕을 표방했다.

광개토태왕의 정복 전쟁

4세기 후반에는 북중국을 양분하던 전연과 전진이 망하고, 중국은 다시 후진, 후연, 동진으로 분열되었다. 이런 국제 정세의 교체기에 소수림왕의 아우 고국양왕(384~391)은 요동과 요서에 대한 고구려의 군사적 영향력을 확대해, 광개토태왕의 정복 전쟁이 성공할 수 있는 기초를 마련했다.*

고국양왕의 아들 광개토태왕(391~413)은 큰아버지(백부)

● **광개토태왕 시기의 정세**
신라 실성왕에서 눌지로 왕위 교체, 아신왕 동생 등 백제의 대량 인질, 전기 가야 연맹의 축소, 대가야의 후기 가야 연맹 부상, 백제와 신라는 동맹 관계 형성
(검) 7-고, (검) 5-4, (검) 3-6

광개토태왕릉
중국 집안시 태왕향에 소재한 광개토태왕의 능묘. 능 앞에 사당이 있었고, 층수는 7단이었는데 현재는 무너져 있다. 묘실은 4층에 남아 있다.

●**고구려가 독자적인 황제국가를 지향한 역사적 근거**
1) 왕의 칭호 : 태왕(太王), 성왕(聖王), 성상(聖上)
2) 왕족 칭호 : 태후(왕의 부인), 태자(왕의 아들)
3) 독자적인 연호 : 영락(광개토태왕), 연수(장수왕) 등
4) 주변국에 대한 칭호 : 백잔(백제), 동이(신라) 등

소수림왕이 이룩한 개혁 정책과 국내 정치의 안정을 기반으로 적극적인 대외 정복에 나선 군주였다.

광개토태왕은 선비족과 백제에 당한 선조들의 치욕을 씻어 무너진 고구려의 자존심을 세우고 고조선 영토를 모두 회복하여, 고구려 중심의 천하 질서를 수립하고자 했다.● 즉위한 391년 7월에 백제를 공격하여 10성을 차지했고, 9월에는 거란을 쳐서 포로로 끌려간 백성 1만 명을 되찾았다. 10월에는 다시 백제를 공격하여 20일 만에 관미성을 점령해 강화도와 한강 하류를 차지하고 서해의 제해권까지 장악했다.

395년에 서쪽으로 요동과 몽골의 경계선인 대흥안령 산맥(대싱안링 산맥)을 넘어 거란을 정복했고, 396년에는 남쪽으로 방향을 돌려 백제의 수도인 위례성을 함락시키고 항복을 받아냈다.

398년에 백두산 북쪽의 숙신을 정복하고, 400년에 백제·왜·가야 연합군이 신라의 수도 금성을 공격하자 5만 군

삼국과 가야의 경쟁

고구려	광개토태왕(391~413) : 만주 지역 정복, 신라 침입한 왜구 격퇴 장수왕(413~491) : 중국 남북조 견제, 평양 천도(427), 한강 이남 진출
백제	동성왕(479~501) : 웅진 천도(475, 문주왕), 나제동맹 강화 무령왕(501~523) : 지방 22담로에 왕족 파견, 지방 통제 강화, 중국 남조(남량)와 교류 성왕(523~554) : 사비 천도, 남부여로 국호 변경, 일본에 불교 전파, 한강 유역 일시 회복, 관산성에서 전사(554)
신라	진흥왕(540~576) : 화랑도 개편, 한강 유역 확보, 함경도 진출, 거칠부의《국사》편찬, 대가야 정복(562)
가야	고구려 광개토태왕의 공격으로 전기 가야 연맹 해체, 후기 가야 연맹 등장, 대가야가 주도 6세기 초 신라와 결혼 동맹, 6세기 중기에 백제와 군사 동맹(대가야), 대가야 멸망으로 후기 가야 연맹 해체

대를 보내 신라를 구원했다. 이때 광개토태왕이 도망가는 왜군을 일본 열도까지 추격하여 규슈(구주)와 아스카 지역을 정복했다는 이야기도 전해진다.

404년, 항복한 백제와 왜가 약속을 어기고 재침략하자 이를 격퇴하고, 407년에는 모용선비족이 다시 세운 후연을 공격하여 멸망시켰다. 410년에는 조공을 바치지 않는 동부여를 복속시켰다.

이로써 광개토태왕은 남쪽으로 백제·가야·신라·왜를 복속 시키고, 북쪽으로 부여·동부여·숙신을 정복하고, 서쪽으로 거란과 후연을 격파하여 만주 대륙의 진정한 패자가 되었다.●

광개토태왕의 정복 전쟁은 단순하게 영토를 넓히기 위한 것이 아니었다. 그는 고조선 영토와 역사를 계승하는 다물 주의를 바탕으로, 부여족이 주도하는 고구려 중심의 천하관을 지닌 군주였다. 사방을 정복하여 고조선의 정통성을 계승하고자 했고, 고조선 땅에서 건국된 백제·신라·가야·왜·거란·부여·선비족 등을 모두 고구려의 예속민으로 간주했다.

광개토태왕 동상
경기도 구리시 소재. 정복왕의 면모보다는 문치를 강조한 동상이다.

●**광개토태왕의 추진 정책**
1) 정복 전쟁 : 한강 유역 장악(백제 공격), 신라 구원, 만주 차지(동부여, 말갈, 거란, 후연 격파)
2) 평양 정비 : 평양에 9사 설립, 장수왕의 평양 천도 기반 구축
3) 연호 사용 : 우리나라 최초의 연호, 영락(永樂)

또한 고구려를 천손이 다스리는 불국토의 나라로 만들고자 평양에 9사를 짓고 요동성에 인도 아쇼카왕(아육왕)을 상징하는 육왕탑을 지었다. 그래서 사후에는 세상의 악마를 무찌르고 불국토를 이룬다는 전륜성왕을 의미하는 호태성왕●●이라 불렀다.

신라 내물왕, 국제 무대에 등장하다

신라는 삼국 가운데 가장 변방에 위치하여 정치와 문화의 발전 속도가 느렸다. 위기 속에서 활로가 나온다는 말처럼, 신라 발전의 기틀은 국가적인 난국에서 출발했다. 신라 중흥의 발판 마련은 내물 마립간(356~402)●●이 주도했다.

내물왕은 381년 고구려의 주선으로 북중국을 통일한 전진과 교류하면서 선진 문물을 흡수했다. 392년에는 고구려에 왕족인 이찬 대서지의 아들 실성을 인질로 보내 동맹을 강화했다. 내물왕 시기에 신라는 낙동강 동쪽 진한 소국들을 완전히 병합하고, 족내혼을 통해 김씨 세습에 의한 왕위 계승을 확립했다. 이때 왕호도 대군장이란 뜻인 마립간●●●으로 바꾸었다.

내물왕 후반에 신라는 국가적 위기를 맞았다. 399년, 고구려의 공격으로 위축되었던 백제가 주도하고 왜와 가야의 협력으로 결성된 반(反) 고구려 연합군이 신라 경주를 공격했다. 연합군은 일 년여에 걸쳐 낙동강 동쪽 신라성을 하나둘 함락하며 경주를 향한 포위망을 점점 좁혀갔다.

내물왕이 광개토태왕에게 군사 지원을 요청하자 고구려의 5만 군대가 신라를 구원했다. 신라는 국가 위기를 넘겼지만 그 결과 고구려의 압력과 간접 지배를 받게 되었다. 하지만 이는 당시 동아시아에서 가장 선진국이었던 고구려의 문화·정치·경제적 영향을 받아 사회가 급속도로 발전하는 계기가 되었다.●

신라군은 토내당주라는 이름으로 신라 경주에 주둔한 고구려 군사들로부터 군대의 전략, 훈련, 보급, 무기 등에 관한 군사 지식을 받아들였다.●●

또한 많은 신라인들이 고구려의 국내성과 평양, 요동성에 가서 무역을 했고, 불교라는 새로운 사상도 유입되었다. 신라는 북중국의 여러 나라, 남쪽의 남조와 외교 관계를 맺으면서 5세기 초, 동아시아 역사의 무대에 등장했다.

●**내물왕의 정치적 업적**
1) 김씨계 왕위 세습 확립, 왕권 강화
2) 고구려를 통해 전진과 수교
3) 고구려의 지원으로 백제·왜 연합군의 공격 방어
4) 고구려 문화 적극적 수용

●●**고구려의 마갑과 찰갑**
경주 황오동 쪽샘 지구 장수 무덤에서 출토된 마갑과 찰갑은 고구려의 영향력을 보여주는 대표적인 유물이다.

천마총 | 경주 대릉원 소재. 내물왕부터 지증왕 시기인 5세기의 김씨계 왕족의 무덤. 천마도와 4단 입식의 금관이 출토되었으며, 신라의 대표적인 북방계 무덤 계통인 적석목곽분이다.

후기 가야 연맹의 맹주, 대가야

● 금관가야가 가야 연맹의 우두머리가 된 이유

1) 낙동강 하구를 차지한 지리적인 이점을 갖고 있다. 이곳을 거치지 않으면 다른 가야 세력은 해상으로 나갈 수가 없다.
2) 가야 연맹 세력 가운데 가장 수준 높은 철기 문명과 우월한 군사력을 지녔다.
3) 혈통이나 가문으로 볼 때 금관가야의 주도 세력이 장손(長孫)이거나 정통성을 가진 집단이었다.

가야는 해상 교역을 기반으로 국가를 운영하는 무역국가였다. 낙동강 하류에서 상류에 이르는 지역에는 가야 소국들이 자리 잡고 있었다. 금관가야●는 낙동강 하류인 김해의 지리적인 이점을 살려 철과 토기 무역을 독점하고 3세기경 가야 연맹의 주도권을 장악했다. 이때를 전기 가야 연맹 시대라고 한다.

5세기 초에 신라는 고구려의 지원을 받아 낙동강 하구를 지배하며 김해의 금관가야에게 타격을 주었다. 부산 복천동 고분군에서 출토되는 토기 형태와 제작 기법이 가야에서 신라 양식으로 바뀌는 것은 이때의 사정을 설명해준다.

당시 금관가야의 지배 세력은 일부가 일본으로 이주하고, 일부는 합천 다라국과 고령 대가야로 피신했다. 결국 금관가야는 가야 연맹의 주도권을 상실하고 신라의 영향력 아래에 놓였다.

● 대가야의 정치

후기 가야 연맹 주도, 백제의 지원, 남조와 교류, 신라와 결혼 동맹
(수) 2007. (검) 2-4

반면 대가야●는 내륙에 위치하여 타격을 덜 받았다. 대가야는 금관가야의 일부 세력을 흡수하고, 넓은 농경지와 철 생산을 바탕으로 함안 아라가야, 합천 다라국을 눌러 후기 연맹의 주도권을 장악했다.

대가야는 낙동강 하구를 신라가 차지했기 때문에 해외로 나가기 위해서는 영산강과 섬진강에 영향력을 확대한 백제의 도움이 필요했다. 대가야는 백제와 대결하거나 연합하면서 주변의 여러 가야 소국으로 영향력을 확대해나갔다. 그러나 창녕의 비화가야 등 일부 가야 소국들은 신라 쪽으로 기울었다.

또한 대가야는 불교를 받아들여 발전의 기틀을 다시 세웠다. 479년에는 하지왕이 양자강 남쪽에 있는 남제에 사신을 보내 보국장군 본국왕이란 호칭을 받으며 국제 무대에 대가야의 이름을 남겼다. 이때가 대가야의 최고 전성기였다.

장수왕의 4강 체제와 3경 제도

5세기의 고구려 사람들은 정치적 자긍심과 경제적 풍요로움이 흘러넘쳤다. 스스로를 천하에서 가장 성스럽고 부유하며 존귀하다고 믿었고, 하늘의 자손이란 뜻인 천손(天孫)이라 칭했으며, 국왕은 왕 중의 왕이란 뜻에서 태왕(太王)이라 칭했다.

광개토태왕이 이룩한 고구려 중심의 천하 질서는 그의 아들 장수왕(413~491)에 의해 세워진 견제와 균형의 4강 체제,●곧 고구려 중심의 150년 전성기(400~551)를 이룩했다.

●**장수왕의 4강 체제**
장수왕이 추구한 4강 체제는 고구려, 북위, 남조, 유연이 서로 견제하고 협력하는 균형과 공존의 정치 질서를 말한다.

◀ **장수왕 시기의 동아시아 정세**
장수왕은 광개토태왕이 영토 확장과 부국강병을 기반으로 평양 천도를 단행하고, 견제와 균형이라는 외교 정책에 따라 주변의 북위, 유연, 남조와 4강 체제를 구축하였다.

장수왕릉(장군총)
중국 길림성 집안 소재. 고구려 장수왕의 무덤으로, 7층으로 쌓아 올린 돌무지무덤이다.

장수왕은 만주와 한반도, 일본 열도의 국가들을 고구려의 속국으로 삼고, 초원 지대의 유연, 북중국의 북위, 남중국의 동진, 유송 등과 등거리 외교를 통해 국제 외교 무대를 주도했다.

장수왕은 414년, 고구려 중심의 천하 질서를 대내외에 각인시키기 위해서 국내성●이 내려다보이는 용산(龍山)에 태왕릉을 축조하고, 고구려의 영광과 광개토태왕의 공적을 기록한 광개토태왕비●●를 세웠다.

광개토태왕비문의 내용은 크게 세 부분으로 나뉜다.

제1부는 추모(주몽)의 고구려 건국, 유리왕과 대무신왕의 계승, 그리고 광개토태왕이 국가의 치욕을 씻고 정치적 안정과 경제적 풍요를 이룬 내용이다.

제2부는 평생 동안 백제·거란·후연·부여·왜·숙신 등을 정복하고 신라를 구원한 그의 영광을 그렸으며, 제3부는 정복 지역의 백성 330가구를 선발하여 광개토태왕릉과 능비를 관리하는 수묘인으로 삼은 것을 기록했다.

장수왕은 427년 국내성에서 평양으로 수도를 옮겼다.●●●
4강 체제와 3경 제도를 구축하기 위한 포석이었다.

안학궁 동벽과 안학궁 치미 | 안학궁은 장수왕이 평양으로 천도한 뒤 건립한 궁전으로, 배후에는 대성산성이 위치한다.

당시 중국은 혼란 상황이었다. 남부에서는 420년 동진이 멸망하고 유유가 유송을 건립했고, 북방에서는 탁발선비가 세운 북위가 북중국을 석권하고 통일 전쟁을 일으켰다. 이런 정세에서 장수왕은 평양 천도❋라는 승부수를 띄운 것이다.

평양 천도는 단순하게 남진 정책❋이나 북방의 침략을 막기 위한 것이 아니었다. 평양을 4강 체제와 국제 외교의 중심지로 부각시키고 국내성과 한성을 부도(副都), 즉 제2의 수도로 삼아서 중앙정부와 지역의 균형 발전을 추구하는 3경 제도의 일환이었다. 평양은 중국 남부로 이동하는 해상 교통로의 중심이자 신라, 백제, 왜를 통제하는 거점도시였다.

장수왕은 경제적으로 번영하는 주변국과의 교역을 활성화하고 광개토태왕이 수립한 불국토의 이상을 실현하고자 했다. 그래서 1천 명의 부처가 고구려의 태왕으로 현신하여 세상을 다스린다는 천불 사상을 수립하고, 불상 1천 개를 만들어 고구려 전역의 사찰에 모셔두었다. 연가 7년명 금동여래입상은 이때 만들어진 29번째 불상이다.

● **장수왕의 평양 천도 이유**
1) 4강 체제의 운영을 위한 지리적 위치 확보
2) 신흥 세력 양성을 통한 왕권 강화
3) 새로운 불교국가 및 도시 건설
4) 북방 민족의 침략에 대비한 방어 전략
5) 백제, 신라, 가야, 왜 등 남방 경영 강화

● **장수왕의 남진 정책**
평양 천도, 백제를 압박, 북위와 동맹, 신라를 간접 지배
(검) 1-4, (검) 2-3, (검) 47-기본, (검) 49-기본, (검) 50-심화, (수) 2007, (수한) 2021

연가 7년명 금동여래입상
(국립중앙박물관)

고구려와 나제동맹의 대결

　　장수왕의 평양 천도는 간접 지배에 놓여 있던 백제와 신라에게 압박으로 받아들여졌다. 고구려의 직접 지배에 놓일 수도 있다는 불안감은 두 나라를 동맹 관계로 이끌었다. 백제 비유왕과 신라 눌지 마립간은 433년 고구려의 예속에서 벗어나고자 혼인 동맹을 바탕으로 하는 나제동맹을 맺었다.

　　장수왕은 435년 북위●와 연합하여 북연을 고립시켰다. 5호16국 가운데 마지막으로 세워진 북연은 고구려계 고운이 요서 지역에 건국한 나라였다. 그 뒤 풍발이 정변을 일으켜 왕위를 빼앗아 친고구려파와 친북위파 사이에 세력 갈등이 일어났다.

　　436년 친북위파가 북위군을 수도인 화룡성으로 불러들이자, 장수왕은 갈로맹광을 보내 먼저 화룡성을 점령하고 북연의 마지막 왕 풍홍을 고구려에 망명시켰다. 고구려는 북연을 멸한 뒤 그들의 물자, 인력은 물론 국가 경영의 경험이 많은 인재들을 받아들이고 드디어 명실상부한 동북아의 패자가 되었다.

　　439년에 북위●●가 북중국을 통일하면서 5호16국 시대를 마감하고 남북조시대(439~581)가 열렸다. 이때 백제 21대 왕인 개로왕 (455~475)은 아우 곤지를 왜에 보내 후방 지원 세력으로 확보했고, 472년 북위의 효문제에게 국서를 보내 고구려를 협공하기 위한 군사 동맹을 제안했다.

　　그러나 수렴청정을 하던 효문제의 조모 풍태후는 권력과 왕실의 안녕을 유지하고, 전쟁을 통해 권력을 잡으려는 군부 세력을 견제하기 위해 고구려와 전쟁을 벌이지 않기로

●탁발선비족과 북위(386~439)
북위(386-534)는 탁발선비족이 세운 왕조이다. 5호16국시대에 탁발선비는 대국(代國)을 세웠으나 전진(前秦)에게 망하고, 386년에 탁발규가 다시 북위를 건립하였다. 439년에 5호16국을 종식시키고 북중국을 통일하였다. 534년에 동위와 북위로 분열하였다.

●●북위와 남북조시대
중국사에서 동진(東晋 : 317-420)과 5호16국(304~439)은 5세기경에 들어와서 남북조시대로 변하였다. 북방에서는 북위가 천하를 통일하여 북조(439-581)를 이루고, 남방에서는 송, 제, 양, 진이 남조(420-589)를 세웠다. 중국사에서는 수나라가 들어서는 581년까지를 남북조시대(439-581)라고 부른다.

국론을 정하고 국서 내용을 고구려에 통보했다.

장수왕은 승려 도림을 백제에 보내 개로왕의 환심을 사
게 해서, 대규모 토목공사를 유도해 국력을 낭비하게 했다.
이렇게 3년여에 걸쳐 치밀한 침공 작전을 준비한 장수왕은
475년 3만 군사를 이끌고 백제의 왕성인 위례성을 함락하
고 개로왕을 사로잡아 아단성(아차산성)에 끌고 가 처형했다.

개로왕의 태자였던 문주●는 신라에서 1만 동맹군을 지
원받았지만, 부왕이 처형되었다는 소식을 듣고 웅진(공주)으
로 천도를 했다. 나제 동맹은 처절하게 좌절당했고 이를 회
복하는 데는 70여 년의 긴 세월이 걸렸다.

백제 개로왕을 죽이고 나제동맹을 무력화한 장수왕은 서
북쪽으로 세력을 확장했다. 479년 북중국의 패자인 북위를
견제하고 전투마와 교역로를 확보하기 위해 유연과 함께 대
흥안령 산맥 유역의 나라 지두우를 분할 점령했다.

장수왕은 이처럼 적절한 외교 정책, 강력한 응징, 주변국
에 대한 지원과 동맹 등을 통해 6세기 말까지 고구려가 동
아시아의 정치 질서를 주도하는 기틀을 마련했다.

●문주왕의 웅진 천도
문주왕이 금강 유역인 웅진으로
천도한 이유는 1) 서울(한성)의
함락, 2) 신라와 지속적인 동맹
관계 유지, 3) 고구려의 남진 방
어 정책, 4) 주변 해상 세력과의
연계가 용이한 점 등을 꼽을 수
있다.

일본이 주장하는 임나일본부란 무엇인가?

근대 제국주의 일본은 조선을 침략하기 위한 명분으로 '임나일본부설'을 주장했다. 《일본서기》에 따르면 신공여왕 시기인 3세기경에 일본의 야마토 정권이 우세한 무력으로 가야 지역을 300여 년 동안 지배했으며, 임나일본부는 바로 당시 일본이 가야에 두었던 통치기구라는 것이다.

일제가 이런 주장을 한 이유는, 고대에 조선을 지배하고 문명을 이끈 일본이 근대에 낙후된 조선을 다시 개화시키고 지배하는 것은 역사의 필연이라는 논리를 만들어 식민 지배의 정당성을 주장하기 위해서였다.

일제는 임나일본부를 증명하기 위해 가야 지역에 대한 고고학적 물증을 찾고자 했지만, 오히려 가야의 문화가 일본보다 적어도 1세기 이상 앞서고 있다는 사실을 알자 새로운 방향을 모색했다. 이때 등장한 유물이 칠지도와 광개토태왕비였다. 일본은 검날에 쓰인 명문을 근거로 보검 칠지도가 백제 근초고왕이 상국인 왜에 바친 것이라고 주장했다. 또한 광개토태왕비문 가운데 신묘년(391)에 왜가 고구려와 전쟁을 치렀다는 기록과 비문의 여러 곳에 왜가 등장하는 사실을 들어 당시 일본의 군사적인 역량이 백제를 지원할 만큼 강력했다고 주장했다.

그러나 한국 사학계는 칠지도의 검날에 있는 명문은 오히려 백제가 왜의 상국이라는 사실을 증명하며, 광개토태왕비 신묘년조도 일제가 비문을 변조했으며, 글자 일부가 마모되어 해석이 제대로 되지 않을 뿐더러, 비문의 주어도 왜가 아니라 고구려로 읽어야 한다고 보고 있다. 나아가 당시의 정치·군사적 역량과 문화 수준을 고려할 때, 오히려 우리나라 삼국이 일본을 간접적으로 지배한 것이 옳다고 주장한다.

고구려 장수왕이 427년에 국내성에서 대동강 유역의 평양으로 도읍을 옮겼다. 장수왕이 평양으로 천도한 진짜 이유는 무엇이었을까?

Point 1 유리왕의 국내성 천도, 문주왕의 웅진 천도, 성왕의 사비 천도, 묘청의 서경 천도 운동과 같은 역사 속의 천도나 천도 운동을 찾아보고, 그 이유를 각각 헤아려보자.

Point 2 장수왕 시기의 고구려 정치 상황, 권력 지형, 국제 관계와 정세, 그리고 평양이 갖는 지정학적 특성이 무엇인지 꼼꼼하게 찾아보자.

Point 3 천도의 정치·경제적 효과, 또는 사회 통합 같은 의도를 구체적으로 파악하고, 평양 천도를 통해 장수왕이 얻을 수 있는 이익이 무엇이었는지 연결해보자.

공부를 더 하고 싶다면

《생각의 지도를 넓혀라》(윤명철 지음, 마젤란)
광개토태왕이 고구려의 영토를 크게 넓힌 군주라는 사실에만 얽매인 선입견에서 벗어나, 광개토태왕이 해양사관과 대륙사관의 시각으로 고구려의 제국 질서를 구현하고자 했던 여러 가지 국가경영 전략과 비전을 엿볼 수 있다.

《고구려 역사유적 답사》(서길수 지음, 사계절)
수년 동안 만주의 고구려 유적지를 직접 발과 눈으로 훑어온 현장감이 돋보이는 답사기. 고구려 초기 도읍지인 환인과 4백여 년간 도읍지였던 집안(지안)을 중점적으로 살피고 있다.

《광개토태왕의 위대한 길》(김용만 지음, 역사의아침)
대왕을 넘어 태왕(太王)이란 자부심으로 가득하였던 고구려의 역대 군주 가운데 가장 위대한 업적과 영향력을 남긴 광개토태왕의 역사와 꿈, 고구려의 정치적 지위를 다양한 사료의 해석을 통해 이야기한다.

한강을 둘러싼 삼국의 각축

한 줄로 읽는 우리 역사

6세기 중반부터 한강의 중요성이 부각되면서 한강을 둘러싼 삼국 간의 경쟁이 치열했다. 백제 성왕은 사비(부여)로 천도하고 551년에 한강을 되찾았다. 하지만 신라의 진흥왕은 나제동맹을 파기하고 백제로부터 한강을 빼앗아 부국강병의 기틀을 세웠다.

한반도의 중부권을 관통하는 한강은 신석기시대부터 많은 사람들이 터를 잡았던 역사의 땅이다. 한강*은 중부 수륙 교통의 중심지이며 많은 인구와 넓은 농경지, 풍부한 생산물을 자랑한다. 또 중국과의 교역과 외교를 위한 길목을 차지하는 요충지이기도 하다. 한강은 4세기 말 백제 근초고왕이 확보했으며, 5세기에는 고구려 장수왕이 백제를 꺾고 이곳을 차지했다.

웅진 공산성
문주왕이 475년에 서울 위례성에서 옮긴 백제의 두 번째 도읍성.
평지의 것은 웅진성, 산에 쌓은 것은 공산성이라고 부른다.

그런데 6세기 초반에 이르러 고구려는 귀족들의 권력 투쟁, 백제와 신라의 부흥, 북중국과 초원 지역의 정세 변화 등으로 한강에 대한 장악력이 차츰 약화되었다.

그러자 백제와 신라는 혼인 동맹을 기초로 한 나제동맹을 군사 동맹으로 격상하고, 한강 유역에 대한 지배권을 탈환하기로 했다. 이제 삼국은 한강을 놓고 치열하게 다투는 경쟁 시대로 돌입한다.

● **한강의 중요성**
교통로의 장악, 인구와 물산이 풍부, 중국과 통하는 길목, 백제-고구려-신라 순서로 장악, 나제동맹, 성왕과 진흥왕의 군사동맹
(검) 2-6, (검) 5-고

무령왕*, 해상왕국 백제를 부활시키다

백제 개로왕의 태자인 문주는 475년 고구려의 침입 때 개로왕이 죽고 난 뒤 도읍을 웅진(공주)으로 옮겼다. 백제가 한성시대를 마감하고 웅진시대(475~538)로 접어든 것이다.

● **무령왕의 탄생 비화**
무령왕의 역사를 기록한 사료는 무령왕릉 지석, 《삼국사기》〈백제본기〉, 중국의 〈양직공도(梁職貢圖)〉, 일본의 팔번신사 화상동경이 있는데 역사의 기록에 따르면 무령왕의 이름은 부여사마이다. 아버지인 곤지가 왜국의 아스카에 총독으로 가던 중 구주 앞바다의 각라도에서 무령을 낳았으므로 이름을 섬이라 지었다. 이를 한자로 옮기면 훈역은 도군(島君), 음역은 사마(斯摩)이다.

공산성에서 내려다 보이는 금강과 공주 시내

하지만 웅진 지역의 귀족 세력은 쇠약해진 왕권을 농락하며 문주왕(475~477)과 그의 아들 삼근왕(477~479)을 제거하고, 국내에 세력 기반이 전혀 없는 동성왕을 옹립했다.

동성왕(479~501)●은 이름이 부여모대이며, 사씨·연씨·백씨·목씨·찬씨 등의 토착 귀족과 신흥 무장 세력의 지지를 바탕으로, 왜와 4세기에 복속된 마한의 여러 담로주를 끌어들여 전통 귀족을 견제하고 왕권을 강화해나갔다.

동성왕●은 488년과 490년에 중국 남조인 남제(南齊)의 요청을 받고 군사를 보내 북위의 기병 수십만 명을 격파했다. 백제는 북위와의 전쟁에서 압승함으로써 지난날 한강 유역을 빼앗기고 개로왕이 죽임을 당한 치욕을 깨끗하게 설욕했다. 이는 북위에 대한 백제의 보복전이자, 해상 동맹국인 남제에 대한 지원이었으며, 해외 공략의 재시동이었다.

그러나 웅진의 토착 귀족들은 마한과 왜의 신흥 세력과 손잡고 귀족 세력을 약화시키고 왕권을 강화하려는 동성왕을 사냥터에서 시해했다. 그러자 동성왕의 형 부여사마가

부여 능산리 고분군과 백제 금동 대향로 | 백제 금동 대향로는 능산리 고분군 사이 절터에서 발견되었다.

무령왕릉 입구와 내부의 유물들 | 무령왕릉은 공주 송산리 고분군의 7호분이며 금제 관식, 귀고리, 목걸이, 뒤꽂이 등이 출토되었다.

정변을 일으켜 웅진의 귀족 백가 등을 제거하고 25대 임금으로 즉위했는데, 그가 바로 무령왕(501~523)이다.

　무령왕은 고구려를 여러 차례 격파하고 지난날의 위세를 다시 찾았다. 그리고 주변 국가인 반파·탁·다라·전라·사라·지미·마련·상기문·하침라를 속국으로 만들었고, 중국의 남량·왜·가야를 아우르는 해상 동맹의 주도권을 장악했다.

　공주 송산리 무령왕릉●에서 출토된 유물들과, 부여 능산리 고분군에서 출토된 백제 금동 대향로●● 등은 해상 세력으로 국가 기반을 부흥시킨 백제의 문화와 국력을 보여준다.

●**무령왕릉**
벽돌무덤(전축분, 남조 량과 교류), 관목(금송, 일본과 교류), 매지권(공주 토착 세력)
(검) 7-초, (검) 4-3, (검) 3-5, (검) 48-기본, (검) 51-심화, (검) 52-기본, (수) 2007

●●**백제 금동 대향로**
부여 능산리 절터 출토, 신선 세계 표현, 불교의 연화생, 도교의 이상 세계, 창왕이 성왕의 명복 기원
(검) 2-6, (검) 6-고, (검) 5-4, (검) 3-2, (검) 47-심화

지증과 법흥, 중앙집권적 개혁에 성공

433년 신라 눌지 마립간은 백제 비유왕과 나제동맹을 맺고 고구려의 압력에 맞섰지만 아직 역부족이었다.

신라 중흥의 군주는 22대 지증왕(500~514)●●이다. 437년에 태어나서 63세가 된 500년에 왕위에 올랐으니, 대단한 역전의 용사라고 할 수 있다. 조카를 몰아내고 왕위를 차지했기 때문에, 훗날 조선시대의 수양대군(세조)에 빗대어 신라의 수양대군이라고 부르기도 한다.

지증왕은 502년 순장법을 폐지했고, 503년에 국호를 신라로 정했다. 또 왕호를 대군장이란 뜻인 마립간에서 왕(王)으로 바꾸었다. 이것은 신라가 국제 사회의 일원으로 편입되었다는 뜻이다. 보통 신라는 계림, 사로, 서라벌 등으로 불리다가 고구려에 의해 신라로 굳어진 측면이 있고, 왕이란 호칭은 국제 사회에서 통용되는 군주의 일반 명칭이었기 때문이다.

지증왕은 504년 친족이 죽었을 때 상복을 입는 상복제를 제정했으며, 505년에는 주, 군, 현을 정하여 지방에 대한 통제력을 키워나갔다.

또 512년에는 이사부를 시켜 우산국(지금의 울릉도)을 점령하게 하고 동해안 일대에 대한 지배력을 강화해서, 울릉도를 침략의 중간 거점으로 삼던 왜를 견제했다. 이는 사실상 낙동강 서쪽에서 세력을 유지하고 있던 금관가야를 정복하기 위한 준비 작업이었다.

지증왕은 일련의 개혁을 실시하여 신라가 국가 체제를 갖추도록 했으며●● 법흥왕●●은 이러한 지증왕의 업적을 토대

신라 진흥왕 왕계표

로 중앙집권적 국가 체제를 갖추었다.

신라는 법흥왕(514~540) 시기에 발전의 기틀을 세웠다. 법흥왕은 지증왕 이래 강화된 왕권을 바탕으로 520년 율령을 반포했고, 527년에는 이차돈◉의 순교에 힘입어 6부 귀족의 반대를 꺾고 불교를 공인함으로써 왕권을 강화했다.

병부의 설치(526)와 함께 531년에는 신라 최고 관직인 상대등을 새롭게 만들어 화백회의에 참석시켰는데, 이는 국왕이 6부의 수장보다 한 단계 높아진 것을 말해준다.

법흥왕은 532년에 이르러 낙동강 유역을 건너 금관가야를 정복했다. 이후 창녕의 비화가야를 비롯한 낙동강 유역 가야 소국들이 차례차례 신라에 귀속되었다.

이제 신라는 한반도 동남쪽의 새로운 강자로 떠올랐다. 이러한 자신감은 536년 최초로 건원(建元)이란 신라의 독자적인 연호를 사용하는 계기가 되었다.

◉ 이차돈의 설화
이차돈은 신라의 6부 귀족들이 신성시하는 천경림에 사원을 지으려 했지만 귀족들은 이에 반발했다. 이차돈은 귀족들을 설득하기 위해 순교를 자청했다. 그리고 만약 부처가 있다면 자신이 순교할 때 기적이 일어날 것이라고 말했다. 그리고 그의 말대로 잘린 목에서 흰 피가 흐르고 하늘이 컴컴해지더니 꽃비가 내리는 기적이 일어났다. 법흥왕은 이차돈의 순교에 힘입어 천경림에 흥륜사를 짓고, 6부 귀족과 차별되는 왕권을 세울 수 있었다.

고구려, 내분으로 한강●의 주도권을 잃다

●고구려 150년 전성기
서기 400년부터 551년까지는 고구려가 동아시아의 정치질서를 주도하였다. 이때를 150년 전성기라 부르는데, 우리 역사상 기록으로 확인할 수 있는 가장 오랜 평화기였고, 전성기였다. 수만기에 이르는 계단식 적석총, 100여 기 넘는 고분벽화, 동아시아 4강체제 등이 이를 증거한다. 고구려가 551년에 한강을 상실한 이후 전성기는 막을 내렸다.

고구려는 문자명왕(491~519) 시기인 494년에 부여를 완전히 흡수하고 흑수말갈과 거란, 해, 지두우, 실위 등을 속국으로 만들어 서북 변경의 방파제로 삼았다. 그리고 안장왕(519~531)은 513년경 백제 무령왕에게 잠시 빼앗긴 한강 유역을 523년경 되찾았다.

하지만 안장왕 시기에 이르러 장수왕이 재위할 때 성장한 신흥 귀족과 권력을 유지해온 토착 귀족 사이에 치열한 권력 다툼이 시작되었다. 결국 531년 귀족들의 다툼 와중에 안장왕이 시해 되었다.

곧이어 등장한 안원왕(531~545) 재위 기간에도 갈등은 계속되었다. 대부인이 아들을 낳지 못하자, 왕위 승계를 놓고 중부인 세력인 추군과 소부인 세력인 세군이 평양성에서 시가전을 벌였다. 고구려는 극심한 왕권 다툼과 귀족들의 내부 투쟁으로 주변 지역에 대한 지배력을 상실해가고 있었다.

백제 성왕●과 신라 진흥왕은 한강과 고구려 중원 지역을 차지하기 위해 혼인 동맹을 군사 동맹으로 전환하고 때를 기다렸다.

●백제 성왕
사비로 천도, 국호를 남부여로 변경, 신라와 나제동맹, 한강을 수복(551), 관산성에서 전사(554)
(검) 7-3, (검) 5-고, (검) 50-기본 (검) 50-심화

나제동맹

구분	제1차 동맹	제2차 동맹	제3차 동맹
시기	433년	493년	551년
성격	협력 동맹	혼인 동맹	군사 동맹
군주	백제 : 비유왕 신라 : 눌지왕	백제 : 동성왕 신라 : 소지왕	백제 : 성왕 신라 : 진흥왕
내용	- 고구려에 공동 대응 - 신라의 삼년산성 축조	- 동성왕과 신라 이벌찬 비지의 딸 혼인 - 495년에 나제 동맹군이 고구려와 전투	- 고구려 공격 - 백제의 한강 수복

진흥왕, 한강*을 차지하고 강국으로 우뚝 서다

백제 성왕(523~554)은 무령왕의 아들로 불국토를 이룬다는 전륜성왕에서 왕명을 따왔다. 이것은 무너진 왕권을 세우고 백제의 자긍심을 되찾고자 하는 신념과 의지의 표현이었다. 529년 10월, 성왕은 한강을 되찾고자 보병과 기병 3만을 보내 고구려를 공격했지만 패배했다.

538년, 성왕은 도읍을 웅진(공주)에서 사비(부여)로 옮겼다. 사비 천도는 국정 쇄신과 함께 공주 기반의 토착 세력을 견제하고, 고구려가 후방 깊숙이 공격해오는 것을 막기 위한 선택이었다. 또한 마한 지역의 신흥귀족을 포섭하고 가야와 왜에 대한 지배권을 강화하려는 의도도 있었다.

행정구역은 중앙을 22부로 하고, 지방은 5부제와 5방제*를 실시했다. 또한 국호를 백제에서 남부여로 바꾸었는데, 이는 고구려에 대한 예속을 부정하고 백제가 부여에서 갈라져 나온 동등한 국가라는 선포였다. 그리고 고구려와 경쟁을 위해 양자강 유역의 양나라와 친선 관계를 굳건히 하고, 일본에 승려를 파견해 불교를 전해서 아스카 문화**를 꽃피우게 했다.

한편 신라 진흥왕**(540~576)은 즉위 이듬해인 541년에 이사부를 병부령으로 삼아 군권을 장악했다. 545년에는 왕실의 존엄과 왕권의 신성성을 세우기 위해 거칠부에게 역사서 《국사》를 쓰도록 했다.

마침내 551년에 이르러 성왕이 나제동맹을 제안하자 진흥왕은 이를 수락했다. 그리고 같은 해에 나제 동맹군은 한강 유역의 고구려를 공격했다. 나제 동맹군은 고구려의 전방사

삼국이 편찬한 역사서

구분	고구려		백제	신라
시기	고구려 초기	600년(영양왕 11년)	375년(근초고왕 30년)	545년(진흥왕 6년)
역사서	《유기(留記)》	이문진의 《신집》 《유기》의 편집본	고흥의 《서기(書記)》	거칠부의 《국사(國史)》

령부(아차산성 지역)를 기습 공격하여 고구려군을 궤멸시켰다.

이로써 백제는 475년에 고구려 장수왕에게 빼앗긴 하남 위례성 땅을 75년 만에 되찾았다. 하지만 진흥왕은 백제에게 한강 유역의 땅을 넘겨줄 생각이 없었다.

이때 고구려는 북방에서 돌궐이 침입하여 남부의 군사를 서북방으로 이동시켜 방어하는 데 주력했다. 그래서 고구려는 진흥왕에게 밀사를 보내 한강 지배권을 신라에게 양보하는 밀약을 맺고 백제와 신라가 서로 충돌하도록 유도하는 외교력을 발휘했다.

한강 유역은 중부권 교통의 요지로서, 바다 건너 중국과 교류하는 길목이었다. 또한 인구가 많고 농산물이 풍부했기 때문에, 신라가 강국으로 성장하기 위한 교두보로 반드시 확보해야 하는 지역이었다.

553년, 진흥왕은 나제동맹을 파기하고 백제를 기습하여 한강 유역을 차지한 뒤 곧바로 지방 행정구역인 신주(新州)

▼ 삼년산성
충북 보은 소재. 3년 만에 쌓은 신라의 돌성. 5세기경 신라가 서북 지역으로 세력을 확장하는 전초 기지 역할을 했다.

구분	백제	고구려	신라
군주	근초고왕(371년)	장수왕(475년)	진흥왕(553년)
시기	4세기	5세기	6세기
관계	백제 : 고구려 + 신라	고구려 : 백제 + 신라	신라 : 고구려 + 백제

삼국이 한강을 차지한 순서

를 설치하고, 김유신의 조부인 김무력을 책임자인 군주(軍主)로 삼았다.

배신감에 분노를 이기지 못한 성왕은 554년에 대가야 동맹군과 함께 3만 군사를 이끌고 신라 대야성을 향해 출발했다. 하지만 도중에 관산성에서 김무력의 비장이며 삼년산성의 고간이라는 군직에 있던 도도의 매복에 걸려 살해당했다.

불꽃무늬토기
투각 불꽃무늬가 특징적인 아라가야의 특산품으로 후기 가야연맹의 토기를 대표한다.

성왕의 죽음으로 백제와 대가야 연합군 2만 9,600명이 죽었다고 한다. 치명적인 패배였다. 백제가 국세를 다시 회복하는 데는 50년의 세월이 걸렸다. 관산성전투는 신라의 등장과 백제의 쇠퇴, 가야 연맹의 멸망을 상징하는 역사적인 사건이다.

후기연맹 대가야, 신라에게 멸망당하다

후기 가야 연맹에서 함안의 아라가야(안라국)는 지속적으로 대가야●의 권위에 도전했다. 400년경 광개토태왕이 금관가야를 공격했을 때, 아라가야는 고구려를 측면 지원한 것으로 보인다. 그리고 이때 고구려의 도움으로 군사적 발전

●**대가야 문화**
천손 신화(이진아시왕), 후기 가야 연맹 주도, 농업과 제철 발달 산 위에 무덤(지산동 고분군)
(검) 5-고, (검) 3-3

을 이루고 국제 무대에도 진출했다. 그러나 가야 연맹의 주도권은 대가야가 쥐고 있었다.

《일본서기》에 따르면 아라가야의 대왕인 아로한기(아로왕)는 529년 대가야의 압박에서 벗어나고 국제 사회에서 발언권을 얻기 위해, 고당이라는 높은 건물을 짓고 백제·신라·왜의 사신들을 초청해서 몇 달 동안 여러 차례 회의를 열었다. 이때 백제가 아라가야의 약점을 간파하고, 531년 군대를 보내 걸탁성(함안 주변)에 군영을 설치했다. 534년에는 칠원에 구례산 5성을 쌓아 아라가야에 대한 지배권을 강화시켰다.

대가야의 이뇌왕은 백제가 아라가야를 앞세워 압력을 가하자, 신라와 혼인 동맹을 맺고 위기를 넘기려 했다. 신라 법흥왕은 금관가야를 공략하려는 의도를 숨기고 대가야의 제안을 받아들여 522년 왕족인 이찬 비조부(비지배)의 누이동생을 이뇌왕에게 시집보냈다. 그리고 523년 태자인 월광(도설지)이 태어났다.

하지만 법흥왕이 532년 금관가야를 멸망시키고 곧이어 창원의 탁순국마저 흡수하자, 대가야는 신라의 의도가 가야 정복에 있음을 알아채고 혼인 동맹을 파기했다. 그리고 여러 가야 소국과 함께 백제 연합에 동참했다. 신라에 우호적이던 태자 월광과 우륵은 신라로 망명했다.

백제 성왕은 541년과 544년에 대가야·아라가야·다라국·왜 등을

단양 신라 적성비
진흥왕이 고구려 영토를 정복하고 복속민과 영토 편입을 기념하여 545년~550년경에 세운 비석이다. 440자 가운데 288자가 판독되었는데, 비문에는 김무력·도설지 등 역사적 인물과 함께 영토 확장과 공훈의 표창, 적성인의 노역 체제, 형벌과 재산 분배 등이 새겨져 있다.

사비로 초청하여, 신라에 공동으로 대응하는 전략을 논의하는 사비회의를 열었다. 550년경에는 가야 연맹이 백제의 속국으로 전락한 것으로 보인다. 대가야와 아라가야는 554년 백제 성왕과 함께 연합군을 구성해 관산성에서 신라와 대격전을 치렀으나 대패했고, 끝내 국력을 회복하지 못했다.

진흥왕은 여세를 몰아 창녕에서 신라 장군들과 가야 소국의 왕들을 모아 대가야를 공략하는 전략회의를 열고 함께 힘을 합하자는 약속을 다짐하는 창녕 진흥왕 척경비●를 세웠다.

창녕의 비화가야는 555년경 신라에 병합되었다. 비문에 따르면, 비화가야는 신라의 하주(下州)로 편입되었고 왕은 비자벌 군주가 되었다. 560년경에는 함안의 아라가야도 신라에 복속되었다. 진흥왕은 아라가야에 파사산성을 축조하여 왜의 침입에 대비하고, 고령 서남쪽에 위치한 합천 다라국을 병합했다. 이제 가야 연맹은 오직 대가야●●만 남았다.

562년 1월, 진흥왕은 월광(도설지)을 앞세워 대가야를 공격해 멸망시켰다. 진흥왕은 월광을 대가야의 임시 왕으로 임명해 국가 멸망의 충격을 완화하고자 했다. 그러나 대가야의 저항 세력들은 월광의 회유를 거절하고 신라에 반기를 들었다. 9월에 신라의 화랑 사다함은 5천 명의 병력을 이끌고 대가야 반란 세력을 진압했다.

이로써 서기 42년부터 연맹을 형성하고 동아시아 해상 교역의 중심에서 활동하던 가야의 이름이 520년 만에 역사에서 사라졌다. 대가야를 멸망시킨 진흥왕은 새로 개척한 가야, 백제, 한강, 동해안 영토를 순행하며 마운령, 황초령, 북한산에 진흥왕 순수비를 세웠다.

●창녕 진흥왕 척경비
561년에 창녕 비화가야를 정복하고 기념으로 진흥왕이 건립했다. 가야 소국들의 장군들과 지방 장관들이 진흥왕의 소집령에 따라 이곳에 모여서 대가야 정복의 일을 논의했다.

●●대가야의 건국신화
금관가야의 신화는 난생 신화이고 대가야는 천손 신화이다. 〈신증 동국여지승람〉의 기록에 따르면, 가야산의 산신인 정견모주(正見母主)는 하늘의 신인 이비가지에게 감응하여 대가야의 왕인 뇌질주일(형)과 금관가야의 왕인 뇌질청예(제)를 낳았다. 뇌질주일은 이진아시왕의 다른 이름이고, 뇌질청예는 김수로왕의 다른 이름이다.

냉수리비, 봉평비, 천전리 각석을 통해 재구성한 신라사

금석문은 돌이나 금속의 표면에 글자를 새긴 유물을 말하는데, 당시의 직접적인 역사 기록이므로 매우 중요한 1차 사료이다.

신라가 남긴 금석문은 시대순으로 포항 학성리비, 영일 냉수리비, 울진 봉평비, 울주 천전리 각석, 단양 적성비, 진흥왕 순수비, 영천 청제비 등이 있다. 이 가운데에서 서로 연관이 깊은 금석문은 영일 냉수리비, 울진 봉평비, 울주 천전리 각석이다.

503년에 세워진 영일 냉수리비에는 신라의 국호가 사로(斯盧)이며, 지증왕을 지도로 갈문왕이라고 쓰고 6부의 장(왕)들과 함께 교시를 내리는 7왕의 한 사람으로 표현했다. 이는 지증왕이 503년 국호를 신라로 확정하고 왕호를 마립간에서 왕으로 변경하기 직전의 역사를 보여준다.

524년에 세워진 울진 봉평비에는 법흥왕을 모즉지매금왕이라고 쓰고, 국호가 신라이며, 지증왕의 교시에 따라 노비에 관련한 노인법(奴人法)을 집행한다고 기록했다. 이는 법흥왕이 6부의 장(왕)과 구분되기 시작했고, 지증왕의 국호 변경과 법흥왕의 율령 반포(520)가 역사적 사실인 것을 보여준다.

울주 천전리 각석은 법흥왕을 법흥태왕, 성법흥대왕이라고 기록했다. 각석이 이루어진 539년은 법흥왕이 불교를 공인(527)하고 12년이 흐른 뒤이다. 이것은 이차돈의 순교를 통해 불교를 공인하고, 왕권을 강화하여 6부의 장(왕)을 아래에 두었다는 사실을 실증하는 유물이다.

우리나라 역사에서 한강 유역을 차지한 세력이 한반도의 주도권을 잡았던 이유는 무엇일까?

Point 1 4세기경부터 한강의 중요성이 부각되기 시작한 이유는 무엇일까? 국내외의 정치적 변화, 세력 이동, 산업의 변화 등을 중심으로 살펴보자.

Point 2 한강이 갖는 지리적 특성을 생각해보자. 육로와 해상 교통로를 비롯한 산업 측면의 자원이나 인구 등의 요소도 꼼꼼하게 헤아려서 정리하자.

Point 3 한강을 장악한 세력의 정치·경제적 변화와 영향력을 조사하고, 이것이 우리 역사에서 어떤 의미를 지니는지 비교해보자.

공부를 더 하고 싶다면

《백제 금동 대향로》(서정록 지음, 학고재)
6세기 최고의 걸작 공예품으로 평가되는 백제 금동 대향로에 대해 전통 사상, 도교, 불교의 시각은 물론이고 고분 벽화나 관련 기록 등을 통해 살펴본다. 또 이웃의 중국, 중앙아시아의 여러 유물과의 비교를 통해 금동 대향로에 담긴 수수께끼를 풀어내고자 했다.

《가락국의 후예들》(김병기 지음, 역사의아침)
가야(가락)는 비록 신라에 흡수되었지만, 그 후예들이 공유하던 역사와 문화와 혈통은 신라, 고려로 이어지고 오늘날에도 여전히 가야의 후손으로 살아 숨 쉬고 있다는 사실을 보여 주는 책. 나라의 흥망 뒤편에 남은 사람들의 발자취를 살핀다.

《백제 무령왕의 세계》(소진철 지음, 주류성)
일본 천황가의 중시조(中始祖) 계체(繼體)가 해상왕국을 주도한 백제 무령왕의 동생이란 사실을 일본의 국보급 유물인 팔번신사 화상동경을 통해 논증하고, 후나야마고분, 〈양직공도〉 등을 통해 백제사의 진면목을 밝히고 있다.

고구려와 수·당의 전쟁

한 줄로 읽는 우리 역사

7세기 초부터는 고구려와 수나라, 당나라 사이에 동아시아 주도권 경쟁이 벌어졌다. 백제·왜·돌궐은 고구려와 남북 동맹을 맺고, 신라·위구르·거란 등은 수·당과 동서 동맹을 맺었다. 이른바 100년에 걸친 동아시아 국제 전쟁의 서막이 열린 것이다.

고구려의 이간책과 신라 진흥왕의 배신으로 나제동맹이 깨지고, 백제의 반격도 관산성전투에서 크게 실패하고 말았다. 한편 한강을 차지하고 가야 연맹을 멸망시킨 신라는 6세기 말부터 고구려와 백제의 공격에 시달렸다. 고구려와 백제는 원수 관계에서 신라를 응징하는 동맹 관계로 전환했다.

지난날 대륙 동맹의 주축은 고구려, 신라, 북위와 초원 지대의 유목 기마 민족, 그리고 주변 여러 민족들이었다. 그리고 이에 대항하는 해상 동맹은 백제, 왜, 가야, 중국 남조 세력이었다.

단양 온달산성
고구려 평원왕(559~590) 시기에 온달 장군은 오늘날 충주를 중심으로 하는 중원을 되찾고자 군사를 일으켰지만, 단양 온달산성에서 전사하는 바람에 물거품이 되었다.

그러나 7세기의 정세는 동맹 관계의 재편을 불러왔다. 남북을 축으로 하는 대륙 동맹에는 고구려를 중심으로 백제, 왜가 가세하고 돌궐이 참여했다. 바다를 사이에 두고 형성된 동서 동맹에는 수나라(당나라)와 신라, 거란, 고막해, 철륵이 참여했다. 특히 고구려의 측면 지원 세력이었던 거란과 고막해, 철륵이 떨어져 나간 것은 훗날 수나라와 당나라가 침략했을 때 고구려에게 치명적인 결과로 이어졌다.

임유관전투, 백년 전쟁●의 서막

고구려 평원왕(559~590) 시기에 온달 장군은 오늘날 충주를 중심으로 하는 중원을 되찾고자 군사를 일으켰지만, 단양 온달산성에서 전사하는 바람에 물거품이 되었다. 그리고 백제가 6세기 후반 위덕왕(창왕) 시기에 예전의 국세를 회복하고 이어서 무왕●이 즉위한 뒤 신라와 치열하게 국지전을 벌이자, 고구려는 남쪽 국경보다는 북중국 지역에 관심을 기울였다.

수나라는 581년 북중국을 통일하고, 589년 양자강 이남의 남진(南陳)을 멸하면서 400여 년에 이르는 분열을 끝냈다. 고구려는 수나라의 군사 동향과 전쟁 의지를 시험하고 고구려를 쉽게 넘볼 수 없다는 신호를 보냈다.

한편 돌궐에게는 고구려의 강력한 군사력을 보여서 동맹으로 끌어들이고자, 말갈의 군대 1만을 동원해 수나라 요서 지역의 임유관을 공격했다. 이른바 동아시아 백년 전쟁

● 동아시아 100년 전쟁(598~698)

598년에 고구려가 수나라의 임유관을 공격하면서 시작된 동아시아의 전쟁은 고수전쟁, 고당전쟁, 사비성전투, 평양성전투, 백강구전투, 대비천전투, 매소성전투 등으로 이어졌다. 698년에 발해가 건국되는 천문령전투를 끝으로 삼국은 남북국이 되었다. 598년부터 698년까지 벌어진 이 시기의 모든 전쟁을 통칭하여 동아시아 100년전쟁이라 하는데, 고구려, 백제, 신라, 왜, 수나라, 당나라, 돌궐, 거란, 위구르, 설연타, 티벳 등이 참여한 국제전쟁이었다.

● 익산 미륵사지

미륵 신앙 사원, 무왕의 남진 정책, 석탑의 출현(동탑, 서탑), 신라 석탑에 영향(감은사지)
(검) 1-4, (검) 2-2, (검) 3-3, (검) 49-기본,, (검) 51-심화, (수국) 2010

미륵사지 석탑
전북 익산에 있는 우리나라 최고 최대의 석탑. 무왕 때 지은 것으로 보인다.

(598~698)이 시작되었다. 수문제는 30만 이상의 군대를 보내 반격했으나 고구려에게 대패했다.

고구려와 수나라가 살수에서 맞붙다

607년, 고구려 사신이 돌궐 계민가한(599~608)의 막사에 나타났다. 고구려 사신은 고구려와 돌궐의 동맹을 재확인하고, 수나라가 고구려를 침략하면 돌궐이 중립을 지켜줄 것을 요구했다.

마침 같은 시기에 아버지 수문제를 살해하고 황제가 된 수양제가 사위인 계민가한의 막사에 순행을 나갔다. 수양제는 고구려와 돌궐이 수나라를 속이고 서로 동맹 관계를 지속하고 있음을 확인하고, 드디어 고구려 정벌을 준비했다.

수양제는 중국 남부 지역의 식량과 전쟁 물자를 운반하기 위해 608년부터 황하(황허강)와 회하(화이허강)를 잇는 대운하 사업에 착수했고, 610년에 통제거를 완공했다.

612년, 수양제는 '벌고려조(伐高麗詔)'라는 전쟁선포문을 발표하고 113만 3천 800명의 병력을 좌군 12대, 우군 12대로 나누어 고구려 침공에 나서면서 고수 전쟁●●이 시작되었다.

자칭 200만 군이라고 호언하던 수나라 군대는 요하에서 을지문덕●●이 이끄는 정예군의 반격에 막히고, 평양을 공격한 내호아의 수군은 고건무에게 패배하여 전멸했다. 우중문과 우문술이 이끄는 수나라 별동대 30만 군은 을지문덕

●**고수 전쟁**
영양왕, 수양제, 을지문덕, 살수대첩, 〈여수장우중문시〉
(검) 1-5, (검) 2-4, (검) 2-5, (검) 4-초, (검) 4-고, (검) 3-5, (검) 3-2, (검) 48-기본, (검) 49-심화, (검) 51-기본

●**수나라가 고수 전쟁을 일으킨 이유**
1) 고구려와 돌궐의 동맹에 위기감, 2) 전쟁 통한 정통성의 강화, 3) 내전, 기근 등으로 불안한 국내 민심의 무마

●●**고구려의 역사서 《신집》**
영양왕 11년(600)에 태학박사 이문진이 옛 역사책 《유기》를 요약하여 《신집(新集)》 5권을 편찬했다. 《삼국사기》에 따르면 국초에 처음으로 문자로 기록할 때 어떤 사람이 역사적 사실을 100권으로 만들어 이름을 《유기(留記)》라 했는데 이때 와서 다듬고 고쳤다. 이것이 《신집》이다.

▲ **고구려와 수나라의 전쟁** | 고수 전쟁은 동아시아 문명의 종주권을 놓고 고구려와 수나라, 주변 여러 민족이 참여한 세계 최대의 국제 전쟁이었다. 수나라는 전쟁의 패배로 결국 멸망하였다.

의 계략에 넘어가 고구려 내지로 깊숙이 진격했다가 살수에서 괴멸했는데, 이를 살수대첩이라 한다. 이때 살아 돌아간 자는 겨우 2천 700명에 불과하다고 전해진다. 수양제의 무모한 침략은 세계 전쟁사에서 가장 많은 병력이 동원되고 죽어나간 기록을 남겼다.

수양제는 이듬해인 613년, 다시 고구려 정벌군을 일으켰으나 각지에서 일어난 농민 봉기와 전쟁 물자를 담당하는 양현감의 반란으로 침략을 포기했다. 또 614년에 다시 3차 전쟁을 일으켰으나 여전히 농민 봉기와 각지의 반란으로 끝내 고구려 정벌에 실패하고 말았다. 수나라는 세 차례에 걸친 고구려 정벌 실패와 내란으로 멸망했다.

하지만 전쟁에서 승리한 고구려도 수나라 못지않게 타격을 입었다. 수십만 명에 이르는 청장년이 전장에서 목숨을

●●**을지문덕의 〈여수장우중문시〉**

神策究天文 (신책구천문)
妙算窮地理 (묘산궁지리)
戰勝功旣高 (전승공기고)
知足願云止 (지족원운지)

신묘한 책략은 천문에 통하고
기묘한 계산은 지리에 훤하네
전쟁에 이겨 공이 이미 높으니
만족을 알거든 그만둠이 어떤가

잃었고, 농토는 황무지처럼 변했으며, 창고의 재물은 바닥이 드러났다. 대부분의 고구려인들이 전쟁으로 인한 공포와 불안에 시달렸고, 전쟁을 이끈 무신 세력과 중국과의 평화를 추구하는 문신 세력의 다툼이 치열해지면서 조정은 국론 분열로 이어졌다.

대막리지 연개소문, 당나라에 강공으로 맞서다

백제는 7세기에 고구려와 동맹을 맺고 바다 건너 왜를 후방의 지원 세력으로 끌어들여 부흥의 단초를 마련했다. 무왕(600~641)은 금마저(익산) 토착 세력의 지지로 왕위에 올랐다. 무왕은 미륵 신앙●을 기반으로 자신이 불국토를 이루고 미래의 부처를 낳을 전륜성왕이라고 과시했다.

《삼국유사》는 무왕(서동)이 어린 시절 경주에 가서 신라 진평왕의 셋째딸 선화공주●를 부인으로 맞이했으며, 나중에 그녀의 발원으로 금마저에 미륵사를 창건했다고 전한다.

그 시기 신라에서는 진평왕●●(579~632)이 왕위에 올라 백제와 치열하게 다투었다. 진평왕은 스스로 진골 중에서 가장 성스러운 성골이라 칭했고, 석가모니의 아버지인 정반왕을 자처하며 자신의 후대에 삼한을 통일하고 불국토를 이룩하는 부처님이 태어나기를 기원했다.

602년, 백제 무왕은 4만 군대를 이끌고 신라의 아막산성을 공격했으나 패했다. 하지만 624년 속함성, 앵잠성, 기잠성, 봉잠성, 기현성, 용책성을 공격하여 차지했다. 이후 무왕

● 미륵보살 반가사유상
미래불 구원 사상, 사색과 정진의 모습, 미륵상생 신앙의 표현
(슈) 2010

●● 진평왕의 외교
수나라와 동맹 추진, 고구려와 백제의 침입 방어, 원광법사의 세속 5계(호국 불교)
(슈) 2006

● 선화공주는 누구였나?
미륵사 서탑 발원문에는 무왕의 왕후가 백제 귀족인 사택적덕의 딸이라고 기록되어 있다. 따라서 선화공주가 무왕의 후비였거나 일찍 세상을 떠났을 가능성도 제기된다. 또한 불경에서 선화가 미륵불의 어머니를 뜻하는 이름이므로 사택 왕후를 선화라고 불렀을 가능성도 배제할 수 없다.

고구려 고분 벽화 〈청룡도〉
강서대묘 현실 동쪽 벽, 고구려
의 전통적인 사신도의 하나이
다. 푸른빛의 색채와 살아 숨쉬
는 영기를 표현한 붉은빛은 강
렬한 기운을 느끼게 하는 걸작
이다.

은 636년까지 30여 년 동안 수차례에 걸쳐 신라 국경을 공
격했다. 이것은 백제가 성왕의 패전 이래 쇠약해졌던 국력
을 회복했다는 의미인 동시에 신라에게 또 다른 시련의 시
작을 알리는 징조였다.

한편 고구려에서는 영양왕이 죽은 뒤, 전쟁의 후유증을
치유하고 내정 정비를 위해 당나라와 화친하자고 주장하던
고건무가 영류왕(618~642)으로 즉위했다. 영류왕은 당나라
가 화친의 조건으로 내건, 고수 전쟁의 승전 기념탑인 경관
을 허무는 데 동의하고 무신들의 입지를 약화시켰다.

이때 고수 전쟁을 승리로 이끈 신흥 귀족의 대표자 연개
소문●이 당나라에 대한 강경책을 주도하는 군부 세력의 상
징으로 떠올랐다. 642년, 청년 장교를 중심으로 하는 신흥
군부 세력은 연개소문과 함께 군사 정변을 일으켜 영류왕
을 살해했다.

연개소문은 보장왕(642~668)을 내세우고 자신은 행정권
과 군사권을 지닌 최고 관직인 대막리지 자리에 올랐다. 정

● **고구려의 도교 문화**
연개소문이 당에서 수입, 기
복 행사가 만연, 사신도 벽화
유행, 초제와 별에 제사 지내
는 풍습, 산천 숭배와 신선 사
상, 강서대묘
(검) 2-3, (검) 4-3, (검) 3-3

고구려 고분 벽화 〈해신 달신도〉 | 길림성 집안현에 있는 5회묘 제5호분 고분 벽화. 고구려의 신화적 세계와 상상력이 한껏 경지에 오른 대표적인 고분 벽화이다.

변에 반기를 들었던 성주나 장군들도 당나라의 침입이 우려되는 현실 앞에서 분열보다는 협력을 선택했다. 연개소문은 당나라와 맞서고자 서쪽의 설연타를 동맹 세력으로 끌어들이고 남쪽으로 백제와 군사 동맹을 맺었다.

백제 의자왕(641~660)은 고구려의 암묵적인 동의하에 642년 7월에 직접 군사를 이끌고 신라를 공격하여 40여 성을 함락시켰다. 그리고 8월에는 윤충에게 1만 군사를 주고 신라 대야성을 공격하게 했다.

대야성 성주 김품석과 그의 아내이자 김춘추의 딸 고타소낭은 항복했지만, 윤충은 그들의 목을 베어 부여성 성문에 걸고 몸은 신라로 보냈다. 이는 지난날 진흥왕이 성왕을 죽인 치욕에 대해 보복한 것이었다.

선덕여왕과 김춘추의 대당 외교

한국사 최초의 여왕 선덕여왕(632~647)●●은 김유신과 김춘추의 지지를 바탕으로 아버지 진평왕 이래 고구려와 백제의 공세에 위축되었던 신라를 다시 일으켜 세우고 공세로 전환하는 계기를 만든 여걸이었다.

김춘추(태종무열왕, 재위 654~661)는 진지왕의 손자이자 화랑 집단의 풍월주 김용춘의 아들이며, 가야계 김유신의 여동생 문희와 혼인●●하여 군사적인 후원 세력을 확보했다. 그리고 같은 진흥왕 혈통인 선덕여왕의 후원으로 신라의 외교권을 장악했다.

642년 겨울, 김춘추는 사위 김품석과 딸 고타소낭이 대야성에서 살해되자 복수를 맹세하고, 선덕여왕과 김유신의 지원을 받아 고구려에 사신으로 떠났다.

이때 고구려는 551년에 신라에게 빼앗긴 죽령 이북의 땅을 돌려주면 원병을 보내겠다고 했다. 결국 협상에 실패한 김춘추는 외교 방향을 왜와 당나라로 돌렸다.

647년, 선덕여왕이 앓아누워 생사를 넘나들자, 귀족 회의의 수장이며 내물왕계인 비담과 염종이 반란을 일으켰다. 김춘추와 김유신은 내물왕계 진골 귀족들의 반란을 진압하고 진덕여왕(647~654)을 옹립하여 확고한 권력 기반을 다졌다.

첨성대
첨성대는 선덕여왕이 전통 세력을 보듬고 민의 지지를 얻고자 건립한 천문대이자 상징 구조물이다. 천명을 받은 왕을 대내외에 보여주는 문화재이다.

● **선덕여왕의 개혁**
첨성대 설치, 황룡사 9층 목탑 건립, 분황사 건립, 당나라와 교류(김춘추)
(검) 6-3, (검) 4-초

● **선덕여왕과 불교 부흥**
선덕여왕은 분황사를 창건하고, 삼국 통일을 기원하며 황룡사에 9층 목탑을 건립했다. 또 자장율사를 당에 보내 수준 높은 불법을 수입했다.

●● **김유신과 김춘추 혼인 동맹의 의미**
1) 가야계와 진흥왕 계열의 혈연 연합, 2) 군사적 무력을 지닌 세력과 국제적 외교력을 지닌 세력의 정치 연대, 3) 소외 세력인 가야계와 내물왕계에 포위된 진흥왕계의 연합

분황사 모전석탑 | 선덕여왕이 진흥왕의 혈통으로 여왕에 올랐다는 자긍심과 정통성을 보여주기 위해 건립한 사찰이다. 돌을 벽돌처럼 깎아 세운 모전석탑이 남아 있다.

그해 김춘추는 왜로 건너가 동맹을 제안했으나 실패했다. 하지만 이듬해 648년 고구려 원정에 실패하고 장안으로 돌아와 병석에 누운 당태종을 만나 협상에 성공했다.

신라와 당나라는 세 가지 밀약을 체결했다. 1) 백제와 고구려를 멸망시키면 대동강 이남의 땅은 신라가 차지하고, 2) 신라는 당나라 연호와 복식을 사용하며, 3) 나당 연합군의 무기와 식량 등 전쟁 물자를 신라가 지원한다는 내용이었다.

이 밀약에 따라 신라는 649년 중국의 복식을 받아들이고, 650년에는 중국 연호를 사용했다.

고당전쟁, 안시성에서 울려 퍼진 승리의 함성

　고구려에서 연개소문이 집권하고 백제에서 의자왕이 왕위에 오른 642년은 당나라가 주변 지역을 모두 평정하는 시기였다. 당고조의 둘째아들인 이세민은 626년 현무문에서 군사 반란을 일으켜 당태종이 되었다.

　당태종은 취약한 정통성을 세우고자 630년 동돌궐을 멸망시키고, 634년 장안의 서북쪽에 위치한 토욕혼을 점령했다. 639년에는 실크로드 길목에 위치한 고창국을 복속시켰다. 아울러 고구려 서쪽의 거란, 해, 실위 등의 종족을 용병으로 끌어들여 고구려를 삼면으로 포위했다.

　당태종은 연개소문의 정변을 고구려 침략의 명분으로 삼았다. 전쟁 준비를 마친 당태종은 644년 고구려 대막리지 연개소문이 임금을 패역스럽게 시해하고 신하들을 혹독하게 박해하고 있어, 이번에 계(薊 : 베이징)와 유(幽 : 차오양)의 땅을 순행하고 요(遼)와 갈석(碣石)에서 죄를 묻겠다고 했다. 이렇게 고구려와 당나라의 제1차 고당 전쟁●●이 시작되었다.

　645년 1월, 적게는 30만에서 많게는 100만으로 전해지는 당나라 정예군이 고구려를 침공했다. 당나라 군대는 빠르게 요동성, 백암성, 개모성을 한락시켰다. 이때 당나라는 평양으로 곧바로 진격하는 전술을 쓰지 않고, 요동의 고구려성을 하나씩 함락시킨다는 진지전을 채택했다. 이는 지난날 수나라가 살수에서 대패한 전철을 받지 않기 위해서였다.

　당태종이 이끄는 당나라 정예군은 국내성과 평양으로 가려면 반드시 거쳐야 하는 안시성으로 모여들었다. 하지만 안

●고당 전쟁
영류왕, 연개소문, 천리장성 축조, 승전탑인 경관 해체, 당태종, 양만춘, 안시성전투 (검) 2-5, (검) 5-4, (검) 50-기본, (검) 52-심화

●당나라가 고당 전쟁을 일으킨 이유
1) 북방 세력의 대표인 고구려와 남방 세력인 당나라의 대결
2) 고구려에 패해 멸망한 수나라를 계승한 당나라의 위신을 복원
3) 고구려의 소장 군인과 신흥 세력의 대당 강경 노선
4) 내란 뒤 당나라 내부의 혼란을 전쟁으로 해소

▶ 고구려와 당나라의 전쟁

고당 전쟁은 고수 전쟁의 연장이며 연개소문, 양만춘, 당태종이 각축을 벌인 영웅들의 전쟁이었다. 고구려는 안시성에서 승리하여 동아시아의 강자로 우뚝 설 수 있었다.

시성의 성주 양만춘●은 연개소문이 정변을 일으켰을 때 그에게 충성을 맹세하지 않고서도 성주의 직책을 보장받을 수 있을 만큼 뛰어난 전략가이자 행정가였다.

당태종은 모든 군사력을 집결하여 90여 일 동안 안시성을 공격했으나 끝내 함락시키지 못했다. 안시성이 아래로 보이도록 높이 쌓은 흙산마저 고구려군에게 빼앗기자, 당태종은 황제로서 체면 때문에 후퇴할 수도 없는 진퇴양난에 빠져들었다. 그때 마침 고구려와 동맹을 맺은 설연타가 고구려의 요청에 따라 당나라 수도인 장안을 공격하기 위해 군사를 일으켰다.

회군할 명분을 얻은 당태종은 전군을 이끌고 후퇴했다. 고구려의 추격군이 뒤따라오고, 각지에서 유격전을 펼치던 고구려군도 측면을 공격했다. 당태종은 수백 리에 이르는 요택의 늪지대를 지나가다 진흙탕에 수레가 빠져 움직이

지 않자 직접 풀을 바닥에 깔고 수레를 밀었다고 전해진다. 겨우 탈출에 성공해 지금의 북경(베이징)에 도착하자 그제야 쓰고 있던 투구와 옷을 벗고, 요동에서 죽은 장군들과 병사들을 위로하는 사당인 민충사를 세웠다.

당태종이 병석에 누워 고구려 원정의 실패로 자존심이 무너져 있을 때, 신라에서 김춘추가 건너왔다.● 이로써 신라와 당나라 사이에 군사 동맹이 체결되고, 고구려와 백제는 군사 동맹을 강화했다. 동아시아는 주변 민족이 모두 참여하는 대규모 국제전쟁에 휘말리기 시작한다.

● 〈정관음 유림관작〉
고려 말의 문신 이색이 지은 〈정관음 유림관작〉이란 시는 양만춘이 쏜 화살이 당태종의 눈을 맞혔으며, 당태종은 임종을 맞으면서 만일 위징이 살아 있었다면 고구려 원정을 말렸을 것이라며 후회했다는 내용을 전한다.

동아시아 백년 전쟁의 주요 사건

연대	사건 내용
598년	임유관전투, 고구려와 수나라의 첫 전쟁
612년	고수 전쟁, 살수대첩에서 고구려가 수나라에 대승
642년	대야성전투, 연개소문 정변, 김춘추의 고구려 방문
645년	고당전쟁, 안시성전투에서 고구려가 당나라에 대승
655년	동돌궐이 당태종의 공격으로 멸망
660년	나당 연합군이 백제 사비성 공격, 백제의 멸망
663년	백제 부흥군과 왜의 원병이 백촌강에서 나당 연합군에 대패
668년	나당 연합군의 고구려 평양성 공격, 고구려의 멸망
670년	티벳과 당나라가 청해성 대비천에서 전투, 티벳의 대승
676년	매소성에서 신라가 당나라에 대승, 삼국통일 이룸
682년	돌궐족이 부흥하여 후돌궐 건국, 발해 건국에 유리한 환경 조성
696년	거란족 이진충, 손만영의 봉기, 후돌궐과 당의 연합 공격으로 봉기 실패
698년	대조영이 천문령에서 이해고 군대를 격파, 동모산에서 발해 건국

김유신과 김춘추의 혼인 동맹은 왜 이루어졌을까?

진흥왕(540~576)의 손자 진평왕(579~632) 시기에 신라는 고구려와 백제의 압박과 공격에 시달렸다. 이런 시련기에 선덕여왕(632~647)이 즉위하고, 이에 따라 내물왕계의 이사부, 거칠부, 비담, 알천공 등이 신라의 실력자로 등장했다. 이 가운데 비담과 알천공이 자식이 없는 선덕여왕의 사후 왕위를 노렸다.

당시 진흥왕의 후손 중 유일한 남자였던 김춘추는 내물왕계 세력에 맞서 가야계 김유신과 전략적인 제휴를 한다. 이는 선덕여왕이 진흥왕 혈통의 왕위 계승을 위해 선택한 전략일 가능성이 높다.

그 전략은 한강 유역에서 군사적 실력을 갖춘 김유신 가문과 소수 왕족인 진흥왕계 김춘추 가문의 혼인 동맹이었다. 김유신의 여동생 문희는 김춘추와 혼인했고, 훗날 삼국통일을 이루는 문무대왕을 낳아 성공적인 결실을 맺었다.

이처럼 김유신과 김춘추의 혼인 동맹은 내물왕계(비담 등) 세력에 반대하는 선덕여왕의 후원이자 가야계의 군사적 기반과 진흥왕계의 혈통적 정통성의 결합이었다. 또한 당나라 같은 주변국의 군사력을 끌어들여 고구려와 백제를 견제하고, 나아가 삼국통일을 이루기 위한 군사 동맹의 성격을 지닌 역사적인 사건이었던 셈이다.

신라의 선덕여왕은 한국사 최초의 여왕이다.
남성 중심 사회에서 선덕은 어떻게 여왕이 되었을까?

Point 1　당시 부권과 가부장 제도가 엄존한 남성 중심의 봉건사회에서 여성의 사회적 지위와 역할, 여성에게 분배되는 재산이나 권력, 그리고 여성이 갖는 한계 등을 알아보자.

Point 2　그 전에 주변 국가에 여왕이 있었는지 찾아보고, 여자가 왕이 될 수 있었던 상황과 조건, 종교적 이유, 사상적 배경은 무엇이 있었는지 살펴보자.

Point 3　외국의 사례와 비교하면서 성골 신분이었던 선덕여왕이 여자로서 왕위에 오를 수 있었던 시대 상황, 조건, 업적, 권위, 상징 등이 무엇인지 살펴보자.

공부를 더 하고 싶다면

《고구려, 전쟁의 나라》(서영교 지음, 글항아리)
고구려는 수렵·기마 전통을 바탕으로 700여 년간 협력과 경쟁이라는 균형을 유지하며 동아시아 역사의 주도권을 장악했고 자신들의 역사를 만들었다. 강하면서 효율적인 강소국 고구려의 국가 경영 전략을 읽을 수 있다.

《그 위대한 전쟁》(이덕일 지음, 김영사)
6세기부터 100여 년 동안 동북아에 불어닥친 국제 전쟁의 소용돌이 속에서 역사의 주역으로 등장했던 수많은 영웅들의 이야기가 역사소설과 다큐의 경계를 넘나들며 긴장감 있게 펼쳐진다.

《고대 동아시아 세계대전》(서영교 지음, 글항아리)
서기 6세기 후반부터 7세기 후반까지 100여 년에 걸쳐 전개되었던 살수대첩, 안시성전투, 나당전쟁 등 동아시아 세계전쟁을 통해 국제정치의 질서와 세력의 재편이란 과정을 파노라마 형식으로 설명한다.

백제와 고구려의 멸망

한 줄로 읽는 우리 역사

백제와 고구려는 사비성전투와 평양성전투에서 나당 연합군에게 패하고 멸망했다. 삼국의 유민들● 가운데 많은 사람들은 당나라, 돌궐, 왜 등으로 흩어졌지만 그곳의 역사와 문화에 충격을 주고 문화 발전에 기여했다.

안시성전투의 승리는 고구려인들의 자긍심을 높였지만, 598년부터 50여 년에 걸친 전쟁으로 농토, 가옥, 성곽, 인명에 큰 피해를 입었다.

또한 패배한 적국에게 전쟁 배상금을 물리거나 변변한 전리품도 챙기지 못했으며, 전후 복구 사업을 벌일 시간적 틈도 얻지 못했다. 그 결과 전염병 창궐, 유랑민 증가, 전쟁에 대한 공포 등으로 고구려는 거의 국가 재난 상태에 이르렀다.

정림사지 5층 석탑
익산 미륵사지와 함께 백제의 가장 오래된 석탑으로 목탑의 형식이 아직 남아 있다. 백제 멸망 후 소정방이 그것을 기념하여 탑신에 백제 멸망의 내용을 새겨 평제탑이라 불렀는데, 출토된 기와에서 정림사라는 명문이 나와 정림사지 5층 석탑이라 부른다.

이에 비해 백제는 당나라와 직접적인 전쟁을 치르지 않았고, 오히려 고구려에 군수물자와 보급품을 제공하는 대가로 막대한 경제적 이익을 챙겼다. 그리고 신라의 영토를 점령해도 괜찮다는 고구려의 암묵적인 동의까지 받아냈다.

백제의 공세로 위기에 몰린 신라는 당나라에 직접적인 군사 지원을 요구했다. 이로써 나당 연합군과 백제가 벌이는 사비성전투의 막이 오르게 되었다.

● 백제, 고구려 유민의 묘지명
백제와 고구려의 멸망을 전후하여 중국에 망명했거나 끌려간 삼국의 유민들이 남긴 묘지명으로는 부여융, 흑치상지, 흑치준, 난원경, 예식진, 천남생, 천남산, 부여태후, 고질, 고자, 고현 등이 있다.

사비성전투*와 백제의 멸망

신라와 당나라 연합군은 백제와 고구려를 차례차례 꺾겠다는 각개격파 전략을 수립하고, 고구려의 후방 지원 세력이며 상대적으로 고구려보다 약한 백제를 먼저 공격하기로 했다.

당나라는 659년 설연타와 돌궐의 잔여 세력을 평정하고

● 사비성전투
의자왕, 성충, 흥수, 계백, 황산벌, 부소산성, 예식진
(검) 47-심화

부소산성 | 성왕이 부여로 천도하고 평지성은 사비성, 산성은 부소산성이라고 했다. 부소산성은 660년에 백제의 최후를 맞이한 역사 현장으로 성 내외에 낙화암, 고란사, 조룡대가 있다.

서북쪽 국경의 안정을 이루자, 곧바로 백제 공격에 나섰다. 당나라 소정방이 이끄는 13만 명의 군대는 660년 6월 18일 산동반도의 내주를 출발하여 6월 21일 충청도 덕물도(지금의 인천 덕적도)에 이르렀다. 소정방과 김춘추, 김유신은 덕물도에서 만나 백제 공격작전을 최종 점검했다.

한편 이보다 앞선 656년 3월, 백제 의자왕은 당나라의 침략을 예상하고 좌평 성충에게 방비책을 물었다. 성충이 옥중에서 상서하기를 "용병에는 지리가 중요하니 육로는 침현(충청남도 대덕군 마도령)을 넘지 못하게 막고, 수군은 기벌포

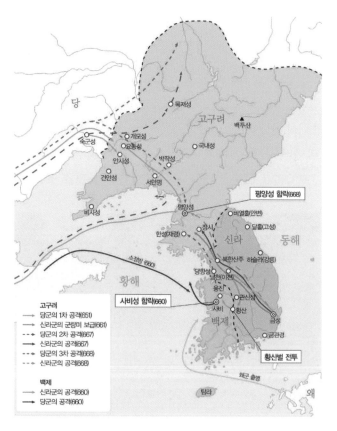

▶백제와 고구려의 멸망
백제와 고구려의 멸망은 대륙과 바다의 무대를 잃어버린 한국사의 시련이었지만, 역사의 발전을 추동한 한국사는 남북국 시대라는 새로운 질서를 만들었다.

부여의 삼충사
백제의 세 충신 성충, 흥수, 계백의 혼을 모시는 사당. 부소산성 내에 위치한다.

(충청남도 장항)에 닿지 못하게 하면 적을 막을 수 있습니다."
라고 했다.

우려가 현실로 벌어지자 다급해진 의자왕이 신하들에게 대책을 물었다. 좌평 의직은 "당나라 군대는 바다를 건너왔으니 그쪽을 먼저 쳐야 합니다."라고 했고, 달솔 상수는 "신라군이 더 약하니 그쪽을 먼저 공격해야 합니다."라고 건의했다.

의자왕이 주저하다가 고마미지현(전라남도 장흥)에 유배를 보냈던 흥수에게 묻자 흥수는 "당나라군이 백강을 넘지 못하게 막고, 신라군은 탄현을 지나지 못하게 한 다음, 임금님께서 험한 곳에 의지하여 시간을 벌면 승산이 있습니다."라고 고했다.

여러 신하들이 흥수를 시기하여 그 의견을 비방하자, 의자왕은 여전히 결정을 내리지 못했다. 그러는 사이에 소정방이 해로를 이용해 백강을 거슬러 올라 사비성으로 진격하는 중이며, 김유신이 지휘하는 5만의 신라군은 탄현을 넘었다는 소식이 전해졌다. 의자왕은 계백에게 5천 결사대를 주고 황산벌에서 신라군을 막게 했다.

영화 〈황산벌〉
백제와 나당 연합군의 황산벌 전투를 그린 2003년도 영화이다. 감독은 이준익, 주연은 박중훈, 정진영, 이문식이 맡았다.

계백과 5천 결사대는 백제 각지에서 응원군이 오는 시간을 벌기 위해 배수진을 치고 필사적으로 저항했다. 백제 결사대는 초기에 승세를 잡았지만, 화랑 관창의 죽음으로 분노한 신라군에게 패했다.

당나라군과 신라군은 백강을 지나고 황산벌을 넘어 사비성으로 진격했고, 첫 전투에서 백제군의 사상자가 1만여 명에 달했다. 이에 의자왕은 웅진으로 피신하여 장기전을 준비했다.

그런데 7월 18일 웅진성 성주 예식진이 배신하여 의자왕을 사로잡아 사비성으로 끌고 와서 항복했다. 7월 23일 사비성이 함락되어 5부 37군 200성 76만 호와 31명의 왕으로 678년 동안 이어졌던 백제의 종묘사직은 끝이 났다.●

주류성과 백촌강, 백제 부흥 운동의 최후를 말하다

백제 멸망 뒤, 의자왕과 부여효, 부여태, 부여융 등 여러 왕자, 신하 88명, 그리고 1만 2천 807명의 백성들이 당나라 장안에 포로로 잡혀갔다. 당나라는 정복한 백제 땅에 웅진 도호부를 두고 왕문도에게 통솔하게 했다. 또한 백제를 웅진, 마한, 동명, 금련, 덕안 다섯 지역으로 나누고, 5도독부를 두어 다스렸다.

당시 부여 사비성에는 1만 명의 당나라군과 김인태가 지휘하는 7천 명의 신라군이 주둔했다. 이때 주류성(충청남도 건지산성)에서 무왕의 조카이자 의자왕의 사촌동생인 서부 은솔 부여복신(귀실복신)이 봉기해 나당 연합군을 사비성에 고립시켰다.

부여복신은 곧 좌평 귀지를 왜로 보내 의자왕의 아들인 부여풍을 백제로 불러들였다. 그리고 661년 2월, 부여복신은 또 다른 부흥군을 이끌던 승려 도침과 군대를 합쳐 당군과 치열한 전투를 벌였다.

임존성(충청남도 대흥 봉수산성)에서는 흑치상지, 사타상여, 지수신이 백제 부흥 운동을 일으켰다. 당시 31세였던 흑치상지는 661년 8월 사비성을 탈출하여 임존성에서 3만 군대를 모아 부흥 운동에 나섰다. 흑치상지의 부흥 운동은 초기부터 200여 성이나 합류할 정도로 백제 전역으로 퍼져 나갔다.

백제 부흥 운동●은 주류성과 임존성을 중심으로 부여풍, 부여복신, 도침, 흑치상지●, 사타상여 등이 이끌었다. 그러다 부여복신이 부흥 운동의 주도권을 잡고자 도침을 죽였다. 그리고 마침내 662년 5월 부여풍이 일본에서 건너와 왕으로 추대되었다.

662년 12월에는 방어를 위해 오늘날 벽골제가 있는 피성으로 수도를 옮겼지만, 신라의 공세가 거세지자 2개월 만에 주류성으로 다시 돌아왔다.

이때 부여풍이 왕권을 위협하는 부여복신을 죽이는 사건이 일어났고, 왜의 천지왕이 백제 부흥 운동을 지원하기 위해 파견한 3만 군사가 663년 8월 28일 백촌강에서 나당 연합군에 궤멸했다. 결국 부여풍은 고구려로 망명했고, 곧이어 주류성이 함락되었다.

임존성에서 항거하던 흑치상지는 의자왕의 태자 부여융에게 설득당해 당나라에 투항했다. 이로써 3년여에 걸친 백제 부흥 운동은 나당 연합군의 적극적인 공세와 내부 분열로

●백제 부흥 운동
임존성(흑치상지, 사타상여, 지수신), 주류성(부여복신, 도침, 부여풍)
(검) 7-4, (검) 47-기본, (검) 51-심화

●흑치상지와 흑치국
흑치상지(黑齒常之) 묘지명에 따르면 흑치(黑齒)는 본래 백제의 왕씨인 부여씨였는데 흑치국의 땅에 제후로 봉해진 이후에 흑치(黑齒)로 성을 바꾸었다고 전한다. 흑치국의 위치에 대해서는 요서설, 남중국 광주설, 대만설, 필리핀설 등이 있는데. 이를 통해 백제가 지방에 총독격인 22담로를 두었다는 역사적 사실을 증명하는 대표적 실증사례로 본다.

끝내 물거품이 되었고, 백제는 역사의 무대 뒤로 사라졌다.

평양성전투와 고구려의 멸망[•]

백제가 나당 연합군과 치열하게 전투를 치를 때, 고구려는 백제를 지원할 수 없었다. 당나라는 백제를 공격하는 동안 고구려 군사력을 요동 지역에 묶어두기 위해, 적은 병력의 육군과 수군을 동원하여 고구려의 서북방과 평양을 끊임없이 공략했다.

고구려는 662년 당나라 방효태가 이끄는 20만 군대와 평양의 사수(蛇水)에서 대적했다. 이때 연개소문은 방효태와 그의 아들 13명, 그리고 20만 명의 당나라 군대를 전멸시켰다. 하지만 전투에서 승리했다고 앞날이 밝은 것은 아니었다. 보다 중요한 사실은 이제 당나라 군대가 평양까지 손쉽게 쳐들어올 수 있는 단계까지 이르렀다는 점이다.

663년 백제 부흥 운동의 불길이 꺼졌으며, 666년에는 연개소문이 세상을 떠났다. 그리고 연개소문의 큰아들 연남생이 대막리지 직책을 이어받은 뒤 지방에 민정을 살피러 나갔을 때, 아우 연남건과 연남산이 주변의 꾐에 빠져 연남생의 지위를 탐해 반란을 일으켰다. 그 일로 연남생은 당나라로 망명했고, 연남건이 대막리지에 올랐다. 한편 연개소문의 아우 연정토는 12성 763호 3천 543명의 백성을 이끌고 신라에 투항했다. 고구려의 멸망은 이렇게 시작되었다.

667년부터 대대적인 고구려 원정에 나선 당나라는 투항

영화 〈평양성〉
고구려와 나당 연합군의 평양성 전투를 소재로 한 2011년도 영화이다. 감독은 이준익, 주연은 정진영, 이문식, 류승룡이 맡았다.

평양성 내성의 북문인 칠성문
북한의 국보 18호. 평양성의 보통문과 함께 의주로 가는 성문 역할을 했다. 칠성문 위쪽에 을밀대가 위치한다.

한 돌궐, 거란, 해 등의 북방 기마군단을 앞세워 고구려 요동성을 공략했다. 당나라는 668년 2월 부여성을 함락하고, 6월에는 50만 병력으로 평양성을 포위했다. 고구려 주변의 동맹국은 사라졌고 후방의 백제도 망했으며, 남쪽의 신라군은 당나라군에 합세했다.

평양성에서 한 달을 버티는 동안 내부의 의견이 갈렸다. 주화론자인 보장왕과 연남산이 투항을 결정하자, 연남건이 이를 반대하며 결사 항전을 주장했다. 결국 연남건에게 군사 지휘권을 받은 신성이 몰래 성문을 열고 당나라에 항복했다. 668년 9월 21일, 내분에 의한 자멸이었다.

당시 고구려는 행정구역이 5부 176성이었고 인구는 69만 호였다. 당나라는 고구려 땅에 안동도호부를 설치하고 9도독부, 42주, 100현으로 개편했으며, 설인귀에게 2만 군사를 주어 지키게 했다. 하지만 요동 북쪽에는 적어도 11개가 넘는 성들이 당나라에 항복하지 않고 독자적인 저항 세력으로 존재하고 있었다. 이들은 훗날 발해 건국의 모체가 되었다.

호로하에서 진 고구려 부흥의 꿈

당나라는 고구려 백성들이 아직 항복하지 않은 압록강 이북의 북부여성, 신성, 안시성, 옥성 등과 합세해서 반란을 일으킬까 두려워하여, 669년 4월에 2만 8천여 호의 고구려인들을 당나라로 강제 이주시켰다. 이에 반대하여 수림성 출신의 군인이던 대형 검모잠이 궁모성을 점거하고 고구려 부흥 운동●을 일으켰다.

●고구려 부흥 운동
금마저(보덕국, 고안승), 한성 (검모잠), 국내성(고연무) (검) 7-4, (검) 49-기본

같은 해 여름, 평양에 설치된 안동도호부는 고구려 부흥군의 공격을 피해 요동의 신성으로 자리를 옮겼다. 그리고 이때쯤 검모잠은 서해 사야도에 피신해 있던 보장왕의 서자 고안승을 고구려왕으로 추대하고 한성을 근거지로 세력을 넓혀 나갔다.

고구려 부흥군은 당나라의 한반도 지배 정책에 맞선 신라와도 연합을 추진했다. 670년 3월, 고구려 유민 고연무의 1만 군과 신라 장군 설오유의 1만 군은 압록강을 넘어 요동 옥골성(오골성)에서 당나라에 매수된 이근행의 말갈군을 격파하고 당나라 군대를 후퇴시켰다.

신라가 고구려 부흥군을 지원한 것은 당시 신라가 백제에 주둔하고 있던 당나라 군대와 전투를 벌이고 있었기 때문이었다.

670년 4월, 고간이 이끄는 당나라군은 이근행의 말갈군

과 합세하여 고구려 부흥군을 공격했다. 그리고 671년 7월에 안시성, 9월에 봉황성을 차례대로 점령했다. 672년 7월, 4만 명의 당나라와 말갈 연합군은 평양에 주둔하면서 한성의 검모잠 부대를 공격했다.

673년 봄, 당나라 군대의 압력이 거세지자 신라에 투항하려던 고안승은 고구려 지역에서 항쟁하자고 주장하는 검모잠을 살해하고 금마저로 망명했다. 그해 5월에는 임진강변의 호로하전투에서 패배한 고구려 부흥군의 잔여 세력 대부분이 신라군에 편입되었다. 이로써 고구려 부흥 운동은 사실상 끝이 났다.

일본에 뿌리 내린 백제와 고구려 유민

일본 고대사는 한국사의 연장이다.● 고조선 시기에 많은 한국인들이 일본 규슈로 이주하여 토착 왜인을 정복하고, 청동기 문화와 벼농사를 전하여 제1차 문예 부흥을 일으켰다.

3세기에서 4세기 말경 백제 세력이 충청도와 전라도 지역에 있던 마한을 압박하자, 마한 세력은 배를 타고 규슈와 하내(가와치)에 진출해 토착 왜인과 함께 여러 소국을 형성했다. 그 뒤 전방후원분과 같은 대형 고분이 축조되는 등 제2차 문예 부흥이 일어났다.

당시 일본에 중앙집권적 고대국가는 출현하지 않았지만, 중국에 사신까지 보낼 정도로 유력한 야마대국(야마타이 국)이 있었다. 근초고왕이 마한의 영암 출신인 왕인을 야마대국

● 삼국 문화의 일본 전파
법륭사(호류지) 목탑, 광륭사(고류지) 목조 반가사유상, 비조사(아스카데라) 대불, 법륭사 금당 벽화(담징), 백제관음상, 구세관음상
(검) 1-5, (검) 2-5, (검) 6-고, (검) 4-초, (수한) 2017

에 보낸 것도 이곳으로 이주한 마한 세력을 흡수하려는 정치적 포석이었다. 왕인은 《논어》와 《천자문》을 갖고 일본으로 건너가 인덕왕의 스승이 되어 학문을 전파하고 한반도의 이주민을 관리했다.

5세기 초, 광개토태왕에게 타격을 받은 금관가야와 아라가야를 비롯한 가야의 세력이 대거 일본으로 이주하여, 오늘날 규슈의 후쿠오카, 가라쓰, 그리고 혼슈의 오사카 지역에 정착하여 대대적으로 제3차 문예 부흥을 촉발시켰다. 대형 고분이 축조되었고, 기마민족의 마구류가 등장했다. 문명을 상징하는 토기와 부엌이 출현했고, 철제 농기구가 나타나 농사법에 획기적인 변화를 일으켰으며, 곳곳에 가야신을 섬기는 신사가 들어섰다.

475년 장수왕의 공격을 받은 백제는 위례성(서울)을 잃고 웅진(공주)으로 수도를 옮겼다. 백제는 추락한 위신과 무너진 국력을 회복하기 위해 후방의 왜●와 긴밀한 관계를 유지했다.

이때 개로왕의 아우인 곤지가 백제의 불교와 중국 남조의 문화를 일본으로 전파하여, 아스카 지역을 중심으로 제4차 문예 부흥이 일어났다.

592년에 스이코(추고) 여왕, 쇼토쿠(성덕) 태자, 소가노 우마코(소아마자)는 불교를 공인하고 아스카 문화를 꽃피웠는데, 그 배후에 백제가 있었다. 아스카 지역의 횡혈식 석실묘(굴식 돌방무덤), 일본 최초의 불교 사찰인 아스카데라(비조사), 세계에서 가장 오래된 목탑이 있는 호류지(법륭사) 경내에 있는 백제관음상과 구세관음상은 백제의 영향력을 보여주는 대표적인 사례이다.

7세기 말, 백제 부흥 운동과 고구려 부흥 운동이 실패하

일본 아스카 문화를 대표하는 법륭사(호류지) | 백제계 장인들의 기술과 예술이 결집된 건축물이다. 세계 최고의 목조 건물인 5층탑과 담징의 그림이 그려진 금당, 불교 예술의 꽃인 백제관음상, 구세관음상이 경내에 있다.

고 수십만에 이르는 지식인 계층 유민들이 일본으로 건너갔다. 오사카 분지의 아스카, 나라, 교토는 이때부터 백제, 가야, 고구려 유민들의 새로운 정착지가 되었다. 나라에서는 이들 지식인 유민들의 합류로 제5차 문예 부흥이 일어났다.

나라 잃은 유민들이 고향에 대한 그리움을 불심으로 승화시키고 정신적 구심체로 삼은 곳은 바로 도다이지(동대사)였다. 일본 성무왕(724~749)은 한반도 삼국의 유민을 하나로 융합하기 위해 대대적인 불사에 나섰다. 이에 따라 백제의 승정 양벽, 국중마려, 백제 왕자 경복, 왕인의 후손인 승려 행기의 적극적인 지원과 고구려인 고려복신, 신라인 저명부세가 협력하여 화엄 사상을 표방하는 도다이지와 도다이지 대불이 완성되었다.

이후 삼국 유민들은 점차 토착 왜인과 융합해 일본인으로 변모했으며 고조선, 마한, 가야, 백제의 영향을 받아오던 왜의 역사는 독자적인 일본사로 전환되었다.

법륭사 5층 목탑
백제계 기술자들에 의해 건축된 7세기경 목조 건축물로 일본 나라현에 위치하며, 세계에서 가장 오래된 목탑이다.

동아시아 백년 전쟁의 발단과 결과는?

6세기 후반에 이르러 300여 년간 분열되었던 중국을 수나라가 통일했다(589). 중국에 강대한 통일제국이 들어선 것은 곧 주변국의 독자적인 정치권력이 위협을 받기 시작했다는 의미였다.

이때 북방의 초원에는 돌궐제국이 새로운 강자로 등장하여(552), 수나라와 당나라를 압박했다. 한편 한반도에서는 신라가 급성장하여 한강 유역을 장악하고(553), 드디어 고구려·백제와 팽팽한 경쟁 구도를 갖추었다.

이에 따라 고구려는 북방을 담당하고 백제는 남쪽의 신라를 견제하는 남북 동맹을 맺고, 우선 신흥국가 수나라의 의도를 알아보고자 598년 임유관을 공격했다.

이때부터 동아시아는 698년 발해가 등장하기까지 100년 동안 고수전쟁(598, 612~614), 고당전쟁(645~668), 사비성전투(660), 사수전투(662), 백촌강전투(663), 평양성전투(668), 대비천전투(670), 나당전쟁(670~676), 후돌궐 독립전쟁(682), 거란족 봉기(696), 천문령전투(698)로 이어졌다. 역사에서는 이를 '동아시아 백년 전쟁'이라고 부른다.

동아시아 백년 전쟁의 결과로 삼국시대가 끝나고 발해와 신라가 공존하는 남북국 시대가 시작되었으며, 삼국에 종속되었던 왜가 독립하여 독자적인 일본 역사의 길로 들어섰다.

당나라는 동서 교역과 불교의 진흥, 유교식 율령 체제를 통해 동아시아의 강대국으로 군림했고, 티벳 고원에 들어선 티벳 왕조는 실크로드를 놓고 당나라와 치열하게 다투었다. 이 구도는 당나라가 분열하고 발해가 쇠퇴하며 거란족이 성장한 9세기 말까지 이어졌다.

《삼국사기》의 기록이나 유학자들은 연개소문에 대해 왕을 죽인 역적으로 평가하는 반면, 신채호는 고구려의 영웅으로 보았다. 연개소문은 과연 역적인가 영웅인가?

Point 1   먼저 인물에 대한 평가가 시대에 따라 달라지는 원인을 살펴보자. 이를 바탕으로 연개소문에 대해 어떤 다양한 평가가 있는지 찾아보자.

Point 2   부정적인 평가와 긍정적인 평가의 근거와 고려된 요소들을 살펴보고, 두 입장을 객관적으로 비교해보자.

Point 3   고구려가 처한 당시의 현실에 비추어 연개소문이 추구했던 가치를 생각해보고, 그 가치에 대한 평가가 달라지도록 만든 시대적 상황에 대해 살펴보자.

공부를 더 하고 싶다면

《김춘추 외교의 승부사》(박순교 지음, 푸른역사)
고려 시대의 서희와 함께 한국사 속 외교의 달인으로 알려진 신라의 태종무열왕 김춘추의 외교 정책을 다양한 각도에서 풀어낸다. 국제 정세를 꿰뚫고 실리적인 외교를 추구한 김춘추의 나당 동맹에 대한 비판과 긍정 사이에서 중심을 잡는 데 많은 도움을 준다.

《새로 쓰는 연개소문전》(김용만 지음, 바다출판사)
고구려를 망친 원흉 또는 신비로운 구국의 영웅이라는 연개소문에 대한 두 가지 극단적인 신화를 걷어내고, 고증과 재해석을 바탕으로 인간 연개소문을 조명한 수작 평전.

《천하국가》(김한규 지음, 소나무)
동아시아의 정치 질서를 중국의 천하관과 중국통사의 맥락에서 조명하고, 이것을 세분화시켜서 초원, 요동, 서역, 티벳, 강저, 만월, 대만 등 7개의 지역별 역사공동체라는 범주로 묶어 설명한다.

4장
남북국,
신라와 발해의 흥망성쇠

676년 신라가 당나라를 한반도에서 축출하고 698년 고구려의 후예들이 발해를 건국하면서, 한국사는 이제 남국 후기 신라와 북국 발해가 공존하는 남북국 시대에 접어든다. 신라와 발해는 협력과 경쟁을 지속하면서 불국토와 해동성국을 이루며 8~10세기에 동아시아의 국제 질서를 주도했다.

남북국 시대는 활기찼던 삼국 시대의 연장이었다. 후기 신라와 발해가 쇠퇴하면서 후삼국 시대가 시작되었다. 선종과 호족이 결합하고, 농민 반란과 초적들의 습격이 끊이질 않는 시대적 혼란 속에서, 새로운 세상과 새로운 시대를 갈망하는 미륵 사상과 해방 사상의 깃발을 들고 백제와 고구려의 옛 터전에 영웅들이 나타났다. 견훤·기훤·궁예·함규·봉규·왕건·능창, 이름만 들어도 가슴이 뛰는 수많은 영웅들은 우리나라 역사상 가장 극적이고 파란만장한 대서사를 펼친다. 그 최후의 승자는 포용력과 정보력을 바탕으로 고려를 개국한 개성의 해상 세력 왕건이었다.

역사를 보는 눈

발해사를 통해 외눈박이 한국사를 벗어나라

《삼국사기》에는 발해사가 없다.《 제왕운기》에는 간단하게 언급되었다.
고조선의 꿈을 잃은 한반도 중심의 사고와 중국 중심의 사대적 역사관이
합작한 병폐이다. 그것이 한국사에서 발해를 푸대접하는 전통으로 이어졌다.
그러므로 발해사의 복원은 한반도를 포함하는 대륙사의 부활이다.
유득공이 자주적이고 주체적인 우리 역사를 위해
《발해고》를 저술한 꿈의 재현이다.

| 9세기경 전후의 세계 |

프랑크 왕국은 독일·이탈리아·프랑스로 나뉘어 서유럽 세계를 지배했고, 오리엔트의 아랍 제국은 지중해 지배권을 놓고 동로마 제국과 치열한 경쟁을 벌였다. 중앙아시아와 북인도에서는 이슬람으로 개종한 투르크족과 토착 세력이 확고한 기반을 다졌다.

동아시아에서는 중앙집권적 기반을 다진 당나라가 실크로드 교역, 세계 종교의 수용등 개방적인 포용 정책으로 세계 최강의 문명국으로 성장했다. 주변의 신라·발해·일본은 유교의 율령 체제를 받아들여 중앙집권적 국가를 이루고, 불교와 국제 교역을 통해 동아시아의 번영을 이끌었다.

동남아시아에선 미얀마·캄보디아·인도네시아·베트남에서 민족국가의 기틀이 형성되고 있었으며, 티베트는 위구르와 함께 실크로드를 장악하고 인도에서 받아들인 밀교를 티베트 불교로 발전시키며 최대의 전성기를 이룩했다. 세계의 여러 지역에서 동시에 개방적인 교류와 교역이 활성화된 번영의 시기였다.

우리나라 ▼	주요 연표	▼ 세계
	670년	티베트군, 대비천전투에서 당나라 20만 군 전멸시킴
신라의 삼국통일	676년	
보장왕의 고구려 부흥 운동 실패	681년	
	682년	돌궐족의 후돌궐 재건
발해 건국	698년	
발해의 당나라 등주 공격	732년	
	732년	프랑크왕국, 투르 - 푸아티에전투에서 아랍군 대파
	745년	후돌궐의 멸망과 위구르 제국 건국
	750년	이슬람 아바스 왕조 시작
	755년	당나라에서 안사의 난 발생
	771년	카롤루스 대제, 로마를 교황령으로 만듦
장보고, 청해진 설치	828년	
	862년	러시아에 노브고로드 공국, 키예프 공국 건국
	870년	메르센조약으로 프랑크 왕국이 독일·이탈리아·프랑스로 분할
	875년	당나라에서 황소의 난 발생
견훤, 후백제 건국	892년	
궁예, 후고구려 건국	901년	
	907년	거란, 요나라 건국
	909년	이집트에 파티마 왕조 시작
왕건, 고려 건국	918년	
고려와 후백제, 조물성전투	925년	
발해, 거란에 멸망	926년	
신라, 고려에 항복	935년	
고려, 후백제 멸망시키고 후삼국 통일	936년	
	960년	조광윤의 북송 건국

발해 돌사자 석상

청해진 본영

왕건이 창건한 개국사 석등

아바스 왕조의 이슬람 사원(대모스크)

카롤루스 대제가 새겨진 동전

거란의 글씨

신라의 통일과 발해 건국

한 줄로 읽는 우리 역사

신라는 비록 당나라군을 끌어들였으나 문무대왕이 백제, 고구려 유민과 함께 매소성과 기벌포에서 당군을 무찌르고 삼국통일의 위업을 달성했다. 고구려 유민들은 천문령에서 당나라 군대를 무찌르고 발해를 건국하여 남북국 시대를 열었다.

사비성전투(660)와 백촌강전투(663)를 끝으로 백제와 백제 부흥 운동의 역사는 막을 내렸다. 이어서 668년 평양성전투에서 고구려가 패배하고 이후 벌어진 고구려 부흥 운동이 실패하면서 고구려도 역사의 무대에서 사라졌다. 하지만 만주와 한반도에는 여전히 당나라에 맞설 수 있는 한민족 세력이 남아 있었다. 그것은 만주 지역에서 당나라의 침략에 함락되지 않은 고구려의 잔여 세력과 삼한일통(三韓一統)의 열정을 여전히 간직하고 있던 신라였다.

백제가 멸망한 지 닷새가 지난 660년 7월 28일, 삼년산성에서 당고종의

나당전쟁을 치른 호로고루 성
임진강변에 위치한 호로고루 성은 강 건너편의 칠중성과 함께 삼국의 격전지였으며,
나당 전쟁 시기에 신라가 당나라 침략군을 물리친 역사 현장이다.

칙서를 들고 온 웅진도독 왕문도와 신라 태종무열왕이 만났다. 신라 최고의 축성 기술을 자랑하는 삼년산성은 난공불락의 요충지이며 나당 연합군의 식량과 무기를 비축한 군수기지였다. 태종무열왕이 당고종의 칙서를 받는 장소를 사비성이 아닌 삼년산성으로 택한 것은 신라를 함부로 넘보지 말라는 무언의 경고를 당나라에 보내기 위해서였다. 당과 신라의 신경전이 시작된 것이다.●

● **신라사의 시대 구분**
1. 《삼국유사》 : 상고(혁거세
   ~지증왕), 중고(법흥왕~
   진덕여왕), 하고(태종무열
   왕~경순왕)
2. 《삼국사기》 : 상대(혁거세
   ~진덕여왕), 중대(태종무
   열왕~혜공왕), 하대(선덕
   왕~경순왕)
(수) 2005

신라, 통일 전쟁 최후의 승자

백촌강전투가 끝난 뒤인 664년 2월, 당나라의 웅진도독 유인원은 웅진 취리산에서 백제 왕자 부여융과 신라 각간 김인문을 대동하고 제1차 회맹을 가졌다. 당나라가 부여융을 통해 백제 지역을 간접적으로 지배하면서 신라의 백제 진출을 막으려는 포석이었다.

호로고루 성 발굴 현장

664년 10월 당나라는 결국 부여융을 웅진도독으로 삼았다. 유인원은 665년 8월에 다시 웅진도독 부여융, 계림도독 문무왕을 초청하여 제2차 취리산 회맹을 가졌다. 백제 영토에 대한 당나라와 신라의 신경전은 당나라의 판정승으로 일단 끝났다.

하지만 670년 당나라는 서북에 있는 티벳의 공격으로 고구려와 백제에 주둔한 군사를 이동시켜야 했다. 안동도호였던 설인귀가 이끄는 20만 군대는 같은 해 8월에 티벳 군대에게 대비천*에서 대패했다. 이는 신라 문무왕에게 백제와 고구려 영토를 탈환할 절호의 기회였다.

671년 6월, 신라는 백제 가림성과 사비성에서 당나라군을 격파하고, 10월에는 당나라 수군도 막아냈다. 그리고 672년 봄, 신라는 웅진도독부를 폐지하고 소부리주를 설치했다. 이로써 신라는 백제 땅을 차지하게 된 것이다.

672년 7월, 당나라는 고간에게 말갈군을 포함한 4만의 군사를 주어 평양에 주둔시켰다. 이듬해 5월 고구려 부흥군이 임진강변 호로하에서 패배하고 대부분 신라군으로 편입되었다.

674년 1월, 당나라는 문무왕을 폐위시킨다는 조서를 발표하고, 김인문을 신라왕으로 삼아 계림도독 유인궤와 함께 신라를 공격했다. 신라는 당나라와 국가의 운명을 놓고 일전을 준비했다.

675년 9월, 당나라의 이근행은 당군과 말갈의 연합군 20만을 이끌고 임진강을 건넜다. 그리고 9월 29일 매소성으로 집결하여 김유신, 김시득 등이 이끄는 신라군과 접전을 벌였다. 이 전투에서 신라군은 전투마 3만 380필을 노

● 티벳과 대비천전투(670)
동아시아 백년 전쟁의 후반부에 벌어진 전쟁으로 670년에 당나라와 티벳이 오늘날 중국 청해성 대비천에서 결전하였다. 이 전투에서 티벳의 4만 군은 설인귀가 이끈 당나라의 20만 군을 무너뜨리고 실크로드를 지배하였고, 신라는 675년부터 676년까지 당나라와 벌인 매소성 전투 등 3국 통일전쟁에서 승리하는 계기가 되었다.

▶ **신라의 통일 전쟁**
신라는 외세인 당나라를 끌어
들여 백제와 고구려를 멸하였지
만, 이들 유민과 다시 합세하여
당나라 침략군을 몰아내고 비
록 불완전하지만 삼국통일을 이
루었다.

획하는 대승을 거두어 당나라군의 기세를 초전에 꺾었다.

같은 해 11월에 설인귀가 수군을 이끌고 기벌포에 상륙
했지만, 신라 장군 김문훈의 기습에 걸려 1천 400여 명이
사살되고 병선 40척과 전마 1천 필을 빼앗기며 패퇴했다.

이후 당나라군과 신라군은 676년 11월까지 22회에 걸
쳐 전투를 치렀고, 신라가 모두 승리했다. 677년 2월, 당나
라는 주둔군을 모두 요동으로 철수하고 안동도호부를 신성
으로 옮겼다. 드디어 신라는 당나라를 한반도에서 몰아내
고 대동강과 원산만의 이남을 차지했다. 이렇게 신라의 통
일 전쟁●은 승리로 끝났다.

● **문무왕의 통일 전쟁**
신라의 자주성, 사천왕사, 자
장율사, 매소성전투, 기벌포
전투, 감은사지, 대왕암
(검) 2-5, (검) 6-초, (검) 4-4,
(검) 5-초, (수한) 2017, (수한)
2018

거란족 이진충, 영주에서 반란을 일으키다

백제와 고구려의 부흥 운동이 실패한 지 어느덧 10여 년이 흘렀다. 당나라는 675~676년 사이에 벌어진 매소성전투와 기벌포전투에서 신라에게 패하자, 동요하는 고구려 유민들을 무마하기 위해 고구려 보장왕을 요동주 도독 겸 조선왕으로 봉하여 안동도호부에 머물게 했다.

681년 고구려 유민●들은 보장왕을 중심으로 말갈족과 손잡고 다시 부흥 운동을 일으키려 했다. 하지만 사전에 발각되어 보장왕은 사천성 공주에 유배되고, 유민들은 더 이상 고구려를 부흥시킬 수 없다는 실망감으로 자포자기 상태가 되었다.

그런데 당나라 변방에서 뜻하지 않은 사건이 터졌다. 당태종에게 멸망당했던 동돌궐, 서돌궐의 후예들이 682년에 후돌궐을 다시 세운 것이다. 그러자 나라 잃은 고구려, 백제, 거란, 말갈 등 여러 나라의 백성들에게 큰 희망이 솟아올랐다.

696년 5월 송막도독이었던 이굴가의 손자 이진충●●이 오늘날 만리장성 부근의 영주에서 반란을 일으켜 무상가한을 칭하고, 7월에는 영주를 점령했다. 당나라는 장군 장현우, 마인절을 보내 협석곡전투를 치렀으나 거란에게 패했다.

같은 해 10월, 후돌궐이 영주 반란에 개입하여 거란의 배후를 공격했다. 후돌궐은 정치·군사·경제적 요충지인 영주를 차지하기 위해 당나라와 손을 잡은 것이다.

후돌궐의 기습 공격으로 이진충은 포로가 되어 처형당했지만, 살아남은 손만영이 다시 반란을 이끌었다. 697년 1월, 요동의 신성에 있던 안동도호 배현규, 요양의 요동주 도독 고구수 등 당나라군이 거란의 배후를 공격했고, 같은 해 3

● 고문간(高文簡)과 후돌궐

고문간은 고구려 유민들 가운데 몽골 지역의 돌궐로 망명한 집단의 우두머리이다. 그는 후돌궐 2대 묵철가한(默啜可汗 : 691~716)의 사위가 되었으며, 동부지역의 땅을 지배하면서 고려왕막리지(高麗王莫離支)라 불리워졌다. 8세기 초에 돌궐 내부의 반란에 휘말린 고문간은 715년경에 당나라로 망명하여 좌위대장군 요서군왕(左衛大將軍遼西郡王)이 되었다. 훗날에 이곳에서 고구려 후예인 치청진 절도사 이정기 세력이 출현하여 제나라를 세우고 발해와 연대하면서 중국 동부 지역을 55년간(765-819) 지배하였다.

● 이진충과 손만영

거란족의 지도자인 이진충과 손만영은 평양성전투에 참여한 공훈으로 당나라의 왕성인 이(李)씨와 왕비 성씨인 장손(長孫)씨의 손을 사성받았다. 진충(盡忠)은 충성을 다하라는 의미이고 만영(萬榮)은 만대에 걸쳐 부귀영화를 누리라는 의미이다. 696년에 반란을 일으키자 측천무후는 두 사람에 대해 끝까지 멸종시킨다는 이진멸(盡滅), 수만 번이고 죽이겠다는 손만참(萬斬)으로 바꾸어 불렀다.

월에 당나라 장군 왕효걸이 17만 군대를 이끌고 거란을 공격했으며, 4월에는 후돌궐이 거란의 측면인 신성을 공격하여 3일 만에 함락했다.

그리고 697년 6월, 당나라 장군 무의종이 20만 군대를 이끌고 돌궐과 해족 군대와 연합하여 총공세를 가했다. 이때 거란군의 수령 손만영이 죽고, 장군 이해고가 당나라에 투항했다.

거란족의 영주 반란은 1년 만에 주력군이 무너지면서 재기 불가능한 지경에 이르렀다. 남은 병사들이 곳곳에서 저항했지만 3개월도 지나지 않은 9월에 거란족의 영주 반란은 모두 진압되었다.

대조영, 천문령전투에서 이기고 발해*를 건국하다**

당나라는 평양에 설치한 안동도호부가 고구려 부흥 세력과 신라의 공격으로 위협받자, 676년 요동고성(지금의 요양)으로 옮겼다가 이듬해 신성으로 옮겼다. 또한 681년에 일어난 보장왕의 반란은 당나라가 압록강 이남을 포기하는 대신 요동 지역을 강화하도록 만들었다.

이런 상황에서 일어난 거란족 봉기는 고구려 유민들이 나라를 되찾을 수 있는 결정적인 기회였다. 고구려 유민들을 지도하던 계루부의 걸걸중상(대중상)과 말갈족을 이끌던 걸사비우는 거란족의 반란에 동참하지 않고 독자적인 나라를 세우기로 했다.

● 발해의 대표 유물
사자상(상경 용천부), 이불병좌상, 발해 석등(상경 용천부), 함화 4년명 불비상
(검) 2-2, (검) 2-6, (검) 5-3, (검) 3-6, (검) 48-기본, (검) 49-기본, (검) 51-심화, (수한) 2018

●● 발해의 건국
대조영, 천문령, 걸사비우, 걸걸중상, 이해고, 동모산, 장문휴, 등주전투
(검) 47-심화, (검) 50-기본, (검) 50-심화, (검) 52-심화, (수한) 2021

당나라는 걸사비우에게 허국공, 대중상에게 진국공이란 직위를 내려 회유했지만 두 지도자는 옛 동부여 지역에서 새 나라를 세우는 전략을 택했다.

얼마 뒤 요동의 당나라군이 거란족을 공격하기 위해 요서로 이동하자, 697년 6월경 두 지도자는 영주의 백성을 이끌고 요동으로 향했다. 하지만 당나라 추격군을 피해 이동하던 중, 걸사비우는 8월에 이해고 군대와 싸우다가 전사했고 노년의 걸걸중상은 병사했다.

뒤쪽에서는 당나라 이해고가 이끄는 10만 대군이 추격해 오고 있는데, 유민들의 이동은 더디기만 했다. 새 지도부를 구성한 대조영●은 지리에 익숙하지 않은 당나라군과 운명을 건 일전을 준비했다. 전투 장소는 오늘날 개원과 철령의 상아산으로 추정되는 천문령이었다.

대조영은 걸걸중상(대중상)의 아들로 644년 무렵에 출생하여 668년 영주로 이주했다. 걸걸중상이 계루부 장군으로 평양성전투에 참가했다가 포로가 되어 영주로 옮겨질 때 함께 따라간 것으로 보인다.

●대조영의 출신
대조영은 중국의 《구당서》에 고구려의 옛 장수라고 하였으며, 《신당서》에는 속말말갈의 출신이라고 하였다. 중국은 《신당서》의 기록에 근거하여 대조영을 말갈족으로 보고 한국사에서 발해사를 제외하였다. 하지만 속말말갈은 고구려의 변방에 살고 있는 일반 백성을 낮추어 부르는 호칭이라는 주장이 설득력이 있다. 따라서 대조영은 고구려의 변방에 살던 고구려인으로 본다.

발해 동모산 | 대조영이 발해를 세우고 도읍한 산성이다. 평지에 우뚝 솟아 있는 동모산의 정상에 오르면 오루하(대석하)가 해자를 만들고 드넓은 평원이 한눈에 들어오는 전략적 요충지이다.

동아시아 백년 전쟁의 마지막을 장식하는 천문령전투는 697년 12월부터 이듬해 1월까지 치러졌다. 요동에는 겨울 추위가 매섭게 몰아쳤고, 천문령으로 이어지는 산자락은 폭설로 뒤덮여 있었다. 대조영은 기후와 지리적 이점을 이용하고 매복과 유격전을 적절히 구사해 이해고의 10만 군대를 이곳에서 전멸시켰다.

중국 역사서는 천문령에 큰 눈이 내려 당나라군이 열에 아홉은 죽었다고 기록하고 있는데, 이는 치욕스런 참패를 숨기려는 역사 왜곡일 뿐이다.

천문령전투에서 승리한 대조영(698~719)은 698년 2월경 동모산(지금의 길림성 돈화시)을 도읍으로 삼고, 나라 이름은 고려(高麗, 고구려), 진국(震國) 또는 발해국(渤海國)이라 불렀다. 연호는 천통(天統)이라 했고, 대조영은 사후에 시호를 고왕(高王)이라 했다. 연호를 사용한것은 발해가 황제국이며 자주 독립국●임을 나타낸 것이다.

대조영은 발해●●●를 건국한 뒤 이웃 후돌궐과 동맹을 맺고 신라에 사신을 보내 5품 대아찬 벼슬을 받았다. 이는 북방의 당나라를 견제하고 남방의 안녕을 보장받기 위해서였다. 이어서 대조영은 영주에 남은 거란과도 관계를 맺고, 705년에 사절을 보내 당나라를 압박했다. 당나라는 713년에 발해국을 인정했다.

이처럼 대조영이 발해를 초기에 안정시킬 수 있었던 것은, 주변의 말갈·돌궐·거란을 동맹으로 끌어들이고 적국인 신라에도 유화책을 사용했기 때문이다. 한마디로, 탁월한 외교력을 발휘해 당나라를 견제하는 데 성공했다.

●발해의 자주 독립
연호 사용(대흥 등), 황상 용어(정효공주 묘), 황후 용어(효의황후, 순목 황후 묘지석), 왕부 설치(함화 4년명 불비상)
(겸) 1-3, (겸) 7-고, (겸) 4-고

●발해가 한국사인 이유
1) 고구려 옛 땅에 건국(인구, 토지의 기반을 계승)
2) 고구려 유민이 주축
3) 고구려 계승 의식(일본에 보낸 국서에 고구려 계승 표방)
4) 문화전통의 계승(온돌, 된장, 돌무덤, 기와 등)
5) 고려 왕건에 귀부할 때의 동족 의식

●●발해의 고구려 계승 의식
고구려 후예 대조영이 발해 건국, 일본에 보낸 국서의 고려 국왕 호칭, 굴식 돌방무덤, 효의황후 묘 금제관식(새 날개 모양), 온돌 사용, 발해 유민의 고려 귀부
(겸) 1-4, (겸) 1-6, (겸) 7-고, (겸) 4-3, (겸) 3-4, (겸) 3-3, (겸) 48-심화

발해는 한국사인가?

698년에 발해가 건국되면서 한국사는 남쪽에 신라, 북쪽에 발해가 공존하는 남북국 시대로 접어든다. 하지만 대부분의 역사서에서 7세기 말부터 9세기 초까지의 이 시기를 통일신라 시대로 정의하고, 발해는 일부만 언급되는 정도이다.

고려는 건국 초기에 고구려를 계승한 나라임을 표방했다. 하지만 중기에 김부식을 중심으로 하는 신라계 개경파가 묘청을 우두머리로 하는 고구려계 서경파를 누르고 권력을 장악한 뒤로, 고려는 신라를 계승한 나라로 변경되었다. 이때부터 고구려 옛 땅에서 일어난 발해가 한국사에서 제외된 것이다.

하지만 발해 주민의 구성은 고구려가 멸망할 때 당나라에 투항하지 않은 압록강 이북의 11성과 영주로 끌려간 고구려 유민이 주축이 되고, 지난날 고구려민이었던 송화강 유역에 거주하던 말갈족과 반란에 실패한 거란족 등이 합세했다. 발해인은 고구려의 후손이었기에 온돌을 사용하고 된장을 먹었으며, 신라와 같은 언어를 사용했다. 또한 발해의 관청 중대성에서 일본에 보낸 외교 문서 〈중대성첩〉에는 발해왕이 스스로를 고려 국왕으로 칭했다. 또 758년 일본이 발해에 보낸 사신을 고려사(高麗使)라고 했는데, 이는 일본도 발해를 고구려의 계승 국가로 인식했다는 간접적인 증거다.

연해주의 크라스키노 발해 성터는 치(雉 : 성벽에 기어오르는 적을 쏘기 위해 성벽 군데군데 쌓은 돌출부)가 있는 대표적인 고구려 양식 성곽이다. 그 일대 주거지에서 온돌이 나왔고, 토기도 고구려 계통이다. 게다가 발해 문화에서 가장 특징적인 손끝무늬기와도 고구려 국내성의 여러 왕릉에서 보편적으로 사용한 것을 계승한 것이다. 이처럼 발해는 주민 구성과 문화, 역사의 계승 의식 모두를 고구려에서 전승했다.

신라와 발해를 남북국 시대로 묶을 수 있을까?

Point 1 한국사에서 신라와 발해가 공존하던 시기에 대한 다양한 규정을 알아보고, 남북국 시대라고 말할 수 있는 조건들은 무엇인지 정리해보자.

Point 2 남북국 시대라고 규정하는 근거, 즉 발해가 고구려를 계승했다는 주장이 타당한지 역사적 근거를 통해서 생각해보자.

Point 3 남북국으로 자리매김하려면 두 나라의 국가적 위상이 서로 비교가될 수 있어야 한다. 이에 기초하여 발해를 북국으로 규정할 수 있는자격이 되는지 생각해보자.

공부를 더 하고 싶다면

《삼국통일 전쟁사》(노태돈 지음, 서울대학교출판부)
7세기 대야성전투에서 문무왕의 나당전쟁에 이르는, 신라가 추진한 긴박했던 한반도 통일의 역사를 다루었다. 전문성을 갖춘 역사책이지만 복잡했던 한 시대를 이해하는 데 훌륭한 길잡이가 되어줄 것이다. 중학생 이상의 학생들이 읽어볼 것을 권한다.

《문무왕과 대왕암》(권기경 지음, 한솔수북)
KBS〈역사 스페셜〉팀 작가들이 고대에서 현대까지 한국사에서 중요한 사건과 인물을 가려 뽑아 만든 어린이 역사책의 하나이다. 역사 이야기에 동화 기법을 섞고, 여러 역사 인물을 등장시켜 당나라와의 통일 전쟁을 이끈 문무대왕을 그려냈다.

《발해의 대외관계사》(한규철 지음, 신서원)
발해가 고구려 유민과 말갈족의 연합국가라는 기존의 통설을 무너뜨리고, 여러 사료와 유적유물을 통해 말갈족도 고구려의 역사활동 범위에 속한 지방민으로 보는 관점에서 발해가 고구려의 후예국가임을 논증한다.

불국토 신라와 해동성국 발해

한 줄로 읽는 우리 역사

신라는 삼국을 통일하고 망국의 유민을 포용하고자 의상의 화엄종을 국가 이념으로 삼았다. 발해는 주변 종족을 아우르고 고구려의 터전을 불국토로 만들었다. 또한 남북국은 유교의 율령 체제와 지방 행정 체계를 정비하여 중앙집권적 전제 왕정을 세웠다.

발해(698~926)와 하대의 신라(676~935)는 존속 기간이 거의 같으며, 두 나라 모두 고조선의 후예들이 세웠다. 또한 서로를 남국과 북국이라고 호칭한 것을 보아도, 두 나라가 공존하던 7세기 후반에서 10세기 초반까지는 남북국 시대*라고 불러야 한다.

남국 신라는 수십 년에 걸친 고구려와 백제의 공격이라는 국난을 극복하고 삼한을 통일했다. 그래서 동아시아에서 가장 안정적이고 풍요로운 국가를 이루고 불국토를 만들었다는 자부심으로 가득했다.

북국 발해도 고구려를 재건하고 부여족을 통합했으며, 요동 땅에 다시 불국토를 세웠다는 자긍심이 흘러넘쳤다.

감은사 절터의 3층 석탑
삼국통일을 이룬 문무대왕을 위한 사찰이 감은사라면 쌍탑은 그의 부모인 김춘추와 문희를 상징한다. 2탑 1금당의 전형적인 신라 가람 배치를 보여준다.

신문왕, 중앙집권적 전제왕권을 세우다

문무왕(661~681)은 당나라를 몰아내고 불완전하지만 삼국을 통일했으며, 신라 발전의 기틀을 세웠다. 문무왕은 당나라가 주도하는 국제 질서와 율령 체제를 빠르게 받아들였다.

664년에 국가의 의례를 당나라의 음악에 맞추었고, 674년에는 당나라의 역법을 기본으로 신라의 새로운 역법을 제정했다. 675년에는 중앙 관리들과 지방 군현에 청동으로 만든 관인(官印)을 사용하도록 했다.

또한 고구려·백제·가야 유민을 신라 중심으로 통합하기 위해 의상대사(625~702)의 화엄종을 받아들였고, 삼국통일이 마무리된 676년에는 부석사를 창건했다.

원효(617~686)●는 모든 것은 마음이 만들어낸다는 일체유심조(一切唯心造)의 원리를 깨닫고, 민중 속으로 들어가 오랜 전쟁으로 지친 민심을 달래는 데 커다란 기여를 했다. 그리고 이는 신라 말에 선종이 유행하는 밑거름이 되었다.●●

문무왕에 뒤이은 신문왕(681~692)은 귀족 김흠돌의 모반을 진압하고 귀족 세력을 숙청하여 중앙집권적 전제 왕권을 수립했다. 지방 행정구역을 9주 5소경으로 조직했으며, 귀족들의 경제 기반인 녹읍을 폐지하고 관료전을 지급했다.●●

또한 왕권 강화를 위해 유학 사상을 학습하는 국학을 설립하고, 혈통이나 신분보다 학문과 능력을 중시했다. 원효의 아들인 설총과 가야계 출신으로 외교 문서 작성을 전담한 강수가 대표적이다. 이에 따라 6두품 출신의 유학자들이 중앙 정계에 많이 진출하여 진골 귀족을 견제했다.

● **남북국시대라는 명칭이 타당한 이유**
1) 비슷한 존속 연대 : 후기 신라(676~935), 발해(698~926)
2) 두 나라 모두 고조선의 후예 : 고조선과 부여의 후예들이 세운 나라
3) 상대에 대한 호칭 : 남국과 북국
4) 토지와 인구의 규모가 비슷

● **원효의 사상**
6두품 기반, 화쟁 사상, 일체유심조, 민중 불교, 교학보다 염송 중시(나무아미타불 관세음보살), 불교 대중화 추구, 해동보살이라 불림
(검) 1-5, (검) 2-2, (검) 5-3, (검) 47-심화, (검) 50-기본, (수) 2005, (수한) 2018

●● **신라의 불교 사상**
원광(세속 5계), 자장(계율 중시, 왕권 강화), 원효(일체유심조, 화쟁 사상), 의상(화엄종, 일즉다, 통일 사상)
(검) 2-1, (검) 6-3, (검) 4-고, (검) 47-기본, (검) 51-심화, (수) 1999, (수) 2004

●● **후기 신라의 경제 정책**
1) 녹읍 폐지로 귀족의 경제력 약화
2) 관료전 지급으로 친위 세력의 구축과 왕권 강화
3) 민정문서를 작성하여 세금과 백성 직접 관리
4) 경주에 동시, 서시, 남시 등 3시를 설치하여 국가 차원에서 물산 유통 관리

녹읍 폐지, 9주 5소경 정비, 9서당 완비, 설총과 강수 중용, 관료전 지급, 집사부 기능 강화, 시중 역할 증대, 화백회의 기능 축소, 상대등 지위 약화, 국학 설립, 중앙집권적 전제 왕정 수립
(검) 2-1, (검) 7-4, (검) 6-고, (검) 4-4, (검) 4-3, (검) 4-고, (검) 5-3, (검) 3-4, (검) 3-2, (검) 48-심화, (검) 50-심화

신문왕●은 전제 왕권을 세우기 위해 조부 태종 무열왕과 부왕인 문무왕의 권위도 이용했다. 신문왕은 동해의 용이 된 문무왕을 추모하기 위해 682년 감은사를 완성했다.

이때 해룡이 된 문무왕과 천신이 된 김유신이 합심하여 용에게 대나무를 전하게 했는데, 신문왕은 이 대나무를 베어 만파식적이라는 피리를 만들었다. 그 피리를 불면 나라의 근심과 걱정이 사라졌다고 한다. 이 설화에는 삼국통일의 위엄과 선왕의 권위를 빌려 왕권을 강화하려는 신문왕의 의도가 깃들어 있다.

●발해의 연호
발해는 황제국가를 지향한 독립 자주국으로 독자적인 연호를 사용했는데 현재 확인된 것은 고왕의 천통(698~719), 무왕의 인안(719~737), 문왕의 대흥(737~793), 성왕의 중흥(793~795), 강왕의 정력(795~809), 정왕의 영덕(809~812), 희왕의 주작(812~817), 간왕의 태시(817~818), 선왕의 건흥(818~830), 대이진의 함화(830~857) 등 10개가 있다.

무왕, 당나라를 물리치고 건국의 기초를 다지다

고왕 대조영에 뒤이어 즉위한 무왕(719~737)은 영토 확장을 이룩하여 8세기에 발해를 동아시아의 강국으로 만들었다. 무왕은 대조영의 큰아들로 영주에서 태어난 것으로 추정되며 이름은 대무예이다. 719년에 즉위하여 연호●를 인

안(仁安)이라 했다.

이때 당나라는 티베트와 실크로드를 놓고 치열하게 다투고 있었기 때문에, 발해를 인정하고 교류했다. 무왕은 726년, 자신의 아들 계루군왕 대도리행을 당나라에 파견했다.

무왕은 지난날 고구려에 예속되었던 주변 민족을 무력과 외교, 회유와 설득으로 다시 발해의 깃발 아래 복속시켜, 5~6세기의 고구려 전성기에 버금가는 국가 위상을 세웠다. 721년에는 동해안으로 진출하여 신라의 북쪽 국경을 압박하고, 신라가 하슬라(아슬라)에 성곽을 쌓자 727년에 신라 후방을 견제하기 위해 일본에 사신을 보냈다. 이때 보낸 국

◀ 남북국의 형세
발해의 건국으로 한국사는 남국과 북국이 공존하는 남북국 시대가 되었다. 남북국은 모두 불국토의 꿈을 현실 세계에 세우고자 노력했던 중세의 문화국가였다.

서에는 "발해가 고구려의 옛 땅을 회복하고 부여의 풍속을 계승했다."●라고 적었다.

730년을 전후하여 서북 변경을 안정시킨 당나라가 신라와 함께 발해를 압박하자, 무왕은 동생 대문예로 하여금 요서 지역을 공격하게 했다. 하지만 화친파인 대문예는 당나라로 투항했다.

732년 9월, 무왕은 장문휴에게 발해의 수군을 이끌고 산동성 등주를 공격하게 하여 등주 자사 위준을 살해했고, 육군은 영주 마도산을 공격했다.

당나라는 좌장군 개복순을 보내 실위, 흑수말갈의 군대와 연합하여 발해를 공격했으나, 발해군을 이기지 못하고 전투는 교착 상태에 빠졌다. 한편 남쪽에서는 신라가 당나라의 청병을 받아들여 김유신의 손자 김원중이 군사를 이끌고 북상했으나, 추위와 폭설로 회군했다.

당과 신라 연합의 공격을 이겨낸 발해는 이때부터 국제무대에서 당나라와 신라, 일본과의 관계를 적절하게 활용하며, 고구려처럼 견제와 균형이라는 동아시아 4강 체제를 구축하는 데 성공했다.

● 발해의 국호
발해는 역사적으로 진국, 발해, 고려국이라는 국호를 사용하였다. 대조영이 처음으로 세운 발해의 나라 이름은 진국(振國, 震國)이며, 고구려를 계승하였다는 의미에서 왜국에 보낸 국서에는 고려국이라 하였다. 《속일본기》라는 역사서에 보면 발해는 일본에 보낸 국서에 자신들의 나라 이름을 고려국이라 하였다.

● 후기신라의 유학사상
설총, 강수, 국학, 독서삼품과, 이두의 체계화
(검) 52-기본

●● 경주의 대표 유물
분황사 모전탑, 봉덕사 신종(에밀레종), 첨성대, 천마총, 괘릉, 불국사, 석굴암, 안압지
(검) 2-4, (검) 2-6, (검) 4-초

성덕왕이 이룩한 불국토

신문왕●의 맏아들 효소왕(692~702)은 아버지가 이룩한 전제 왕권을 기반으로 안정적인 정치를 할 수 있었다. 693년에 처음으로 의학박사를 두었고, 695년에는 경주●●에 서시

전(西市典)과 남시전(南市典)이라는 관아를 설치했으며, 699
년에는 국가 재정을 담당하는 창부를 두었다. 이는 신라가
삼국통일을 이룬 뒤 사회 불안이 해소되고 국가 경제가 비
약적으로 발전했음을 의미한다.

효소왕의 동생으로 왕위에 오른 성덕왕(702~737)은 신라
를 불국토로 만들며 중흥으로 이끈 군주였다. 훗날 경덕왕
과 혜공왕 시기에 선왕인 성덕왕을 위해 제작한 봉덕사 성
덕대왕 신종(에밀레종)●은 신라가 불국(佛國)이며 모든 땅에
부처님의 법음이 울려퍼지고 있다는 것을 드러내고 있다.

711년, 성덕왕은 강화된 왕권을 바탕으로 관리들의 지침
서인 '백관잠(百官箴)'을 지어 배포했고, 714년에는 당나라에
보내는 외교 문서를 전담하는 통문박사를 설치했다.

성덕왕 시기에 당나라에 사신단을 보낸 것은 43회에 이
른다. 이는 신라가 국제 사회의 일원으로서 당나라 중심의

● **봉덕사 신종의 특징**
성덕대왕 신종, 에밀레종, 비
천상, 용 모양 고리(용뉴), 연
화문당좌, 신라 범종의 특색
구비
(검) 2-5, (검) 3-6, (검) 3-2

성덕대왕 신종과 비천상 | 신라의 불국토를 상징하는 범종으로 에밀레종, 봉덕사 신종이라고도 한다. 종신에 새겨진 비천상은 종소리가 울리면 춤추는 듯하며, 고리인 종뉴는 만파식적의 상징으로 보기도 한다.

세계에 적극 활동하였음을 뜻한다.

성덕왕은 유교 진흥에도 힘썼다. 717년에는 당나라에서 가져온 공자와 그 제자들의 초상화를 대학에 두었는데, 이는 유교의 충효를 통한 왕권 강화가 목적이었다.

그리고 718년에는 천명을 받은 군주임을 내세우고자 물시계 누각(漏刻)을 만들었고, 722년에는 농민에게도 정전(丁田)을 주어 경작하게 함으로써 많은 조세를 거둘 수 있게 되어 국가의 재정이 튼튼해졌다.•

●신라 민정문서
755년 신라 서소원경(청주) 촌락 문서, 일본 정창원에서 발견, 율령정치 확인, 4개 촌락의 토지 면적·호구 수·전답·마전·과실·가축 수(소) 기록, 3년마다 변동 내용 기록
(수) 2009, (검) 2-3, (검) 4-3, (검) 49-심화, (검) 51-기본

문왕, 상경용천부•에서 발해의 불국토를 꿈꾸다

●발해의 천도 과정
발해는 주변국의 시대 상황에 따라 도읍지를 여러 번 옮겼다. 건국 시기에는 동모산(698~742), 발전기에는 중경 현덕부(742~755)에 두었고, 중국에서 안사의 난이 일어나자 상경 용천부(755~785)와 동경 용원부(785~794)로 옮겼으며, 안정기에 다시 상경 용천부(794~926)로 돌아와 멸망 때까지 도읍으로 삼았다.

고왕 대조영과 무왕 대무예 시기에 발해의 주도권은 무인이 차지하고 있었다. 건국한 지 얼마 되지 않은 신생 국가였기 때문에, 주변 국가에 대한 도전과 지방에 대한 강력한 통제가 필요했기 때문이다.

문왕(737~793)은 무왕의 차남으로 이름이 대흠무이고, 연호는 대흥(大興)이다. 형 대도리행이 당나라 장안에서 병으로 세상을 떠나자 태자가 되어 왕위를 계승했다. 재위 기간에 영주도·거란도·압록도·신라도·일본도의 다섯 교통로를 개척하고, 곳곳에 역참을 두어 발전의 기틀로 삼았다.

문왕은 문치를 중시하여 율령을 바탕으로 3성 6부의 중앙 관제와 5경 15부 62주의 지방 행정 체계••를 갖추었다. 교육기관인 주자감에서는 유교적 소양이 있는 관리를 양성했고, 이들은 6부에 배속했다. 6부의 명칭은 유교의 덕목을

발해 상경 용천부 | 발해의 불국토를 상징하는 성스러운 도시로 건설되었다. 당나라 장안성에 비견되는 궁성은 주춧돌과 치미를 통해 동아시아 최대의 건축물이 들어서 있었음을 알 수 있다.

따라 충부, 인부, 의부, 예부, 지부, 신부라고 했다.

발해는 유교식 정치와 함께 사회 생활은 불교를 중시했다. 문왕의 둘째딸 정혜공주의 묘비문과 넷째딸 정효공주의 묘비문에서는 문왕이 금륜성법대왕이라 칭해지고 있어서, 문왕 스스로 세상의 악을 평정하고 불국토를 이루는 전륜성왕을 표방했음을 알 수 있다. 이는 당나라나 신라가 표방하던 불국토와 마찬가지로, 국제 사회에서 발해도 불법(佛法)으로 다스리는 독자적인 나라임을 보여준다.

한편 문왕 시기에 발해는 고구려 옛 땅 요동을 완전히 장악했다. 결국 당나라 안동도호부는 743년에 요동에서 완전히 벗어난 평주로 옮겨졌고 758년에 폐지되었다.

문왕 시기에 동아시아는 당나라가 일방적으로 주도하던 국제질서에서 탈피하여, 비로소 발해·당나라·신라·티베트·일본·남조 등 여러 세력이 공존하는 체제로 진입했다.

●● **발해의 5경제**
발해는 고조선-부여-고구려의 5부제를 계승하여 수도를 여러 곳에 두는 5경제를 실시했다. 5경은 지역에 따라 주요 국가 업무를 맡았는데 서경 압록부는 해상 교역(압록도), 남경 남해부는 신라와 교류(신라도), 동경 용원부는 왜와 교류(일본도), 중경 현덕부는 중앙정치의 중심지, 상경 용천부는 거란, 말갈과의 교류(영주도, 거란도)를 중심으로 삼았다.

경덕왕, 왕권과 귀족의 충돌

● **불국사 석가탑**
세계 최고 목판 인쇄물 발견
(무구정광대다라니경), 무영
탑, 백제 장인 아사달이 세
움, 목탑 구조를 벗어난 신라
탑의 원형
(검) 6-초, (검) 3-5, (검) 47-
기본, (검) 50-기본, (검) 51-
기본, (수국) 2011

신라 성덕왕이 이룩한 불국토의 이상과 강화된 왕권은 아들 효성왕(737~742)과 경덕왕(742~765)에 이르러 대규모 불교 건축이나 사업으로 이어졌다. 성덕대왕 신종의 주조가 시작되고 황룡사 대종이 만들어졌으며, 재상 김대성에 의해 불국사●와 석굴암이 완성된 것을 예로 들 수 있다.

이는 무열왕 계통의 후손들이 선왕의 권위를 빌려 왕권을 과시하고 귀족들을 견제하려는 정치적 목적에서 추진된 것이다.

또 경덕왕은 국학을 태학으로 바꾸고, 박사와 조교를 두어 유학자를 양성했다. 그리고 당나라의 율령 체제와 유학 사상을 바탕으로 지명과 벼슬명도 한자식으로 바꾸었다.

경덕왕이 급속하게 한화 정책을 추진하자, 김옹이나 김양

불국사 다보탑
다보여래를 상징하며, 여성미와
부드러운 미학을 상징한다.

상 같은 여러 귀족들이 강력하게 반발했다. 경덕왕은 757년, 이를 무마하기 위해 관료전을 폐지하고 녹읍을 실시했지만 이미 엎질러진 물이었다.

경덕왕의 아들인 혜공왕(765~780)에 이르러 귀족들의 반발은 더욱 거세졌다. 768년 시중인 대공, 770년 일길찬 김융과, 775년 이찬 김은거, 시중 염상이 차례로 반란을 일으켰다. 780년 반란을 일으킨 김지정은 궁궐로 들어가 혜공왕을 살해했다.

이로써 무열왕 계통의 왕통이 끝나고 내물왕 계통이 왕위를 계승하게 되었다. 이때부터 신라는 중대가 끝나고 하대가 시작되었으며, 본격적으로 내분이 시작되었다.

김지정의 반란을 진압하고 왕위에 오른 37대 선덕왕(780~785) 김양상은 내물왕의 10세손이고, 38대 원성왕(785~798) 김경신은 12세손이다.

진골 귀족들이 왕위를 놓고 벌인 다툼은 원성왕의 아들인 김인겸과 김예영의 후손들 사이에서 더욱 치열해졌다.

큰아들 인겸의 아들과 손자는 소성왕(798~800), 애장왕(800~809), 헌덕왕(809~826), 흥덕왕(826~836)으로 즉위했지만, 예영의 아들 헌정과 균정은 왕위에서 밀려났다. 신라 하대에서 가장 치열했던 왕위 쟁탈전은 이로부터 비롯되었다.

불국사 석가탑
석가여래를 나타내며 남성미와 꼿꼿한 기상을 보여준다.

신라 후기 왕계표

해동성국, 발해의 전성기

● 해동성국
상경 용천부 주작대로, 발해
석등, 5개의 교역로, 선왕의
주변 정복, 5경 15부 완비
(검) 2-1, (검) 3-5, (검) 51-기
본, (검) 52-기본, (수) 2005,
(수한) 2017

● 해동성국이 이루어진 시기
해동성국이 이루어진 시기에 대
해서 《삼국유사》는 무왕(719~
737), 《동국통감》은 선왕(818~
830), 《요사지리지》는 대이진
(830~857), 《신당서》 〈발해전〉
은 대현석(871~894) 시기라고
하였다. 이를 통해 발해의 전성
기는 8세기 초, 9세기 초, 9세기
말에 이르는 3단계로 볼 수 있다.

해동성국(海東盛國)●●은 주변국들이 발해를 부르던 말로, 바다 동쪽의 번영한 나라라는 뜻이다. 발해는 율령 체제를 근거로 중앙 3성 6부, 지방 5경 15부 62주의 행정구역을 갖추었고, 동아시아 정치 무대에서 뛰어난 외교력을 발휘했으며, 강력한 무력으로 주변 국가와 민족을 복속시켰다. 또한 당나라, 신라, 거란, 일본 등 주변국과 활발한 교역 활동을 했다.

발해는 3대 문왕●●의 전성기를 지나 793년부터 817년까지 20여 년간 왕이 여섯 번이나 바뀔 정도로 혼란기를 맞았다. 그 뒤 9대 선왕(818~830)이 등장한 뒤에 혼란을 극복하고 다시 전성기의 위세를 되찾았다.

선왕 대인수는 대조영의 아우 대야발의 4세손이다. 선왕이 즉위할 무렵 당나라는 지금의 산동성 일대를 장악하고 있던 고구려계 이정기가 세운 치청진** 번진 세력과 전쟁 중이었다.

선왕은 동족 국가인 치청진과 적대국인 당나라 사이에서 적절하게 중립을 지키면서 발해만과 요서 지역, 동해, 초원 등지의 외교와 상권을 장악하였다. 그리고 과실, 된장, 모피(담비), 구슬, 말등 특산물과 전쟁 물자를 공급하여 국부를 늘렸다.***

즉위 초 2년 동안 당나라에 사신을 20여 차례나 보낸 것을 보면 그만큼 급박하게 변화하는 국제 정세에 능동적으로 대처했음을 알 수 있다.

아울러 강성한 군사력을 통해 대동강과 니하를 경계로 신라와 국경을 삼았고, 서해와 발해의 해상 무역을 장악했다. 또한 요동과 연해주까지 영토를 확장하고 서북 지역의 해, 실위, 우루, 철륵은 물론 오랫동안 발해에 적대적이던 흑수말갈도 복속시켰다.

선왕이 이룩한 해동성국은 국제 무대에서 9세기 전반기를 발해의 시대로 만들었다.

●● **발해 상경 용천부**
해동성국 상징, 당나라 장안성 모방, 거란의 세력 확대 방어, 당나라 안사의 난 대비
(수) 2010, (검) 6-3

●● **치청진 이정기의 성공 요인**
1) 엄격한 통치
2) 활발한 교역(발해에서 명마 수입)
3) 산동 양구의 풍부한 염전 개발
4) 철과 동 생산
5) 해운의 활성화
6) 정복 지역 관리와 약탈 금지령

●●● **발해의 교역로**
신라도(남경 남해부, 신라와 교류), 거란도(상경 용천부, 거란과 교류), 영주도(당나라와 육로 교류), 압록도(당나라와 해상 교류), 일본도(동경 용원부, 일본과 교류)
(검) 48-기본, (수) 2008, (수국) 2013

장보고, 청해진에서 해상왕국을 건설하다

선왕이 재위하면서 발해가 전성기를 누릴 무렵, 신라에는

해상왕국을 세우게 될 장보고가 출현했다. 장보고는 9세기에 한국뿐만이 아니라, 중국이나 일본에도 영향을 미친 국제적인 인물이었다.

《삼국사기》에 따르면 장보고는 섬 출신으로 원래 이름은 활을 잘 쏜다고 해서 궁복이다. 신라 사회는 골품제*가 엄격하여, 백제 유민이자 신분이 낮은 어부 출신 장보고에게는 출셋길이 막혀 있었다. 그래서 장보고는 20세를 전후해서 이민족에게도 기회를 부여하는 당나라로 건너가 무과에 합격하여 군인의 길로 들어섰고, 30세 무렵 황제의 친위군대였던 무령군 소장으로 진급했다.

당나라 중앙군이 818년부터 819년까지 산동성 일대를 50여 년간 장악했던 치청진 세력과 치열하게 전투를 벌일 때, 장보고는 무령군 군중소장으로서 3천 명의 병사를 거느리고 출전했다.

821년 무렵 무령군의 병력을 줄일 때, 장보고는 이민족 장군 출신*으로 승진과 성공의 보장이 없다고 판단해 군직을 버렸다. 이후 중국 동부 해안의 회남 절도추관과 감찰어사를 지낸 장보고는 중국의 동해안, 대운하, 양자강 유역을 돌아다니며 824년 무렵 상업 집단을 꾸린 것으로 추정된다. 《속일본기》에는 그가 824년에 일본을 방문했다는 기록이 보인다.

장보고는 당나라 해상 교역의 중심지였던 양주와 서주에서 근무했기 때문에 누구보다 상업의 중요성을 잘 알았다. 또한 전장을 누비면서 고국 동포들이 끌려와서 각지에 노예로 팔려나가는 참상을 목격한 뒤 바다를 평정하여 해상 교역의 주도권을 장악하겠다는 결심을 굳히고 드디어 귀국을 단행했다.

●신라의 골품제
진골 귀족은 관직 독점과 왕위 계승 자격, 6두품은 문무왕 이후 학문과 행정 능력 두각, 5두품은 법흥왕 시기에 경주 귀족에게 부여, 신라 말 호족 세력은 6두품과 연대해 농민 항쟁 주도
(검) 1-3, (검) 2-2, (검) 2-6, (검) 4-4, (검) 5-3, (검) 51-기본, (수) 2008, (수한) 2020

●고선지와 종이의 전파
고선지(?~755)는 고구려 출신 고사계의 아들로 740년에 안서 도호부 부도호가 되었다. 747년에 행영절도사로 파미르 원정을 감행했고, 750년에 사라센 원정에 나섰으나 탈라스에서 패전했다. 755년에 안사의 난을 진압하는 정토군 부원수가 되었으나 역모 죄로 처형당했다. 특히 750년에 탈라스전투에서 패했지만, 종이 만드는 제지 기술이 아랍으로 전해지고 다시 유럽 사회로 퍼지면서 유럽의 르네상스와 종교 개혁을 이끌어냈다.

장보고는 우선 당나라 해상 교역의 중심지인 양주, 무령군 소재지인 서주, 월주의 대외 항구 영파, 산동성 위해(웨이하이)의 적산, 일본의 아스카(나라)와 규슈의 대재부, 발해 지역 등에 무역 근거지를 만들고 828년 신라에 귀국했다.

그리고 그해 신라 흥덕왕(826~836)에게 청해진 설치를 건의했다. 흥덕왕은 장보고에게 1만 군대를 모집하고 양성하는 특권과 함께 이제껏 신라에 없었던 대사라는 관직을 내리고 청해진의 전권을 맡겼다.

흥덕왕이 장보고에게 막강한 권한을 준 것은 쇠약한 왕권을 일으켜 세우려는 고육지책이었다. 자신의 형이자 선왕인 헌덕왕(809~826)이 재위하던 822년, 웅천(공주)의 호족으로 원성왕에게 밀려 왕위를 차지하지 못한 김주원의 아들 김헌창이 반란을 일으켰다.

김헌창은 이웃 무진주(광주), 완산주(전주), 청주(진주), 사벌주(상주), 중원경, 서원경, 금관경을 동조 세력으로 끌어들였다. 비록 반란은 실패했으나 이들 세력은 여전히 남았고, 825년 김헌창의 아들 김범문이 다시 반란을 일으켰다가 진압되었다. 이처럼 호족들의 연이은 이탈과 저항은 흥덕왕을 불안하게 만들었다.

흥덕왕 재위 당시에 조정 권력은 김명, 김제융, 김균정 등이 장악하고 있었다. 왕위를 노리는 호족과 진골 귀족에 둘러싸인 흥덕왕은 장보고를 친위 세력으로 끌어들여 왕권 안정을 추구하려 했다. 하지만 그는 끝내 후사를 정하지 못한 채 세상을 떠났다. 당시에는 후사가 없을 경우 상대등이 왕위를 계승하는 것이 관례였다.

그런데 흥덕왕의 아우 김충공의 아들인 집사부 시중 김

● **장보고의 전략**
1) 새로운 무역 방식 : 사무역의 진흥
2) 거래 방식의 개발 : 중개 무역, 삼각 무역 개발
3) 거래 물품의 다양화 : 고부가 제품과 중저가의 다품종 조절
4) 거래선의 확대 : 청해진을 중심으로 동아시아 전역에 물류 기지 설치

명이 방해 공작을 펴서, 상대등 김균정 대신 김헌정의 아들 김제융을 희강왕(836~838)으로 추대하고 실권을 장악했다. 하지만 자신을 도왔던 김명이 다시 반란을 일으키자 희강왕은 자살했다. 김명은 스스로 44대 민애왕(838~839)으로 즉위했다.

김균정의 아들 김우징은 아버지가 왕위 쟁탈전에서 패배한 뒤 장보고에게 의탁했다. 다시 반란이 일어나 민애왕이 즉위하자, 838년 2월 김우징은 무주 자사 김양과 함께 장보고의 군사를 빌려 반란을 성공시켰고, 스스로 신무왕(839)으로 즉위했다.

1등 공신 장보고는 신무왕이 장보고의 딸을 후비로 맞겠다는 약속과 함께 감의군사라는 관직을 받았다. 자력으로 신라 중앙 무대에 진입하여 확고한 세력 기반을 마련한 것이다. 이때부터 청해진은 신라의 운명을 좌우하는 핵심 권력이 되었다. 그러나 신무왕이 곧바로 세상을 떠나 딸의 납비(納妃)는 이루어지지 않았다.

청해진, 신라의 마지막 불꽃

장보고는 1만에 이르는 독자적인 군사력을 바탕으로 서남해안의 여러 해상 세력을 통합하고 교역품을 약탈하는 해적들을 소탕했다. 그리고 당나라, 신라, 발해, 일본, 동남아 지역 여러 국가들을 연결하는 해상 실크로드를 열어 동아시아 해상 무역을 장악했다.●

●청해진의 3대 특전
1) 청해진 대사라는 특별한 직책
2) 1만 군대의 징집권과 지휘권
3) 공무역과 사무역의 독점권

장보고는 청해진*을 자유무역항으로 만들었다. 그리고 사상을 통일하고 항해의 안전을 기원하기 위해 법화 사상을 받아들여서 청해진, 적산, 제주도, 일본 등지에 법화사를 세워 교역의 전진기지로 삼았다. 이때 양주나 서주, 영파 등지에도 법화사가 있었을 것으로 추정된다.

장보고의 교역로*는 서해 북부 연안항로, 서해 중부 횡단항로, 서해 남부 사단항로 등 3개의 노선이 있었고, 이들을 해상 실크로드라고 한다. 이 해상 실크로드는 요동반도의 발해, 일본의 아스카(나라), 북중국의 적산, 남중국의 광주, 베트남의 하노이, 말레이 반도, 인도, 아랍으로 이어졌다.

무역선으로 국내 무역에서는 바닥이 평평한 평저선을, 해외 무역에서는 바닥이 뾰족한 첨저선을 사용했다. 보통 배한 척에는 150명 안팎의 선원이 탑승했는데, 이는 800년 뒤 아메리카 대륙으로 향했던 콜럼버스의 선박보다 큰 규모다.

주요 무역품으로 청자, 녹차, 비단, 금, 은, 동, 말, 모피, 서화,

●장보고와 청해진
동아시아 해상 무역, 청해진 대사, 사무역 추진, 청자 도입, 선종 발전에 기여, 신무왕 옹립에 관여
(검) 2-5, (검) 7-4, (검) 6-초, (검) 3-4, (검) 49-기본, (수국) 2010

●장보고의 경영전략
1) 새로운 무역 방식 : 사무역의 진흥
2) 거래방식의 개발 : 중개무역, 삼각무역 개발
3) 거래물품의 다양화 : 고부가 제품과 중저가의 다품종 조절
4) 거래선의 확대 : 청해진을 중심으로 동아시아 전역에 물류기지

장보고의 청해진 본영이 있던 곳 | 동아시아의 바다를 지배한 해상왕 장보고의 청해진 본영이 있던 곳으로, 오늘날 완도의 장섬(장도)이다. 고려 태조 왕건의 해상 세력도 장보고의 후예에서 기원했다.

견직물을 비롯해 인도와 아랍의 특산물인 상아, 단향목, 향수, 향신료 등이 있었다. 중앙정부와 지배층이 개입된 공무역뿐만 아니라 능력과 재력이 있는 개인이 하는 사무역도 행해졌으며, 당나라·신라·일본을 잇는 삼각 무역도 활성화*되었다.

청해진의 성장은 골품제에 기대어 권력을 장악한 신라 중앙귀족을 긴장시켰다. 독자적인 군사력과 막강한 경제력을 지닌 장보고는 모든 해상을 책임지는 진해장군이 되었다. 만약 그가 문성왕(839~857)의 장인이 된다면 골품제의 근간이 무너질 지경이었다. 중앙 귀족들은 장보고의 친위 세력인 동시에 정적이었던 염장을 회유해 장보고를 암살하게 했다.

그 뒤에도 청해진은 염장에 의해 10여 년 동안 유지되었지만, 장보고의 파격적인 운영 방식과 지도력을 따를 수는 없었다. 결국 염장은 배신을 당해 숙청되고 청해진은 역사의 무대에서 사라졌다.

●**장보고의 역사적 활동**
장보고는 《삼국사기》에 궁파, 궁복이라 하였는데 우리 말로 풀이하면 활보, 곧 활을 잘 쏘는 사내라는 뜻이다. 장보고는 세계 무역사에서 처음으로 3각무역, 중계무역이라는 방식을 창안하였다. 장보고가 설치한 청해진은 중국의 산동성 적산, 양자강 유역의 영파, 청해진 완도, 일본 구주의 대재부를 연결하는 해상으로 추정한다. 1만여 명의 수군들은 동아시아 바다를 순행하며 해적선을 소탕하고 무역선을 보호하는 일을 하였다.

청해진 유적 | 성곽과 건물을 보수하여 오늘날의 모습으로 재현시켰으며, 청해진 본영인 장섬과 건너편 장좌리 사이에는 청해진 당시의 모습에 걸맞은 다리를 설치했다.

그렇지만 장보고*가 오랫동안 공들여 조직한 서남해안과 중국 동해안의 해상 세력을 연결하는 교역망은 무너지지 않았다. 장보고의 세력 일부는 내지로 끌려가 벽골제라는 저수지를 보수하는 데 동원되었다. 나머지는 서남해의 해적이 되거나, 강화만, 서산만, 군산, 목포, 강주(진주) 등지로 흩어져서 토착 세력에 흘러들어 해상 교역을 전담하면서 명맥을 유지했다.

그리고 반세기가 지난 뒤 이들은 왕건의 해상 세력으로 화려하게 부활하여 고려 개국의 원동력이 되었다. 그렇기 때문에 장보고의 청해진은 실패의 역사가 아니라 고려라는 새로운 꿈으로 부활한 승리의 역사라 할 수 있다.

● **청해진의 후대영향**
청해진은 장보고가 살해되고 곧바로 해체된 게 아니라 염장이 10년 동안 운영하였다. 그 뒤 청해진이 해체된 후 많은 사람들이 오늘날 충남 서산, 태안지역과 강화만의 벽란도, 개성 등지로 옮겨가 고려 개국의 원동력이 되었다. 장보고는 양자강 유역의 오월국에서 만드는 청자를 처음으로 주문자 생산방식(OEM)으로 들여와서 강진, 해남, 영암 등지에서 생산하였다. 이것이 고려청자의 기원이다.

남북국시대 10대 사건

구분	후기 신라(676~935)		발해(698~926)	
	연대	사건	연대	사건
①	676년	문무왕, 나당전쟁 승리	698년	대조영, 동모산에 발해 건국
②	682년	신문왕, 감은사 축조	713년	발해와 당나라, 외교 관계 수립
③	711년	성덕왕, 백관잠을 배포	727년	발해, 일본에 사신 파견
④	751년	김대성이 불국사 창건	732년	발해가 당나라의 등주 공격
⑤	780년	혜공왕 피살, 무열왕계 단절	742년	중경 현덕부로 천도
⑥	828년	장보고, 청해진 설치	755년	상경 용천부로 천도
⑦	892년	견훤, 후백제 건국	818년	선왕, 발해의 해동성국을 이룸
⑧	901년	궁예, 후고구려 건국,	833년	함화 4년명 불비상의 제작,
⑨	918년	왕건, 고려 건국	907년	발해와 거란의 20년 전쟁
⑩	935년	신라, 고려에 귀부	926년	거란의 공격으로 발해 멸망

혜초가 험난한 길을 따라 인도에 가고
여행기를 남긴 이유는 무엇일까?

신라의 혜초(704~787)가 태어나 활동하던 8세기 중반은 당나라를 중심으로 신라·발해·일본 모두가 유교식 율령 체제를 받아들이는 한편, 불교를 사회 통합의 이념으로 받아들였다. 그 결과 이 시기 각국의 동질성은 어느 때보다 강했다. 각국은 활발하게 정치·외교·교역을 전개했고, 동아시아는 모처럼 안정기에 들어섰다. 그래서 많은 승려들은 사회적 문제를 넘어 인간 자신의 문제를 탐구하는 구도의 길을 추구했다.

당시 대승 불교의 경전이나 교학은 당나라에서 충분히 배울 수 있었지만, 인간이 갖는 육체적 고통과 의식의 한계를 극복하려는 밀교는 여전히 인도가 뿌리이자 중심이었다.

혜초는 중국에 있던 밀교 승려이자 스승인 금강지의 권유를 받아 인도로 향했다. 그는 723년 배를 타고《불국기》를 남긴 법현의 행로를 역으로 거슬러 인도로 가서 여러 곳을 둘러보고, 727년경 육로 실크로드를 따라 안서도호부로 귀환했다. 그 뒤 혜초는 구도의 여행을 떠나는 후학을 위해 인도 여행기《왕오천축국전》을 남겼던 것이다.

그로부터 1천 년이 훨씬 지난 1908년 돈황 막고굴의 17호굴 장경동에서 프랑스 인 펠리오가 9장을 이어 붙인 227행 6천여 자의 두루마리 기록을 발견하고, 그것이 혜초의《왕오천축국전》을 요약한 필사본이란 사실을 밝혀냈다.

이로써 법현의《불국기》(육로-해로), 현장의《대당서역기》(육로-육로), 일본 엔닌(원인)의《입당구법순례행기》(해로-해로)와 더불어 동아시아 4대 기행서로 꼽히는《왕오천축국전》(해로-육로)이 세상에 빛을 보게 되었다.

삼국의 유민으로 당나라에서 활동한 고선지, 이정기, 장보고의 역사적 의의를 비교해보자.

Point 1 고구려, 백제 등 삼국의 유민 가운데 이웃의 당나라나 돌궐로 들어가 출세한 사람 또는 신라나 왜로 망명하여 활약한 사람들이 누가 있었는지 조사해보자.

Point 2 그중에서 고선지, 이정기, 장보고가 각각 어떻게 성장했고, 어떤 역사적인 활동을 했는지 알아보자. 그리고 그 과정에서 이들의 고민이 무엇이었는지도 살펴보자

Point 3 자신만의 역사 평가의 기준을 세우자. 유민들의 삶을 위해 노력을 했는지, 자신의 출세를 우선했는지, 조국에 어떠한 도움을 주었는지 등에 대해 살펴보고, 자신의 기준에 따라 평가해보자.

공부를 더 하고 싶다면

《혜초》(김탁환 지음, 민음사)
실크로드에 일 년 동안 머물며 그곳에서 만난 역사 속 혜초의 발자취를 소설에 담았다. 혜초가 남긴 여행기 《왕오천축국전》의 내용이 소설 속의 인물, 시간, 공간, 여러 풍물과 만나 구도자이자 한 인간의 고뇌를 짊어진 혜초의 꿈과 이상을 그려냈다.

《중국속 고구려 왕국 제》(지배선 지음, 더불어책)
고구려와 백제 유민들 중 이국 땅에서 성공한 사례는 많지만, 대부분 조국을 버린 배신의 삶이었다. 이런 측면에서 산동성의 치청진을 55년 동안 지배하며 제나라 왕국을 세운 고구려 유민 이정기와 그의 후손들의 삶은 한국사의 연장선상에서 재조명할 필요가 있다.

《천 년 전의 글로벌 CEO 해상왕 장보고》(한창수 지음, 삼성경제연구소)
위인전 식이나 역사적 관점에서만 바라보던 기존의 시각과는 다른 장보고를 그리고 있는 책. 해상 경영과 교역이란 측면에서 동아시아의 바다를 정복하고 새로운 무역 세계를 창조한 경영자로서 장보고의 면모를 볼 수 있다.

후삼국시대의 개막

한 줄로 읽는 우리 역사

신라 말기에 호족 세력이 불교 선종을 받아들이고 지방에서 독립하였다. 최치원은 진성여왕에게 〈시무 10여책〉을 올렸으나 거부되었다. 발해는 서북방에서 일어난 거란족의 공격으로 멸망의 위기에 몰렸고, 신라는 892년에 이르러 후삼국으로 분열되었다.

장보고가 건설한 청해진은 신라가 극심한 내란과 분열을 극복하고 다시 7세기 무렵의 영광을 재현할 수 있는 마지막 기회였다. 하지만 신라는 시대 흐름을 읽지 못하고 청해진을 해산시켜 결국 멸망의 길에 접어들었다. 장보고의 청해진이 역사의 무대에서 사라진 시기는 신라 하대가 분열과 내분으로 멸망에 이르는 분기점이었다.

7세기 말 문무왕의 삼국통일, 8세기 초반 성덕왕의 불국토 사상은 건강하고 활기찬 신라의 이상이자 꿈이었다. 하지만 8세기 말 혜공왕이 암살당한 이후* 통일의 정통성을 지닌 무열왕

경주 안압지 | 신라 후기의 궁성인 임해전으로 신선들이 거주하는 선경(仙境)을 상징화했다. 14면 주사위와 청동 가위 등이 출토되었고, 진성여왕과 각간 김위홍의 사랑이 깃든 곳이기도 하다.

계 왕통이 끊겼다.

내물왕계가 들어서면서 진골 귀족들이 벌인 치열한 권력
투쟁은 통일신라를 한낱 경주 귀족들의 나라로 전락시켰다.

고구려·백제·가야 유민의 후손들은 신라 귀족이 골품제
를 앞세워 모든 권력을 독점하는 불평등에 좌절했고, 신라
출신에 비해 지위·승진·부임지에 차별을 두는 관등제의 장
벽에 막혔다. 그리고 모든 정치·경제·군사·종교 권력이 경
주로 결집하면서 소외감으로 주저앉았다.

결국 동남쪽에 치우친 경주가 여전히 신라의 수도로 있
고 골품제가 유지되며 차별적 관등제가 해소되지 않는 이
상, 통일신라는 삼국을 포용하지 못하고 억압하는 체제였
다. 이제 신라의 멸망은 눈앞에 닥친 현실의 문제가 되었다.

● 신라 말기의 주요 사회 변화
1) 몰락한 농민들이 초적이 되어
중앙정부에 반기
2) 지역 호족·군주들이 독립적
인 세력으로 성장
3) 6두품 귀족들이 지역 호족에
게 의탁
4) 새로운 세상을 원하는 미륵
사상의 유행
5) 지역 호족과 결탁한 불교 선
종 사상의 전파

호족*, 후삼국의 신호탄

신라 사회를 해체시키고 새로운 사회로 이끈 사상의 중
심에는 선종이 있었다. 모든 사람이 마음속 불성을 깨치면
부처가 될 수 있다는 아즉불(我卽佛) 사상은 선종의 궁극적
인 깨달음의 실체이다. 이는 누구든 부처가 될 수 있으며,
왕과 백성은 본래 평등하다는 이념을 바탕으로 한다. 따라
서 선종은 본질적으로 혁명사상을 품고 있다.

당시 신라 사회를 이끈 화엄종 중심의 교종 불교는 왕이
곧 부처라는 왕즉불(王卽佛) 이념과 함께, 국가와 불교를 일
체화해야 불국토가 이루어진다고 선전했다. 하지만 실제로

● 호족의 연원
신라는 8세기 이후부터 진골 귀
족들 간의 권력다툼으로 (1) 왕
권약화, (2) 지방에 대한 통제력
의 상실, (3) 6두품 귀족들의 이
탈현상이 일어났다. 이로부터
지방을 장악하고 독자적인 권력
을 행사하는 유력한 집단이 출
현하였는데 이를 호족(豪族)이
라 하고, 당나라에서는 이와 유
사한 집단을 번진(藩鎭)이라 불
렀다.

영월 흥녕사 징효국사 부도탑
영월 사자산문의 도윤에게 법통을 이은 징효국사 절중
(826~900)의 부도탑으로 흥녕사(법흥사) 경내에 있다.
궁예가 출가한 세달사의 기록이 징효국사 탑비에 나타
난다.

●**신라의 9세기 말**
녹읍의 부활로 진골 귀족 강
화, 과중한 수취로 농민 반란
빈번, 최치원 〈시무 10여책〉
건의, 견훤과 궁예 등의 지방
점거, 지역에서 호족들이 성
주 또는 장군을 호칭함
(검) 2-4, (검) 2-4, (검) 5-고,
(검) 3-4, (검) 47-기본, (검)
49-심화, (검) 51-심화, (수)
2003.

는 백성을 고통에서 구해내고 평등한 사
회를 이루려는 해방의 성격을 외면하고,
거대한 불교 공사나 경전 낭송에 빠져들
었다.

한편 새로운 불교 사상을 배우고자 당
나라와 인도로 구도 여행을 떠난 고승들
은 남중국에서 유행하던 선종을 들여왔
고, 경주에서 벗어난 지역에 산문을 세워
호족과 연합한 새로운 불교 운동을 일으
켰다. 이들이 형성한 아홉 개의 승려 집단
을 '구산선문'이라고 한다.

한편 신라 조정이 내분으로 쇠약해지자
각 지역에서 실력을 키운 호족 세력이 중
앙 정부를 벗어나 독자적인 세력을 구축
하기 시작했다. 이들은 군권과 행정을 장
악한 장군으로 군림했고, 지역 백성을 지켜주는 성주이자
새로운 세상을 열어줄 구세주로 인식되었다. 구산선문을 일
으킨 선종이 대중의 지지를 받자, 호족들은 앞다투어 선종
승려를 초빙하여 사찰을 세우고 백성들을 끌어들였다.

다양한 출신의 인물들이 지방 호족으로 등장했다. 상인
출신(왕릉 : 용건, 유천궁, 오다련, 박술희와 복지겸, 봉규)과 해적 출
신(박영규와 김총, 능창)이 있었고, 중앙 정계에서 소외되어 호
족이 된 인물(김순식, 김헌창)도 있었다.

또 하급 군인(견훤), 초적 또는 산적(기훤, 양길, 함규), 승려(궁
예), 지방의 실무 행정을 맡은 촌주(선필, 홍술, 삼태사) 출신의
호족도 있었다.●

진성여왕 시기에 지방 각지에서 호족이 일어나고 있는데도 중앙정부는 여전히 권력 투쟁에 몰두하고 있었다. 비판적 지식인들은 신라의 위기와 진단을 놓고 치열하게 논쟁했다.

왕거인은 신라의 수도 경주에 정부를 비판하는 대자보를 붙여 위기를 경고하기도 했다. 왕거인처럼 신라 사회를 비판하고 개혁하려는 이상을 지닌 대표적인 사람으로 당나라에 유학 가서 문필가로 이름을 날린, 이른바 3최라고 불리는 최언위, 최승우, 최치원●●을 들 수 있다.

그렇지만 신라 사회는 비판을 받아들일 수 있는 분위기가 아니었다. 결국 최승우는 견훤의 삼고초려를 받아들여 후백제를 세우는 데 참여했고, 최언위는 왕건의 초청을 받아들여 고려를 세우는 일에 가담했다.

신라 6부 출신이자 신라 백성으로 남고자 고뇌했던 최치원은 진성여왕에게 〈시무 10여책〉 등 개혁 정책을 건의했지만 받아들여지지 않았고, 결국 가야산에 은거하여 세상과 인연을 끊었다. 최치원은 현실을 도피하려는 천년 왕국 신라의 지식인들을 상징하는 인물이라 할 수 있다.

● **최치원**
6두품 귀족, 당나라 빈공과 합격, 〈화왕계〉 지음, 〈토황소격문〉 작성, 진성여왕에게 〈시무 10여책〉 제시, 골품제 사회에 비판적 입장
(검) 7-4, (검) 6-4, (검) 48-기본, (검) 52-심화

● **최치원이 지은 〈추야우중(秋夜雨中)〉**

秋風唯苦吟 (추풍유고음)
世路少知音 (세로소지음)
窓外三更雨 (창외삼경우)
燈前萬里心 (등전만리심)

가을 바람에 애써 노래해도
세상에 내 마음에 아는 이 없어
창밖에는 밤늦도록 비 내리고
등불 앞에서 나는 고향 그리네

강진 무위사 선각대사 부도비
장흥 가지산문의 체징에게 법통을 이은 선각대사 형미(864~917)의 부도비로 강진 무위사에 있다. 선각대사는 태조 왕건의 군법사였는데 궁예의 종교 정책에 반대했다가 궁예에게 죽임을 당했다.

견훤, 완산주에서 후백제를 세우다

후삼국 역사에서 처음으로 두각을 나타낸 인물은 견훤(진훤, 867~936)이다. 《삼국사기》에 따르면 견훤은 상주를 기반으로 한 호족 아자개의 아들이다.

● 견훤의 후백제 건국
후백제, 아자개, 박영규, 892년(무진주), 900년(완산주), 동고산성
(검) 47-심화, (검) 52-심화

견훤●이 아이일 때 범이 나타나 젖을 물리니 사람들이 신기하게 여겼다고 한다. 성은 이(李)씨였는데 후일에 견(甄)씨로 바꾸었다. 《삼국유사》에는 견훤이 광주 북촌에 사는 여인과 지렁이 사이에서 태어났다는 설화가 전해진다. 이것은 견훤이 보통 사람과 다른 것을 보여주는 영웅 설화라고 할 수 있다.

견훤은 무예가 뛰어나고 통솔력이 있어 청년 시절에 경주에서 근무했다. 890년 무렵 오늘날 순천 지역의 해적을 토벌하는 비장으로 갔다가, 그곳의 해상 세력 박영규와 김총을 끌어들여 서남해의 강자로 성장했다.

892년 자신을 따르는 5천 명의 세력을 바탕으로 무진주(광주)에서 독립하여 완산주(전주), 무주, 공주를 관할하는 전주 자사를 자칭했다. 이는 먼저 신라의 관리를 표방하면서 주변을 차례대로 장악하기 위해서였다. 이때 견훤의 나이는 25세였다.

견훤은 북원의 양길에게 관직을 내리고 압해도의 능창을 부하로 삼았다. 그리고 당나라에서 영암으로 귀국한 최승우를 찾아가 삼고초려 끝에 책사로 받아들였다. 그리고 900년 드디어 완산

상주 견훤산성
아자개와 견훤의 역사가 숨쉬고 있는 산성이다. 견훤은 이곳에서 세력을 키운 뒤 강주(진주)에서 세력을 모으고 무진주(광주)에서 독립하여 완산주(전주)에서 후백제를 건국했다.

주를 도읍으로 삼고 후백제●를 세웠다.

　견훤은 전주 시내의 평지에 토성을 쌓아 백성을 머물게 하고, 동고산에는 전주성을 쌓고 산 중턱에 대규모 궁궐과 전각을 세워 외적의 침입에 대비했다.

　후백제는 901년 섬진강과 낙동강 유역으로 진출하여 신라 대야성을 공격했다. 비록 함락시키지는 못했으나, 낙동강 서쪽 지역은 대부분 후백제 영역이 되었다.

　후백제는 곧이어 공주 지역도 차지하여 남부 지역의 패권을 장악했다. 아울러 남중국 오월과 북쪽 거란에도 사신을 보내 후고구려를 견제했다. 후삼국 초기에는 후백제가 통일의 주역이 될 듯 보였다.

● 견훤이 후백제는 황제국인가?
후백제는 독자적인 연호를 사용한 황제국을 지향했다. 남원 실상사의 편운화상 부도에 새겨진 정개(正開)를 통해 견훤이 연호(901~910)를 사용한 사실을 확인할 수 있다.

궁예, 철원에서 후고구려를 세우다

　철원 도피안사의 비로자나불은 서기 9세기 후반 철원을 지배한 호족과 지역 농민들이 새로운 세상을 갈망하며 만든 철불이다. 철불 뒷면에 새겨진 명문에 따르면 당시 수많은 농민들은 현실을 지옥이자 불법이 땅에 떨어진 말세라고 생각하고 새 나라, 새 세상이 오기를 기다렸다.

　이들의 바람을 가장 극명하게 보여준 역사 인물이 궁예● 이다. 《삼국사기》에 따르면 궁예는 신라 사람으로 아버지가 헌안왕 또는 경문왕이라 한다. 반면 순천 김씨와 광산 이씨 족보에는 장보고의 도움으로 왕위에 오른 신무왕의 다섯째 아들로 전해진다.

● 궁예의 후고구려 건국
석남사, 선종(승호), 법상종, 기훤(죽주), 양길(북원), 901년(철원)
(검) 49-기본, (검) 52-심화

도피안사 비로자나불
나말려초의 난세에 현세의 괴로움을 이기고 내세의 평안을 빌고자 호족과 농민들이 조성한 철불이다. 이들의 기원이 애꾸눈 대왕인 궁예로 환생한 것이 아닐까.

궁예는 태양의 기운이 가장 왕성하다는 5월 5일에 태어났다. 그가 태어날 때 지붕 위에 긴 무지개 같은 흰빛이 하늘까지 닿았으며, 이미 이가 나 있었다고 한다. 역시 영웅의 탄생을 신격화하는 이야기다.

궁궐에서 천문을 관측하는 일관이 5월 5일에 태어난 아이는 국가에 이롭지 못할 것이라고 고하자, 임금이 그를 죽이려고 했다. 그때 하녀가 아래층에서 아이를 받다 잘못해서 눈을 찔러 궁예●는 한쪽 눈을 잃었다.

궁예는 열 살 무렵 황해도 개풍이나 강원도 영월에 있었다고 추측되는 세달사로 들어가 승려가 되었고, 선종(善宗)이란 법명을 얻었다. 그리고 어느 날 하늘을 날던 까마귀가 왕(王) 자가 새겨진 상아로 만든 산대를 떨어뜨리는 것을 보고 임금이 되기로 마음먹었다.

891년 도적이 들끓어 절이 침탈을 당하자 세상에 나갈 때라고 판단한 궁예는 세달사의 동료인 종간, 은부와 함께 죽주의 기훤에게 의탁했다. 하지만 기훤은 궁예의 그릇을

● **궁예와 고구려계**
《삼국사기》에는 궁예를 신라 경문왕의 아들로 기록하였지만, 그의 이름인 궁예가 주몽의 후예라는 의미를 지니고 있으며, 철원에서 세운 나라이름이 후고구려라는 점에서 고구려계일 가능성이 높다고 본다. 견훤의 예시처럼 김부식이 고려를 신라계승국으로 만들고자 궁예마저 신라계로 꾸몄을 것으로 본다.

안성 죽주산성 | 신라 말 죽주(안성)에 자리 잡은 호족 기훤의 본거지이다. 궁예는 한때 이곳에 의탁했다가 북원의 양길에게 귀부했다. 인재를 알아보지 못한 기훤의 미래를 보는 듯하다.

알아보지 못했다.

원대한 꿈을 지닌 궁예는 892년 기훤의 부하였던 원회, 신회를 이끌고 북원(원주)과 국원(충주)의 호족 양길에게 의탁했다. 양길과의 만남은 궁예의 인생에서 극적인 전환점을 마련하는 계기가 되었다.

양길의 신임을 얻은 궁예는 그해 10월부터 치악산 석남사에 머물며 남한강과 강원도 공략에 나서 주천, 나성(영월), 울오(평창), 어진(울진)을 점령했다. 궁예는 흥녕사에 불을 지르고 상주 부석사에서는 신라왕의 초상화를 보고 단칼에 베어버렸다. 그는 이미 천년 왕국 신라를 넘는 새로운 이상 국가를 세우고자 다짐하고 있었다. 그래서 훗날 신라를 없애버려야 할 나라라는 뜻으로 멸도(滅都)라고 불렀다.

894년 궁예는 600여 명의 군대를 이끌고 백두대간을 넘어 명주(강릉)에 입성했다. 명주의 호족 김순식은 전임 성주이자 승려인 아버지 허월에게 궁예의 인품과 능력에 대해 전해 듣고, 스스로 성문을 열어 궁예에게 항복했다.

궁예는 이때 비로소 양길에게서 벗어나 명주를 기반으로 독립했다. 그는 자신을 장군이라 호칭하며 3천 500명을 지휘하는 세력으로 급성장했다. 드디어 궁예의 시대가 열린 것이다.

궁예는 895년부터 종간, 은부, 원회, 신회, 금대, 검모, 흔장, 귀평, 장일 등의 참모들을 이끌고 북쪽으로 진군하여 저족(인제), 생천(화천), 부약(김화), 금성, 철원을 점령했고, 철원을 근거지로 삼았다. 궁예가 철원을 선택한 이유는 중부 내륙에서 한 나라를 경영할 수 있는 넓은 농경지가 있고, 내륙 교통의 중심에 위치하며, 주변의 도전이 쉽지 않은 지역이기 때문이다.

철원 궁예도성 터 | 한반도 중부의 평야에 자리 잡은 후고구려의 도성은 궁예의 포부와 배포를 느끼게 한다. 지금은 남북 분단선에 의해 두동강이 난 채 잡초 속에서 옛날의 영광을 간직하고 있다.

궁예 정부의 국호와 연호

국호	고려(후고구려)	마진(摩震)		태봉(泰封)	
연호	?	무태(武泰)	성책(聖冊)	수덕만세(水德萬歲)	정개(政開)
시기	901~903	904~905년	905~910년	911~914년	914~918년

궁예 세력이 중부 지역을 점령하자, 오늘날 황해도 지역의 평산, 신천, 정주, 황주, 평주 등에 자리 잡은 고구려 해상 세력이 스스로 항복했다. 또 이듬해 896년에는 고구려계 가운데 가장 막강한 세력을 지닌 송악(개성)의 호족 왕륭(용건)이 개주, 정주, 염주, 백주, 강화, 교동, 하음 등의 세력을 이끌고 궁예에게 투항했다.

궁예는 왕륭을 금성 태수로 제수하고 그의 아들 왕건을 송악 성주로 삼아 발어참성을 쌓게 했다. 같은 해에 궁예는 드디어 왕을 칭하고 백관을 설치했다. 하지만 국가의 선포는 미루고 있었다. 한강 중류와 상류를 차지하고 있는 양길과 기훤 세력이 건재했기 때문이다.

궁예는 897년 철원에서 송악으로 도읍을 옮기고 한강 유역을 장악한 양길 세력을 공격했다. 899년 7월 양근(양평)의 비뢰성에서 궁예는 양길과 기훤 연합군을 격파하고 한강 유역을 장악했다. 900년 10월 궁예에게 적대적이었던 청주(청천)와 괴산의 호족 청길, 신훤이 항복했다.

이로써 궁예는 중부권의 패자가 되었다. 견훤●이 900년에 후백제 건국을 정식으로 선포하자, 궁예도 901년에 송악에서 공식적으로 왕을 칭하고 국호를 고려(후고구려)라 했다. 드디어 한반도에 후삼국 시대가 열린 것이다.

● 견훤(甄萱)의 출신
견훤(867-936)은 《삼국사기》에 상주 아자개의 아들이라 하였고, 《삼국유사》에는 광주 북촌의 지렁이 아들이라는 신화가 전해진다. 《삼국사기》를 지은 김부식은 고려가 신라의 계승국가라는 논리에 따라 후백제를 세운 견훤과 고구려를 세운 궁예를 모두 신라계로 만들었을 것으로 본다. 따라서 견훤은 《삼국유사》의 광주 북촌 출신, 백제계 후손일 가능성이 높다.

후백제와 후고구려의 통일 전쟁*

901년부터 후백제와 후고구려는 통일을 위한 전쟁에 돌입했다. 주요 전투 지역은 오늘날 충청남도의 웅천(공주), 충청북도의 국원(충주), 낙동강 유역의 강주(진주), 서남해의 금성(나주)이었다.

궁예가 선제 공격을 했다. 그는 903년 왕건을 시켜 금성을 기습 점령했다. 견훤이 패배한 이유는 이 지역 호족 오다련 등이 왕건에게 투항했기 때문이다.

904년 소백산 지역 상주의 30여 현이 궁예에게 투항했으며, 공주의 장군 홍기도 항복했다. 궁예는 자신감에 넘쳐 도읍을 다시 철원으로 옮겼다.

909년 왕건이 지휘하는 수군은 오월국으로 가는 후백제 선박을 사로잡아 후백제를 국제 무대에서 고립시켰다. 6월에는 남해로 들어가는 길목인 진도와 오이도를 점령했다. 견훤은 910년 나주성을 공략했으나 실패했고, 912년에는 수군을 이끌고 목포에 이르렀으나 덕진포(영암)에서 왕건에게 참패했다. 궁예는 중부권과 서남해를 장악한 것이다. 하지만 이때부터 궁예와 후고구려의 꿈을 함께 꾸던 패서(황해도) 지역 고구려계가 그에게 등을 돌리고 송악의 고구려계 왕건에게 기울기 시작했다.

한편 두 나라는 915년 금성에서 다시 맞붙었다. 이때 견훤의 측근 능창이 사로잡혀 궁예에게 처형당했다. 이 일로 해상 주도권은 완전히 궁예에게 넘어갔다. 이때까지만 보면 후삼국 통일의 공은 궁예에게 돌아갈 듯했다. 하지만 실제 전투를 승리로 이끈 막후의 주인공은 왕건이었다. 왕건은

금성 지역 호족인 오다련의 딸을 부인으로 맞아 서남해 해
상 세력을 확고한 지지 기반으로 삼았고, 후삼국 시대의 판
도를 바꾸는 계기를 마련했다.

◀ 후삼국 정세도

통합은 분열을 낳고 분열은 다
시 통일을 이루는 것이 역사의
섭리이다. 신라는 후백제, 후고
구려로 분열되었고 발해는 철
륵, 실위, 해족 등이 이탈해 결국
거란에게 망했다. 이후 한국사
는 한반도의 고려와 북방의 요,
금, 청으로 분리되었다.

후기 신라가 후삼국으로 분열된 이유는?

신라는 삼국을 통일한 직후 전국에 5소경을 두어 지방의 통치에 관심을 기울이고, 지방 군사 조직인 9서당에 유민들을 참가시키는 등 삼국의 유민을 포용하기 위한 여러 제도적인 조치를 취했다.

그러나 780년 혜공왕이 죽고 무열왕 계통의 왕위가 단절된 이후, 중앙에서 진골 귀족들의 왕위 쟁탈전이 벌어졌고, 지방에서는 귀족들의 백성에 대한 수탈이 가중되었다. 결국 통합과 포용의 이상을 추구하던 삼국 통일의 도덕적 명분이 무너지고, 신라는 후삼국으로 분열되었다. 그렇다면 통일신라를 분열시킨 요인은 무엇이었을까?

우선 골품제를 들 수 있다. 이는 능력과 노력이 아닌 혈통으로 신분이 결정되는 신분 제도였다. 소수의 진골 귀족들이 권력을 독점하고 다른 귀족 세력과 망국 백성을 차별했다. 결국 귀족층인 6두품, 5두품이 이탈하고, 망국 백성은 신라에 정을 붙일 수 없게 되었다.

또한 골품제에 따라 관직을 정하는 관등제도 한 요인이다. 진골 귀족은 경주나 5소경 등 주요 도시에 근무하고, 6두품 이하 귀족이나 망국민 출신은 경주의 외곽이나 한직을 맡는 등 차별이 심했다. 이는 지역의 균등한 발전을 저해하고 다양한 인재 등용의 창구를 막는 결과를 가져왔다.

끝으로 수도인 금성(경주)이 국토의 동남쪽에 치우쳐 있어 통합의 구심체 역할을 하지 못했다. 모든 정치, 경제, 사회, 문화의 권력과 혜택이 경주에 집중되면서 망국의 백성이 주로 사는 지역은 소외되었다. 9세기 후반에 들어 신라의 통합 정책은 실패로 끝나고, 6두품과 지역 호족, 선종 승려들이 주도하는 사회 변혁이 일어나서 신라는 결국 후삼국으로 나뉘게 되었다.

불교의 선종은 어떤 사상이며, 어떻게 사회 변혁을 이끌 수 있었을까?

Point 1 불교가 널리 받아들여진 요인은 전쟁, 가난, 고통이 없는 불국토에 대한 희망 때문이었다. 9세기의 동아시아가 불국토의 이상을 얼마나 실현했는지 생각해보자.

Point 2 사회 통일 사상으로서 화엄종과 개인의 깨달음을 추구하는 선종을 비교해보고, 선종의 어떤 점이 사회 변혁의 요소가 되었는지 생각해보자.

Point 3 신라 말에 호족과 선종 사상이 어떤 과정을 거쳐 결합되었는지 살펴보고, 당시 백성들이 원하던 세상은 무엇인지 알아보자.

공부를 더 하고 싶다면

《발해제국사》(서병국 지음, 서해문집)
통사 형식에서 벗어나 발해에 관한 34개의 주제를 쉬운 문체로 그려낸다. 순서대로 읽지 않아도 될 만큼 주제별 내용이 독립적으로 구성되었다. 주제를 따라 읽다보면 발해가 왜 고구려를 계승한 나라인지 알 수 있다.

《10세기 인물 열전》(부경역사연구소 지음, 푸른역사)
발해와 후삼국이 각축을 벌이던 10세기에 활동한 진감선사, 대광현, 양길, 궁예, 최응, 무염대사, 능창 등 22인의 삶과 꿈을 조명한다. 한국 인물사의 공백기였던 후삼국 시대의 인물들을 통해 그 시기를 엿볼 수 있는 보기 드문 인물 열전이다.

《궁예 진훤 왕건과 열정의 시대》(이도학 지음, 김영사)
백성의 고통이 가장 극심하고 사회가 혼란스러웠던 10세기 초, 발해와 후삼국이 공존하던 격변의 시대에 세상을 구하겠다는 견훤(진훤), 궁예, 왕건과 같은 영웅들의 무용담을 역사가의 날카로운 비판의 칼날로 분석하고 풀어낸다.

고려와 후백제의 통일 전쟁

후고구려 궁예 정권이 무너지고 왕건이 세운 고려는 견훤의 후백제와 통일 전쟁의 주도권을 놓고 치열하게 다투었다. 926년에 발해가 거란에게 망하고, 935년에 신라는 고려에 항복했다. 이듬해 고려는 후백제를 누르고 후삼국 통일의 주역이 되었다.

견훤과 궁예가 주도하던 제1기 후삼국 시대는 918년 전환기를 맞이했다. 새로운 이상 사회를 만들고자 했던 궁예가 고구려계의 반란으로 왕위에서 쫓겨나고, 송악(개성)의 해상 세력이었던 왕건이 고려를 세웠기 때문이다.

제2기 후삼국시대는 견훤의 후백제와 왕건의 고려가 주도했다. 후백제와 고려는 앞다투어 천년 왕국 신라를 흡수하여 정통성을 차지하려고 했다. 한

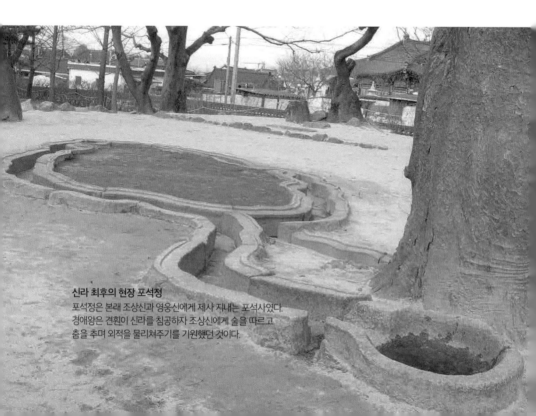

신라 최후의 현장 포석정
포석정은 본래 조상신과 영웅신에게 제사 지내는 포석사였다.
경애왕은 견훤이 신라를 침공하자 조상신에게 술을 따르고
춤을 추며 외적을 물리쳐주기를 기원했던 것이다.

편 북방의 새로운 강자로 등장한 거란은 발해를 멸망시키고 고구려 땅을 차지하여 북방의 맹주가 되고자 했다.●

● 후삼국시대의 정세
고려와 후백제 경쟁, 후백제와 신라 적대적, 고려와 신라 친선 관계
(검) 1-3, (검) 1-4, (검) 2-6, (검) 7-4, (검) 5-고, (검) 48-기본, (검) 50-기본, (검) 50-심화, (검) 52-기본

서해의 고구려계 해상 세력, 왕건

태조 왕건은 송악에 뿌리를 내린 해상 무역 집단의 후손이다. 멀리 거슬러 올라가보면 장보고의 무역선단과 깊은 관계가 있다. 왕건의 조상들은 이 개성의 해상 세력을 외가나 처가로 삼아 성장한 대표적인 해상 토호로서, 서해의 해상 무역을 관장하는 호족이었다.

왕건 탄생 설화에 따르면 그의 할아버지 작제건●은 어려서부터 서예와 활쏘기에 능했다. 그가 열여섯 살 때에 아버지를 찾아 서해로 나갔다가 풍랑을 만났는데, 뱃사람들이 점을 치니 고려인을 바다에 버리면 풍랑이 멎을 것이라 했다. 그래서 작제건이 활과 화살을 갖고 바다 가운데 있는 바위에 내리자 안개가 걷히고 서해 용왕이란 노인이 나타나 날마다 늙은 여우가 소란을 피우니 죽여달라고 했다. 작제건이 화살로 여우를 죽이니 서해 용왕은 장녀 저민의를 아내로 삼게 했다. 작제건은 영안성을 기반으로 4주(개주·정주·염주·백주)와 3현(강화·교동·하음)을 거느리고 서해 용녀 사이에 네 아들을 두었다.

작제건의 큰 아들이자 왕건의 부친인 용건(왕륭)은 작제건에 이어 송악군의 성주가 되었다. 그는 어느 날 꿈에서 본 여인을 길에서 만나 부인으로 맞고 몽부인이라 불렀다.

● 작제건과 서해용왕
왕건의 조부인 고구려계 작제건은 해상세력인 서해용왕의 딸과 혼인하여 용건을 낳는다. 따라서 용건은 고구려계와 해상세력의 권력이 연합한 통합세력을 상징한다. 일부에서는 서해용왕을 청해진대사 장보고의 후예로 보기도 한다.

876년 송악의 산세를 보던 도선국사가 용건의 집 앞을 지나다가 '검은 기장●을 심을 땅에 어찌 삼을 심느냐'고 말했다. 이를 듣고 용건은 그를 모셔와 가르침을 청했다. 도선은 집터를 잡아주고 36칸의 저택을 지으면 이듬해 아들이 태어나니 이름을 왕건으로 지으라고 말했다. 그 뒤 몽부인에게 태기가 나타났고, 이듬해 왕건을 낳았다. 용건은 896년 궁예에게 항복하여 금성 태수가 되었으며, 897년 세상을 떠났다.

●기장(稷)과 삼(麻)의 상징
기장은 한자로 직(稷)이라 하는데 땅과 곡식의 신을 뜻하는 사직(社稷)에서 보듯 군주의 권력(종묘사직)을 의미하며, 삼은 마(麻)라고 하는데 이것으로 만든 삼베 옷인 포의(布衣), 마의(麻衣)는 일반 백성을 나타낸다.

태조 왕건을 만든 사람들

왕건 가문의 조상 이야기에는 백두산·호랑이·활이 등장하는 고구려적 요소, 성골·소변·옷을 꿰매는 상징이 나타나는 신라적 요소, 용녀와 인연을 맺고 칠보와 재산을 늘리는 사건에서 백제계 해상 세력의 전승임을 짐작할 수 있다. 이것은 궁극적으로 삼국 융합을 위한 포석으로 고려 왕실이 만들어낸 설화임을 말해준다.

설화를 해석해보면 왕건 집안은 백두산 지역에 살던 고구려계로, 송악으로 내려와 토착에 성공했다. 그 뒤 해상 세력으로 기반을 다지고 패서진(예성강 서쪽)의 호족으로서 신라 백성이 되었다가, 작제건 시기에 드디어 서해안 해상 무역을 주도하는 호족으로 성장했다.

왕건을 고려 태조로 만든 첫 번째 인물은 아버지 용건이다. 용건은 896년 궁예에게 의탁하여 패서 지역의 유력한

호족 지위를 유지했으며, 어린 왕건은 이때 아버지의 추천
과 지원으로 궁예의 장군이 되어 송악을 벗어나 후삼국을
주도하는 역사적인 인물로 성장한다.

왕건을 고려 태조로 만드는 데 두 번째 디딤돌이 된 인물
은 도선국사*이다. 왕건은 열일곱 살에 도선을 스승으로 모
시고 세상의 이치·국제 정세·군대 지휘·병법과 풍수 등을
배웠으며, 무엇보다 혼란한 시대를 이끌던 구산선문의 여러
고승들과 만날 수 있었다. 도선이 왕건과 고승들의 만남에
징검다리를 놓아준 것이다. 왕건이 후삼국 민중들에게 광범
위한 지지를 얻는 바탕에는 이 선종의 고승들이 있었다.

왕건은 고려를 개국하기 직전까지 궁예와 그 측근들에
의해 몇 차례나 숙청 위기를 맞았다. 그러나 패서진과 서남
해(영산강)의 해상 세력을 바탕으로 위기를 극복할 수 있었
다. 왕건이 패서진 정주의 호족 유천궁의 딸과 서남해 금성
의 호족 오다련의 딸을 아내로 맞이한 것도 해상 세력의 지
지를 얻기 위해서였다.

왕건은 궁예의 명을 받아 903년에 후백제의 배
후인 서남해 제해권을 장악하고자 금성을 점령했
고, 914년에는 자진해서 금성으로 피신하여 궁예의
견제를 피해 세력을 보존할 수 있었다.

915년, 견훤의 대대적인 반격을 막아낸 왕건은
서남해 해상 세력을 기반으로 궁예를 반대하는
세력을 결집했다. 918년 왕건 세력은 궁예를 내쫓
기 위한 반란의 깃발을 올렸다.

왕건의 결단을 촉구한 사람들은 개국공신
4인방으로 일컬어지는 홍유, 배현경, 신숭겸,

● 도선국사는 누구인가?
도선국사(827~898)는 전남 곡
성의 동리산문 혜철에게 선법
을 배우고, 천하를 주유하며 민
심을 보듬고 혼란을 극복하고자
노력했다. 훗날 태조 왕건의 스
승으로 삼한일통의 대업을 이
루는 초석을 쌓았다. 음양지리
와 비보풍수에 능해 《도선비기》
를 남겼다.

도선국사 영정
도선은 왕건의 스승으로 고려
개국의 이념을 제공한 선승이었
다. 도선이 제창한 비보풍수는
자연과 민중에 대한 사랑의 깊
이를 보여준다.

● 4무외(四無畏)대사
4무외대사는 불심이 깊고 인품이 뛰어나 세상에 두려움이 없는 4명의 대사로 왕건을 도와 고려 개국에 일조를 하였다. 바로 선각(先覺)대사 형미(逈微, 864~917년), 대경(大鏡)대사 여엄(麗嚴, 862~930년), 진철(眞澈)대사 이엄(利嚴, 870~936년), 법경(法鏡)대사 경유(慶猷, 871~921년)를 말한다.

복지겸이다. 왕건은 도선국사, 구산선문, 사무외대사●(네 명의 유명한 선승 : 이엄, 여엄, 형미, 경유), 각지의 호족을 대표하는 개국공신 4인방 등의 도움으로 고려를 개국할 수 있었다.

왕건의 포용과 결단, 고려를 건국하다

궁예는 자주성과 독립의 의지가 강한 인물이었다. 그는 고구려 후예국에 그치지 않고 삼한의 모든 백성을 아우르는 동방 대제국을 꿈꾸었다. 그래서 고려(후고구려)라는 국호를 독창적인 마진·태봉으로 바꾸었고, 설치한 국가 기관 이름도 독특했다.

최고기관 광평성, 재정기구 대룡부(창부), 외교기구 수춘부, 형률기구 의형대를 비롯하여 봉빈부, 원봉성, 식화부, 장선부 등도 당나라의 율령 체제를 벗어난 독자적인 체계였다. 정광, 원보, 대상, 원윤, 좌윤, 정조, 보윤, 군윤, 중윤으로

태조 왕건과 고려 개국공신을 모신 사당 숭의전
숭의전은 태조 왕건과 고려 개국의 공신들을 모신 사당이다. 이곳에서 얼마 떨어지지 않은 곳에 신라의 마지막 왕인 경순왕의 능묘가 있다.

구성된 9단계에 이르는 관리 등급명도 색달랐다.

사회 개혁°도 철저하고 구체적이었다. 종교 사상 측면에서는 귀족 불교로 전락한 교종이나 호족과 결합한 선종을 배격했다. 그리고 골품제와 신분, 혈연이라는 기존 질서보다는 능력으로 인재를 뽑는 평등한 사회를 꿈꾸었다. 이는 지역에 정치·경제·군사적 기반을 두고 있는 호족들을 불안하게 했으며, 특히 패서 지역 고구려계 호족들을 뒤흔들었다.

궁예가 만들고자 했던 새로운 세상을 반대하는 고구려계는 물론 궁예의 측근 세력에 저항하는 인사들도 금성전투에서 승리하여 군사적 기반과 백성의 신망이 두터운 왕건을 중심으로 세를 모았다.

마침내 918년에 이르러 홍유, 배현경, 복지겸, 박술희 등이 왕건을 추대하려는 군사 반란을 일으켰다. 궁예를 추종하는 세력은 청주, 포천 등지에서 저항했으나 모두 진압되었고, 궁예는 부양(평강)에서 신분이 드러나 백성들에게 맞아 죽었다고 전한다.

● **나말려초의 사회변화**
1) 사상의 대변화 : 선종, 풍수지리, 도참사상의 유행 2) 지역 세력 등장 : 호족, 6두품, 도적 등 3) 해상무역의 발전 : 청자 무역, 지역의 물산을 운반 4) 신라사회의 분열 : 진골의 내분, 6두품의 이탈

현릉
북한은 고구려의 동명왕릉과 함께 고려 태조의 능묘인 현릉을 중수하고 고조선, 고구려, 고려로 이어지는 북한의 정통성을 내세우고 있다.

왕건은 국명을 고려로 환원하고 연호를 하늘이 천명을 내렸다는 의미에서 천수(天授)라 했다. 그는 지역 호족들을 안심시키고자 태봉의 관직을 그대로 유지했다. 또한 군사 정변의 정당성을 세우고 호족의 지지, 특히 고구려계의 동요를 막기 위한 호족 포용 정책, 선종을 우대하는 숭불 정책,• 고구려의 옛 땅을 수복하는 북진 정책을 건국이념으로 삼았다. 그리고 919년에 자신의 지지 기반이 확고하게 뿌리내린 송악으로 도읍을 옮겼다.

발해와 거란의 20년 전쟁

후백제와 후고구려, 그리고 후백제와 고려가 한반도의 패권을 놓고 다투던 10세기 초, 고구려 옛 땅에서는 북국 발해와 신흥국가인 거란이 요동을 놓고 치열하게 다투고 있었다.

발해는 9세기 말에 이르러 거란족의 발흥, 주변 민족의 이탈, 교역 상대국인 당나라의 혼란, 백두산 화산 폭발(892)로 인한 민심 동요, 왕권을 둘러싼 귀족들의 내분으로 급속하게 쇠퇴했다.

이때 거란족의 수장인 야율아보기(907~926)가 거란 8부를 하나로 통일하고 주변에 대한 정복 전쟁에 나섰다. 901년에 실위·해족·우궐을 정복하고, 902년에는 40만 군대로 북중국을 공격했으며, 905년에는 후당을 물리치고 북중국 하동과 요서 지역을 장악했다.

907년, 야율아보기는 이진충의 영주 반란(696) 실패 이후

후삼국 - 고려 - 조선 시대 동아시아 국가 변동

한국	발해·후삼국 (892~936)	고려 (918~1392)			조선 (1392~1910)	
만주 몽골	거란(요) (907~1125)	여진(금) (1115~1234)	몽골(원) (1206~1368)	북원 (1368~1635)		만주(청) (1616~1911)
중국	5대 10국 (907~960)	북송 (960~1127)	남송 (1127~1279)		명 (1368~1644)	

내전과 분열로 점철하던 거란족을 통일하고 200여 년 만에 숙원이었던 거란국을 세웠고, 916년에는 스스로 황제라 칭하며 요나라 태조가 되었다. 이제 북방의 운명은 발해와 거란의 전쟁에서 누가 이기느냐에 달려 있었다.

거란국은 907년부터 북중국 지역을 도모하고 요동의 여러 민족들을 규합하기 위해, 발해에 대한 전쟁을 시작했다. 이른바 발해와 거란의 20년 전쟁이다. 두 나라는 요하를 사이에 두고 한 치의 양보도 없이 밀고 당기는 전쟁을 치렀다.

균형이 무너진 것은 발해의 내분 때문이었다. 926년 야율아보기는 부여성을 함락시키고 발해의 수도 상경 용천부를 포위했다. 발해의 마지막 왕 대인선은 7일을 버티지 못하고 거란에게 항복했다. 결국 15대 228년의 사직을 자랑하던 해동성국 발해가 동아시아 역사의 무대에서 사라졌다. 926년 3월 6일의 일이었다.

거란국은 발해 유민의 불안과 반항을 잠재우기 위해 요태조의 아들 야율배를 왕으로 삼아 정복한 발해 지역에 꼭두각시 정권 동란국(926~982)을 세우고 간접 지배했다. 하지만 발해 유민들은 거란의 지배를 받아들이지 않고 무려 200여 년에 걸친 복국 투쟁을 벌이게 된다.

왕건의 후삼국 통일을 위한 전쟁

남북국 시대의 한 축이었던 발해가 무너지고 고구려 옛 땅은 거란국이 차지했다. 이때 압록강 이남에서는 신라 영토를 놓고 후백제와 고려가 대결하고 있었다. 두 나라는 조물성(안동), 공산(영천), 병산(고창), 일리천에서 최후의 승패를 겨루었다.

첫 번째 싸움은 조물성전투(925)였다. 920년 신라 대야성을 함락시키고 경주로 가는 길목을 차지한 견훤은 924년에 신라를 고립시키고자 양검에게 경주 외곽 조물성을 공격하게 했다.

고려는 신라를 지원하기 위해 구원군을 보냈다. 애선과 왕충이 이끄는 고려군은 후백제와 전투를 치렀지만 승부가 나지 않았다. 이듬해 10월 견훤이 직접 3천 기병을 이끌고 조물성을 공격하자, 왕건은 유검필(유금필)과 함께 대적했다.

치열한 전투 가운데 전세가 고려에 불리해지자, 왕건은 견훤에게 휴전을 청했다. 항복 조건은 서로 인질을 교환하고 왕건이 견훤을 상부(尙父)라고 부르는 것이었다.

고려에 대한 군사적인 우위를 확인한 후백제는 927년 9월 신라의 근암성과 고울부를 점령하고 곧바로 경주에 진입했다. 신라 경애왕(924~927)은 다급한 나머지 포석사(포석정)*에서 조상신에게 안녕을 구했지만 결국 살해되었다.

견훤은 신라를 바로 멸하지 않고 경순왕(927~935)을 꼭두각시 군주로 세웠다. 이는 견훤이 고려 왕건을 무너뜨린 뒤 신라로부터 선양받는 형식으로 후삼국을 통일하려는 포석이었다.

포석정
후기 신라의 최후를 상징하는 유적으로 경주시 배동에 위치한다.

● **포석정은 놀이터인가?**
경애왕이 견훤에게 피살된 포석정은 흔히 왕실과 귀족들이 여흥을 즐기는 놀이터로 알려졌다. 하지만 발굴 결과 조상신에게 제자를 지내는 사당으로 밝혀졌다.

이때 견훤은 왕건에게 편지를 보내 평양성에 활을 걸고 패강(대동강)에서 말에게 물을 먹일 것이라며 자신감을 표현했다. 이때 신라 사람들은 난폭한 후백제군에 대한 미움으로 고려 왕건에게 뜻을 두기 시작했다.

927년 10월 왕건은 신라를 구원한다는 명분을 내걸고 정예병 5천을 공산 동수에 주둔시켰다. 이곳에서 고려와 후백제는 제2차 결전인 공산전투를 치렀다. 고려군은 매복하고 있다가 선제 공격에 나섰지만 경주를 정복하고 전리품을 챙겨 사기가 충천한 후백제군에게 반격을 당해 대패했다.

이때 복지겸, 홍유, 배현경, 유검필이 분전하여 왕건을 피신시켰고 장군 김락, 전이갑, 전의갑, 전락, 호의 등은 적과 싸우다 전사했다. 또 왕건의 갑옷을 입고 후백제군을 속인 신숭겸 역시 전사했다.

공산전투에서 승리한 견훤은 신라 북쪽을 공략하기 위해 930년 7월에 정예병 5천을 이끌고 의성을 공격했고, 왕건의 지지 세력이었던 홍술이 전사했다. 그해 12월, 견훤은 1만 병력을 이끌고 병산으로 진격했다.

왕건은 병산을 사수하고자 친히 군사를 이끌고 석산에 주둔한 백제군과 대치했다. 이때 후백제에게 굴복했던 김선평, 장길, 권행 등 안동을 대표하는 삼태사●가 다시 왕건에게 항복하는 사건이 벌어졌다. 사기가 오른 왕건은 후백제군의 보급을 끊고 병산으로 진격하여 견훤과 나흘 동안 제3차 결전인 병산전투를 치렀다. 후백제군은 전투에서 대패하여 무려 8천여 명이 전사했고, 견훤은 겨우 몸을 빼내 달아났다.

병산전투가 왕건의 승리로 끝나자 경상도 지역의 영천, 하양, 청송 등 30개 군현과 강원도 명주, 울산 등 1천여 곳의

●삼태사는 누구인가?

왕건이 후백제의 견훤과 병산전투(930)를 치를 때 안동의 호족인 김선평, 권행, 장정필이 고려에 귀부했다. 왕건은 대승을 거두고 후삼국 통일의 전기를 마련할 수 있었다. 왕건은 이들 3인을 개국공신으로 삼고 '삼태사'로 불렀다. 이들이 안동 김씨, 안동 권씨, 안동 장씨의 시조가 되었다.

▶**고려의 민족 재통일**
고구려의 역사성을 계승한 나라는 고려이다. 고려는 후삼국의 영토를 모두 차지하고 북방의 발해 유민을 받아들여 민족 재통일을 이루어냈다.

성을 관장하는 호족 110여 명이 왕건에게 항복했고, 견훤의 오랜 지원 세력이던 충청도 보은의 호족 공직마저 항복했다. 후백제와 고려의 전세가 역전되는 순간이었다. 견훤은 932년 수군을 이끌고 강화만에 이르러 개성 지역을 급습했으나 패전했다.

왕건이 서해 제해권을 완벽하게 장악하자, 934년에 충청지역 30여 호족이 왕건에게 귀부했다. 이로써 후삼국 통일의 주역은 완전히 왕건에게 기울어졌다.

244

후삼국 최후의 결전, 일리천전투

병산전투(930)와 강화만 해상전투(932)에서 패배한 견훤은 왕위를 넷째인 금강에게 물려주려 했다. 이에 태자 신검과 둘째 강주 도독 양검, 셋째 무주(광주) 도독 용검이 견훤의 책사인 능환, 파진찬 신덕, 영순 등과 함께 반란을 일으켰다. 신검은 왕위에 올라 금강을 죽이고 견훤을 금산사에 유배시켰다.

아들의 배신을 받아들이지 못한 견훤은 고려에 사신을 보내 망명을 요청했다. 934년 6월 견훤은 막내 능애, 딸 애비, 애첩 고비를 데리고 금성으로 탈출하여 개경의 왕건에게 항복했다. 견훤의 사위인 순천(승주) 호족 박영규는 견훤의 치욕을 씻고자, 신검에게는 굴복을 약속하고 뒤로는 고려에 사신을 보내 신검을 협공하기로 밀약했다.

935년 10월, 신라의 마지막 왕 경순왕은 군신회의를 열고 고려에 항복하기로 결정하고, 11월에 친히 고려 개경으로 가 항복 문서를 바쳤다. 이로써 천년 왕국 신라 사직은 56대 992년 만에 막을 내렸다.

항복을 거부한 마의태자 김일은 신라 부흥을 위해 개골산(금강산)으로 떠났다고 전한다. 하지만 신라 부흥 운동이 실패했고, 마의태자의 아들 김행(김준)은 요동으로 건너가 여진족 완안부의 시조가 되었으며, 7대 후손 아골타가 금나라를 건국했다고 한다.

이에 자신들의 성씨인 김을 따서 국명을 금(金)으로 했을 것으로 추정된다.

936년 9월, 왕건은 후백제를 멸하고자 최후의 공격을 준

김제 금산사
후백제 망국의 단초가 되었던 사찰로, 견훤이 아들 신검에 의해 감금되었던 곳이다. 이곳을 탈출한 견훤은 금성을 거쳐 왕건에게 귀부하고 결국 후백제는 멸망한다.

비했다. 왕건은 견훤을 앞세우고 태자 왕무(혜종)와 박술희가 선발대로 주둔한 천안에 각지의 병력을 집결시켰다. 9월 8일 궁예에게 충성하던 명주의 김순식도 2만 병력을 이끌고 참전했다. 왕건은 8만 7천에 이르는 대군을 이끌고 경북 일선군(구미)을 관통하여 흐르는 일리천에서 후백제 군대와 대치했다.

후백제의 장군 효봉, 애술, 덕술, 명길은 고려의 좌군에 있는 견훤을 보자 칼과 창을 버리고 고려군에 투항했다. 신검의 후백제군은 대패하여 전사자가 5천 700여 명, 포로는 3천 200여 명에 달했다고 한다. 주력군이 무너지자 신검은 황산(논산)까지 후퇴했지만, 역부족이라고 느끼고 아우 양검과 용검을 이끌고 항복했다. 왕건은 견훤을 배신한 죄를 물어 양검과 능환, 최승우를 처형했다. 이로써 35년 동안 이어져온 후백제는 고려에게 후삼국통일의 영광을 바치고 멸망했다.●

●후삼국의 주요 전쟁
금성전투(915), 조물성전투(925), 경주전투(927), 팔공산전투(927), 병산전투(930), 일리천전투(936)
(검) 7-초, (검) 4-초, (검) 52-심화

뒷날 견훤은 아들에게 배신당하고 자신의 손으로 후백제를 멸망시켰다는 자괴감으로 우울증이 심해져 황산의 한 사찰에서 세상을 떠났다. 신라 경순왕은 왕건의 딸 낙랑공주를 부인으로 맞이하고, 경주의 사심관을 맡아 고려에 충성했다. 그의 사후에 고려는 신라를 공손하게 바치고 왕건에게 순종을 다했다는 뜻으로 시호를 경순(敬順)이라 했다.

왕건의 후삼국 통일은 신라 태종무열왕과 문무왕이 추구했던 삼국통일보다 합리적이고 발전된 것이었다. 신라의 삼국통일은 당나라의 힘을 빌린 무력 통일로, 이는 삼국민의 융합에 걸림돌이 되어 결국 후삼국 분열로 나타났다.

왕건은 후백제를 멸망시킨 반면 신라는 평화적으로 흡수했다. 그리고 동포애를 발휘하여 발해 유민을 받아들이는 방법으로 후삼국을 통일했다. 또한 멸망한 두 나라 임금을 개경으로 모셔와 우대했고, 발해의 태자 대광현에게도 발해 왕실에 대한 종묘와 제사를 허용했다. 이런 점에서 포용과 화해 방식으로 추진한 왕건의 후삼국 통일은 우리 역사에서 진정한 의미의 통일이라 할 수 있다.

견훤, 궁예, 왕건의 출신 성분이
통일에 미친 영향은 무엇일까?

나말려초의 격변기에 경주 밖의 여러 지역에서 세상을 구하고자 일어난 양길, 기훤, 봉규, 함규, 능창, 작제건, 유천궁 등 많은 호족들은 장군이나 성주를 자칭하며 일국의 왕처럼 군림했다. 이중 후삼국 시대에 가장 큰 영향을 끼친 인물을 꼽는다면 단연코 견훤, 궁예, 왕건이라 하겠다.

후백제를 세운 견훤은 군인 출신이다. 군인은 명령에 복종하고 위계질서를 중요시하는 직업이다. 그래서 견훤은 원칙주의자이며 권위적인 인물로 무력 통일을 추진했다. 후고구려를 창건한 궁예는 당시 최고 지식인 계층인 승려였다. 그런 까닭에 궁예는 불국토를 구현하려는 이상주의자로서 개혁적인 사상 통일을 추진했다. 왕건은 황해도 패서 지역의 상인 집안 출신이었다. 왕건은 상인의 후예답게 현실적인 실리를 추구했고, 타협과 협상으로 여러 세력을 포용함으로써 고려를 건국했다.

세 명의 건국자는 모두 한 시대를 이끈 풍운아들이었지만, 역사는 한 명의 영웅만을 필요로 했다. 그리고 그중에서 상인의 후예인 왕건이 삼한 일통의 대업을 이루었다. 그 이유는 무엇일까?

평화의 시대에는 도덕성과 인품이 제왕의 중요한 덕목이고, 전쟁의 시대에는 과단성과 용기와 군사적 경험이 유리하며, 난세에는 미래에 대한 희망을 제시하는 이상주의가 필요하다. 그런데 후삼국 시대는 전쟁의 시대이자 난세인 동시에 여러 지역 호족들이 난립하는 군웅할거의 시기였다. 이런 때에 필요한 시대정신은 견훤과 궁예의 덕목보다는 타협과 협상, 포용이었기에 최후의 승리가 왕건에게 돌아간 것은 아닐까?

고려의 통일이 신라의 통일보다 진일보한 측면은 무엇일까?

Point 1 무력 통일이나 연합 통일 같은 다양한 통일 방식을 정리하고, 통일의 과정에서 나타난 긍정적 요소와 문제점이 무엇이었는지 알아보자.

Point 2 신라와 고려의 통일 방식에 어떤 차이가 있는지 살펴보고, 두 방식의 장단점을 구분해보자. 그리고 고려의 통일 방식에 나타난 진일보한 측면을 찾아보자.

Point 3 신라와 고려의 통일이 오늘날 우리 민족의 분단 상황에 던지는 교훈이 무엇이고, 어떤 과정을 거쳐 통일에 이르는 것이 좋을지 생각해보자.

공부를 더 하고 싶다면

《슬픈 궁예》(이재범 지음, 푸른역사)
궁예에게 덧씌워진 부정적인 형상을 벗기고 그의 생애와 사상을 여러 시각과 주제로 그려낸다. 가깝게는 사서의 기록부터 멀리는 설화와 민담 그리고 문중의 족보까지 살펴보며 궁예의 흔적을 찾아내려는 노력이 돋보인다.

《후삼국사》(신호철 지음, 개신)
후삼국시대의 구체적인 역사를 알고자 한다면 읽어봐야 할 비중 있는 연구서. 후삼국의 주역인 견훤, 궁예, 왕건에 대한 깊이 있는 연구와 그 시대상을 정치·경제·사상·대외 관계 등 여러 각도에서 조명한다. 후삼국 시대를 읽는 길잡이로서 충분하다.

《나말려초 선종 사상사 연구》(추만호 지음, 이론과실천)
신라 말, 고려 초의 변혁은 선종에서 출발한다. 시대적 혼란 속에서 선종이 어떻게 후삼국 백성의 마음을 사로잡고 호족들의 이념으로 변모해가는지 차분히 살펴본다.

한국인이 **꼭** 읽어야 할

오정윤 한국통사 1, 2, 3권

한국사 시험에 아주 강한 '오정윤 한국사'

한국인의 자긍심을 키워주는 한국통사
대륙의 역사를 개척한 진취적인 대한국사

《오정윤 한국통사》의 주요한 역사관점 '7'

1. 고조선을 정립하다
동아시아 신석기문화의 원류인 요하문명의 계승자로서 지방분권형 다종족 연합국가인 고조선을 발견하고, 고조선의 중심지, 법률인 범금8조, 시가문학인 공무도하가, 비파형동검 등 고조선의 역사, 강역, 과학, 문화유산 등을 다양한 시각으로 풍부하게 다루었다.

2. 부여사를 찾아내다
고조선 연합국가의 해체 이후에 중부의 위만조선, 남부의 삼한과 경쟁하면서 고구려와 백제, 신라, 가야를 탄생시킨 부여사를 찾아내고, 원부여, 북부여, 동부여, 서부여, 중(졸본)부여, 남부여(백제), 후부여, 소부여(두막루국)로 이어지는 1000년의 역사를 복원했다.

3. 고구려를 발견하다
견제와 균형의 정치미학으로 동아시아의 정치질서를 주도하고, 고구려 150년 전성기(400-551)를 개막한 광개토태왕과 장수왕의 꿈을 설계하고, 백제 무령왕의 해상왕국, 신라 진흥왕의 한강진출, 가야연합 국가의 흥망성쇠 등을 역동적으로 그려냈다.

4. 남북국을 되살리다
세계사에서 가장 치열하게 전개된 살수대첩, 안시성전투, 사비성전투, 평양성전투, 매소성전투, 천문령전투 등 동아시아 100년 전쟁(598-698)의 전개과정과 그 뒤를 이어 등장한 후기신라의 불국토, 발해의 해동성국을 남북국시대 역사의 관점으로 서술했다.

5. 북방민족사를 말하다
고조선과 부여, 고구려, 발해의 역사문화권에서 탄생하고 성장한 흉노족, 선비족, 유연족, 돌궐족, 거란족(요), 여진족(금), 몽골족(원), 만주족(청) 등 북방민족의 역사활동을 한국사의 부속사와 외연사이라는 관점으로 고려시대, 조선시대와 연계하여 기술했다.

6. 민권시대를 그리다
동아시아 근대의 시대정신인 반봉건, 반제국주의(반침략) 항쟁을 줄기차게 실천한 동학농민전쟁, 항일의병전쟁, 항일독립투쟁 등을 충실하게 그려내고, 3·1항쟁, 4·19혁명, 광주민주화운동, 87 민주항쟁, 촛불혁명으로 이어지는 민권쟁취의 역사를 기록했다.

7. 당대사를 설정하다
대한민국의 오늘을 사는 한국인의 삶과 의식에 결정적 영향을 끼친 1980년 광주민주화운동을 당대사의 기점으로 설정하고, 한국의 산업화, 민주화, 통일운동의 역사적 성과와 더불어 서울올림픽, 한일월드컵, 한류와 같은 사회문화적 변화와 성취를 소개했다.

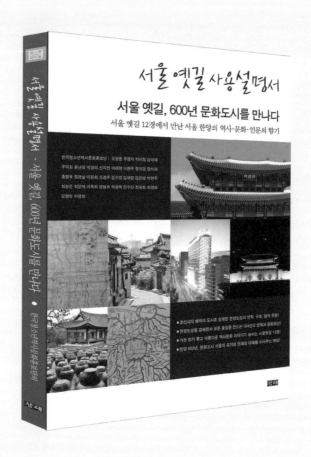

서울 옛길 사용설명서
서울 옛길, 600년 문화도시를 만나다
조선 한양 600년의 역사와 문화와 인문의 향기를 간직한 서울 옛길 12경을
선정하고, 이곳에 숨쉬는 역사콘텐츠, 문화콘텐츠, 답사콘텐츠를
발굴하여 아름다운 스토리텔링으로 저술하고 소개하는
서울인문학 안내서입니다.

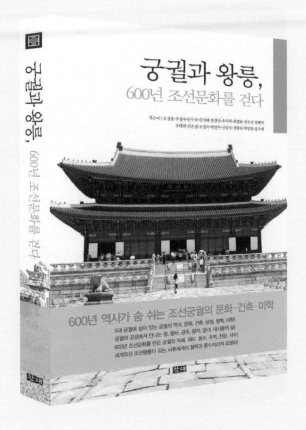

궁궐과 왕릉,
600년 조선문화를 걷다

《궁궐과 왕릉, 600년 조선문화를 걷다》는 서울 한양의 문화유산을
대표하는 조선궁궐과 조선왕릉에 관한 역사, 문화, 건축, 과학,
의례, 제도, 상징의 역사콘텐츠, 교육콘텐츠, 답사콘텐츠를
현장감있게 풀어놓은 궁궐과 왕릉 길라잡이 안내서입니다.

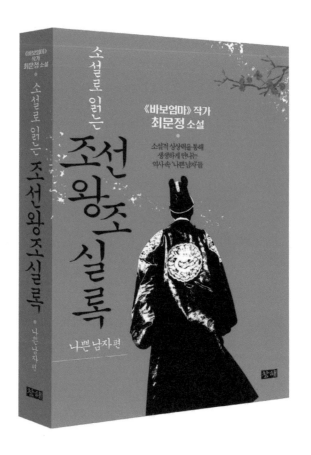

소설로 읽는 조선왕조실록

**성공한 자가 아니라 실패한 자의 시각에서,
강한 자가 아니라 약한 자의 입장에서 바라본 역사!**

《소설로 읽는 조선왕조실록-나쁜 남자 편》에는 7명의 '나쁜 남자'가 등장한다.
즉 양녕대군, 문종, 현덕왕후, 연산군, 단경왕후, 장옥정, 봉이의 입장에서 회상하는 이야기를
통해서 정사(正史)에서와는 다른 역사를 만날 수 있다. 순서대로 읽다 보면 조선시대의 '나쁜 남
자'들을 통해서 본 색다른 역사 흐름을 파악하는 귀한 기회를 제공할 것이다.

이동연 장편소설 **삼별초**

절대 자유를 향해 절대 고독으로 나아 간 삼별초!

절삼별초가 반역한 것이 아니라, 고려 원종과 측근들이 고려 건국 기조에 대해
반역한 것이다. 그들은 일극주의(一極主義), 신분의 굴레를 거부했고, 삶과 죽음의 방식까지
스스로 택할 주체적 자유를 갈구했다. 그리고 그렇게 살다 갔다. 특히 서남해상에서 극한의
절박감 속에 전개된 대미의 3년은 차라리 밤하늘의 별처럼서정적이었다.

새우와 고래가 함께 숨 쉬는 바다

한국인이 꼭 읽어야 할

오정윤 한국통사 1
- 선사시대부터 삼국시대까지

지은이 | 오정윤
펴낸이 | 황인원
펴낸곳 | 도서출판 창해

신고번호 | 제2019-000317호

초판 인쇄 | 2021년 08월 12일
초판 발행 | 2021년 08월 20일

우편번호 | 04037
주소 | 서울특별시 마포구 양화로 59, 601호(서교동)
전화 | (02)322-3333(代)
팩스 | (02)333-5678
E-mail | dachawon@daum.net

ISBN 979-11-91215-16-8 (04900)
ISBN 979-11-91215-15-1 (전3권)

값 · 18,000원

Publishing Club Dachawon (多次元)
창해·다차원북스·나마스테